聖書通読のためのやさしい手引き書

3分間のグッドニュース［歴史］

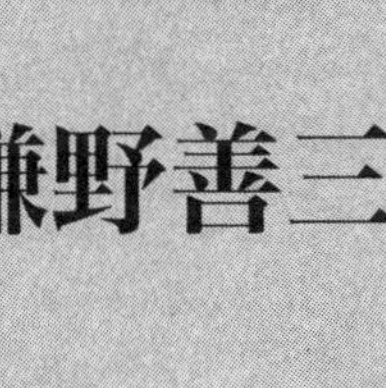

鎌野善三［著］

YOBEL,Inc.

本書の特色と用い方

本書は、二〇〇一年から出版した『三分間のグッドニュース』全五巻を改訂したものです。『新改訳２０１７』の訳文に準拠して、すべての頁を書き直しました。この訳の聖書を用いている方にとっては、理解しやすくなっていると思います。幸いにも、この五巻シリーズは多くの方々に用いていただき、各巻とも版を重ねることができました。しかし、「歴史」の巻の在庫が少なくなったので、最初に改訂にとりかかったというわけです。

本書を初めて読んでくださる方のために少し説明いたします。これはもともと、信徒の聖書通読を励ますため、毎日、三分間の電話メッセージを録音したところから始まりました。その後、聞き逃した方々からの要請に応えて、このように文書にしたものです。ですから、①聞いてわかりにくい言葉や、他の聖書箇所からの引用は、できるだけ少なくしています。②三分間という短い時間で、その日の聖書箇所の全体をカバーできるように工夫しました。③最後の四分の一を、聖書の真理を自分にあてはめるために用いています。最後の祈りの例は、教えられたことを自分のことばで主に言い表すための参考にしてください。

では、この巻で扱われている内容についてのあらましを紹介しましょう。旧約聖書は、紀元前二世紀にヘブル語からギリシャ語に翻訳されたころ、現在の順序に配列されるようになりました。第一区分である「律法」の次の第二区分には、九つの書巻が含まれており、そこには、紀元前十四～十三世紀頃から紀元前五世紀頃までの千年近い歴史が描かれています。それゆえ、この区分は一般的に「歴史書」と呼ばれています。そして第三区分である「詩歌」（ヨブ記から雅歌まで）と、第四区分である「預言書」（イザヤ書からマラキ書まで）が続くのです。第三区分と第四区分は、この「歴史書」を前提にして記されています。

「律法」は、聖なる民であるイスラエル民族の守るべき戒めがその中心部分を占めているゆえに、特別扱いされています。しかし、天地創造からカナン定着前までの歴史も扱っているので、「歴史書」に含むこともできるでしょう。「律法」では、イスラエル民族が神の民として選ばれたことが述べられていますが、「歴史書」は、この神の民が律法を守ることができなかったゆえに、外国に滅ぼされてしまったことを、包み隠さずに記録します。それでも、神はこの民を見捨てず、憐れみのゆえに、国を再興してくださいました。それゆえ、「歴史書」は、イスラエル民族に対する神からの「グッドニュース」と言えるのです。さらにまた、素直に神に従えない現代の私たちへの「グッドニュース」でもあります。

このシリーズを毎日の聖書の学びのために用いている方々がたくさんおられます。また、早天祈祷会や成人科のテキストとしてくださっている教会もあります。しかし、どんな場合でも、本書を読むだけで終わらせないでください。まず聖書そのものを味わい、それから本書を読んで、最後にご自分のことばで神様に祈ってください。本書はあくまでも、神様と交わるための「手引き書」にしかすぎません。

改訂に際し、ヨベルの安田社長に相談したところ、専門家の視点から版組や図版について親切に助言くださいました。そこで装丁等もまったく新たにしていただき、こんな素晴らしいものができました。心から感謝します。また、この改訂版でも、各書巻のはじめに、その概略を問答形式で説明しています。これは、日本イエス・キリスト教団の機関紙である『時報』に連載された文章に手を加えたものです。転載を許可していただいたことを感謝します。

日本イエス・キリスト教団　西宮聖愛教会牧師　鎌野善三

目次

十二部族の分割地　6

ヨシュア記　7

士師記・ルツ記　33

イスラエルの歴史の概略　60

サムエル記第一・第二　61

神殿の基礎図　118

列王記第一・第二　119

南北両王国の王名と治世年数　168

歴代誌第一・第二　169

ネヘミヤ時代のエルサレム　236

エズラ記・ネヘミヤ記・エステル記　237

十二部族の分割地

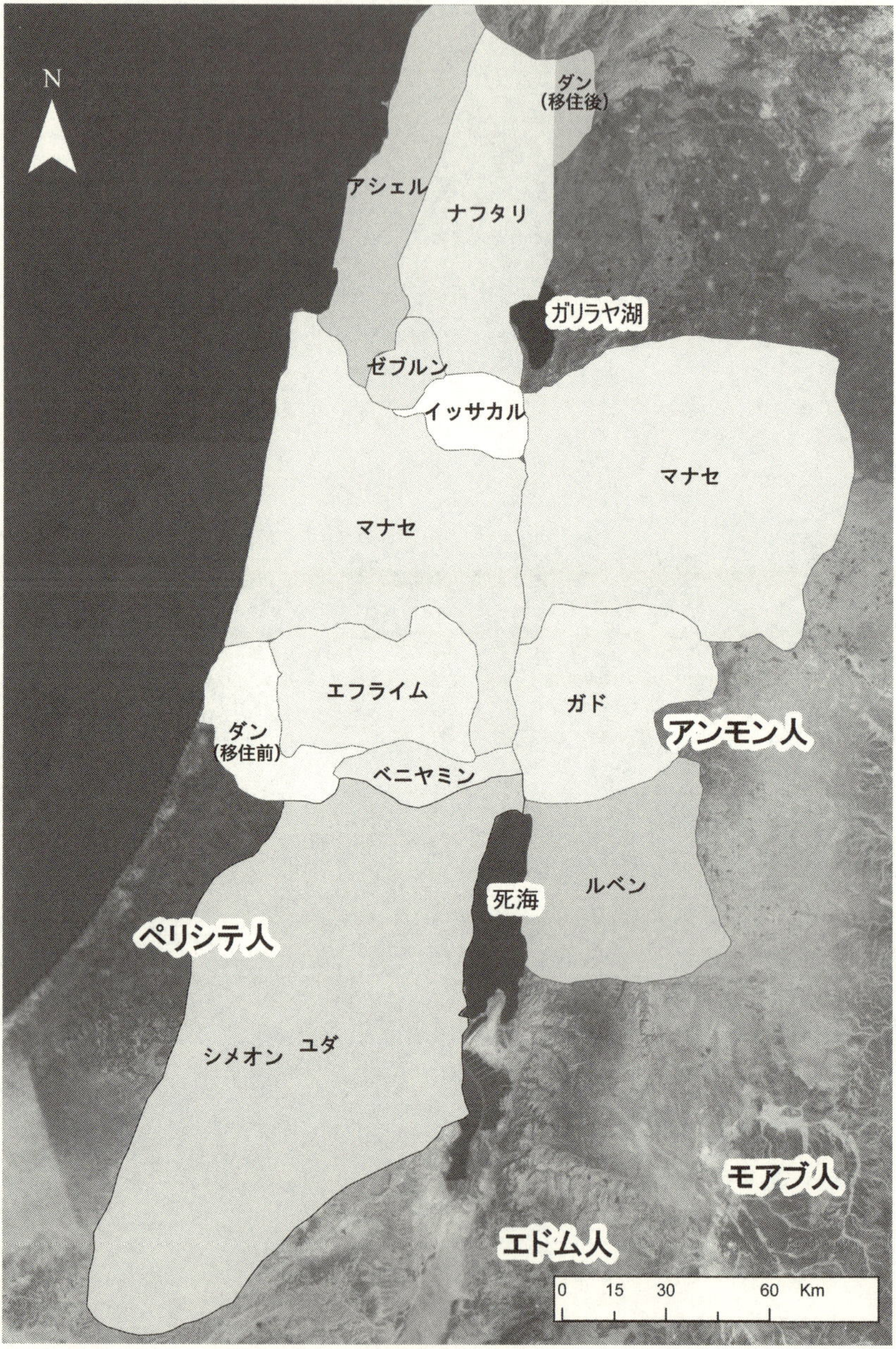
N
ダン
（移住後）
アシェル
ナフタリ
ガリラヤ湖
ゼブルン
イッサカル
マナセ
マナセ
エフライム
ガド
アンモン人
ダン
（移住前）
ベニヤミン
死海
ルベン
ペリシテ人
シメオン
ユダ
モアブ人
エドム人
0 15 30 60 Km

ヨシュア記　解説

これから学ぶヨシュア記は、エステル記にまで至る、イスラエルの千年近い歴史を描いた部分の最初の書です。神の導きによってエジプト脱出を遂げたイスラエル人の目前には、五百年ほども昔に、主がアブラハムに与えると約束された地が広がっていました。

しかし、この約束の地には先住民がいました。彼らと戦わなければこの地を得ることはできません。そこで神は、モーセの後継者としてヨシュアを選ばれました。「ヨシュア」とはヘブル語読みですが、この名のギリシャ語読みが「イエス」であることは興味深いことです。

＊　　　　＊

第一問　ヨシュア記は、パレスチナの侵略記録のように思えます。こんなことがあっていいのでしょうか。

多くの人から同じような質問を受けます。三つの点から答えてみましょう。まず第一に、時代背景の違いを認識しなければなりません。この時代には国際法も大使も国連もありませんでした。弱肉強食の世界で、民族間の武力衝突が繰り返されていました。奴隷状態から脱出したイスラエル民族は弱い立場にあり、へたをすると先住民族から抹殺されるかもしれなかったのです。平和共存ができる条件は、現代の世界のようには、まだ整っていませんでした。

第二に、これは不道徳な生き方を教える偶像の神との戦いでした。先住民の悪のゆえに神が彼らを「聖絶」されるのです。そこでもし人が悪い欲に従って行動するなら、たといそれがイスラエルの民であっても聖絶されることが、7章のアカンの記事に明確に示されています。

第三に、本当の平和の条件は新約聖書の中で初めて示されることになります。それは、主イエスの自己犠牲の生き方です。「剣を取る者はみな剣で滅びる」ゆえに、「愛をもって互いに仕えなさい」と命じる高い倫理基準は、当時の歴史的状況の中ではまだ実現不可能でした。

第二問　ヨシュア記の概要を教えてください。

本書は全部で24章ありますが、ちょうど半分の12章で区切られます。前半は約束の地の征服記録であり、後半は征服した土地の分配記録です。

第三問　征服はどのような経過をたどったのですか。

まず神はヨシュアに「わたしはあなたとともにいる」と約束されます。この神の臨在の約束のゆえに、ヨルダン川を渡るときには奇跡的に流れがせきとめられ、エリコを占領するときには、奇跡的に城壁が崩れ落ちたのでした。それ以後の多くの町々の占領も、神がともにおられたゆえに実現したことです。

彼らはまず約束の地の中央部から攻撃を始め、10章では南部の都市国家の連合軍を破り、次の章では北部の連合軍に勝利したと記されています。そして12章には、征服した町と王たちの名が列挙されています。

第四問　彼らが征服した土地の分配は、どのようになされたのですか。

ヨセフの子孫がマナセ族とエフライム族とに二分されたために、レビ族を含めるとイスラエルには十三の部族があることになります。レビ族は主が相続地であるため、土地を領有しませんでした。ルベン族とガド族、そしてマナセ族の半分は、ヨルダン川の東側の地域が牧畜に向いているというので、そこを領有しました。残りの九部族とマナセ族の残り半分が、約束の地をくじによって分配しました。これらの部族の位置を覚えておくと、イスラエルの歴史を学ぶ上で非常に助けになります。6頁にその地図を掲載していますので、参照しながら、読み進んでください。

第五問　ヨシュアの晩年はどうでしたか。

23章と24章にそれが書かれています。彼は老人になったとき、ちょうどモーセが申命記でしたように、イスラエルの民を約束の地の中心部に位置するシェケムに集めて「主を恐れ、誠実と真実をもって主に仕えよ」と説教し、民はそれに応答しました。聖書はこれを「ヨシュアは民と契約を結んだ」と記します。神との契約を守るという「契約」を民と結ぶほど、ヨシュアは民が神との契約を誠実に守ることを切願していたのです。

第六問　本書から現代の私たちが学ぶべきことは何でしょうか。

「ヨルダン川を渡るとは聖潔の経験をすることだ。約束の地は与えられているゆえに占領せよ」というメッセージを聞きます。これは、きよめられたクリスチャンは敵と戦う必要がないと教えているのではありません。敵に打ち勝つ信仰を持つことが重要だと教えているのです。

私たちを堕落させようとするサタンこそ本当の敵であり、聖絶されるべきものです。常に臨在の主に信頼し、主のみ言葉に従って歩みましょう。従うならば、必ずヨシュアのように勝利を得ることができるのです。

1章

今日から始まるヨシュア記は、主がイスラエルの民に与えようとしておられた約束の地を、彼らが実際に占領する過程を記している書です。理想を現実にしていくための戦いが描かれていると言えます。まず今日の1章は、9節を境として前後二つの部分に分けることができるでしょう。

前半では、主はモーセの後継者であるヨシュアに次の三つのことを示されています。第一に、ヨシュアへの「明確な使命」です。モーセの死後、イスラエルの民を導いて約束の地を占領させるのは、ヨシュア以外にないことが明言されています。

第二に、「明確な命令」を示されました。それは、モーセが命じたすべての律法を守り行うことです。それを毎日の生活で口ずさまねばなりません。律法を離れて、自分の考えに拠り頼み、右や左にそれてはならないのです。

第三は、「明確な約束」を示されたことです。主は、モーセとともにおられたように、ヨシュアとともにいてくださいます。だから敵を恐れず、強く、また雄々しくあらねばなりません。すでに約束の地は与えられているからです。

そして10節以降の後半部で、今度はヨシュアは人々に二つのことを命じています。一つ目は、つかさたちを通して民に「食糧を準備しなさい」と命じたことです。荒野で与えられていたマナは、もう入手できませんでした。三日のうちにヨルダン川を渡り、約束の地に進んでいくのです。

二つ目に、ヨルダン川の東側で相続地を持つ二部族半に、彼らもまたヨルダン川を渡って、約束の地を占領するための戦いに出るべきことを命じました。ただ妻子と家畜とは、こちら側に滞在していてもよいのです。彼らはそれに応答し、ヨシュアの命令に聞き従うことを告白しました。

2節と3節にある「与える」という動詞の用い方に注意してください。約束の地はすでに与えられています。しかし主はそれを、イスラエルの民の行動によって与えようとしておられるのです。つまり、理想を現実のものにするためには、主のことばに従って戦わねばなりません。私たちの毎日も同じです。救われているからこそ、その救いを現実のものとするために、日々誘惑と戦うことが必要なのです。

主よ。私はこの世の悪の力を恐れず進みます。あなたが私とともにいて、一緒に戦ってくださるからです。

2章

ヨシュア記2章は、約束の地を占領するために最初に戦わねばならないエリコの町に、二人の者が偵察として遣わされたことを記録しています。三十九年前、自分が偵察になったことを思い出しながら、ヨシュアは特に信仰深い二人の人を選びました。7節、14節、21節で分けてみましょう。

第一の部分では、この二人がラハブという遊女によってかくまわれたことが述べられています。遊女の家というのは、身元を隠して情報を得るためには格好の場所です。でも不審な人物が侵入したことはすぐにばれてしまい、憲兵がラハブの家に捜索にやってきました。ラハブは身の危険を感じながらも、この二人を屋上にかくまったのです。

8節からの第二部分でラハブは、このことをしたのは自分が三つのことを知っているからだと告白しています。まず主がイスラエルにこの地を与えられたこと、次に葦の海での出来事やエモリ人の王の聖絶を聞いて、この地の住民は主を恐れていること、最後に主こそ唯一の神であることです。そして、自分たちを救ってくれるよう彼らに頼みました。

15節からの第三部分には、城壁からつり降ろすことまでして、自分たちを逃がしてくれたラハブとその一家を救うために、彼らが示した三つの条件が記されています。窓に赤いひもを結びつけること、家族をラハブの家に集めておくこと、そして自分たちについて誰にもしゃべらないことです。ラハブがそれらの条件を受け入れたのは当然でしょう。

さて22節以降の最後の部分は、三日間山地に隠れた後、この二人は無事にヨシュアのもとに戻ったことを報告しています。以上のことを経験した彼らは、主がその地をイスラエルに与えてくださったことに確信をもちました。その地の住民が主の力を恐れていることを知ったからです。

主は確かに約束の地を与えてくださっています。しかし、ヨシュアは二人の者を遣わし、その地の様子を探らせました。彼は主を信頼していなかったのではありません。自分たちにできる最善のことをしたのです。主は私たちにも様々な祝福を約束してくださっています。でもそれが実現するためには、私たちも「何ができるか」を考えることが必要です。一歩踏み出すなら、主はさらに確信を深めてくださいます。

主よ。あなたが私のために用意してくださっている大きな祝福を、私は恐れずに受け取ります。

3章

ヨシュア記3章は、いよいよイスラエルの民がヨルダン川を渡る場面です。時は、出エジプトから四十一年目の第一の月でした。春の雨と雪解け水とで水量が増えているヨルダン川を前にしても、ヨシュアの信仰は弱まりませんでした。モーセが海の水を分けた奇跡を体験していたからです。しかし、今回は三点で、モーセの場合と違っていることに気づかれるでしょう。5節と13節で区切ってみます。

第一に、偉大な指導者モーセではなく、主の契約の箱が前面に登場している点です。主ご自身が先立ってくださることを民に示すためだったのでしょう。また、神聖な契約の箱を汚さないよう、約九百メートル離れてついていくようにと命じられています。そして民はその日ヨルダンの川岸にとどまり、自分たちを聖別しました。ヨルダンを渡ることは、軍事的行動というよりも宗教的行動だったからです。

第二に違うのは、モーセの場合は海の水が分かれる奇跡を見た後に民は進みましたが、今回は奇跡を見る前に、契約の箱をかつぐ祭司たちは一歩踏み出した点です。奇跡を見る前に行動をおこすには大きな勇気が必要でしょう。ヨシュアは主が何かをなさると確信していたゆえに、祭司たちに川にはいれと命令できたのです。さらにこの場面を目撃させるために、十二部族からの代表が選ばれていました。

第三の相違点は、モーセの場合、杖を差し伸べたときに海の水が分かれましたが、この場合は契約の箱をかつぐ祭司の足が水に浸った時に、奇跡がおこったことです。二十キロほど上流のアダムという所で崖くずれが起こっていたために、水が流れてこなくなったのです。その間に、民は契約の箱の横を通って川を渡りました。水が流れてこないので、はるか下流までの広い範囲で川を渡ることができたのでしょう。

以上の比較からわかるのは、モーセという偉大な指導者がいなくなっても、契約の箱で象徴される主の臨在がイスラエルの民を導いていたことです。それを信じていたからこそ、ヨシュアは大胆に、祭司と民に前進を命じることができました。今も主は、私たちがどんな困難に直面しても、私たちを導いてくださっています。目に見えなくても、主がともにいてくださるから、恐れなくてもいいのです。

主よ。私は、あなたがともにいてくださることを信じます。だからどんな困難があっても、恐れずに進みます。

4章

ヨシュア記4章は、ヨルダン川を渡り終えたときにイスラエルの民が行った三つのことを述べています。9節と18節で、三つの部分に区切って学んでみましょう。

第一の部分によると、イスラエルの民はヨルダン川の真中にあった石を十二個取り、宿営地に運んで行きました。すでに前の章で選ばれていた十二部族からの代表者が、それぞれ一個づつの石を背負っていったのです。それらは、後に生まれてくる子どもたちに対して、主が本当にヨルダン川の水をせきとめられたことを証しするためでした。普通ならば取り出すことのできない川底の石が目の前にあるなら、それらは確かに主が奇跡的なみわざをなされた証明となります。

10節からの第二の部分は、民がみな渡り終えた後に、契約の箱が川から上がったことを報告しています。しかも箱をかつぐ祭司たちが岸に上がったその時、川の水はまた流れ始めたのです。上流で流れをせきとめていた土や石を越えた水が、ちょうどその時に流れてきたのでしょう。川を渡ったイスラエルの民は、祭司を先頭にし、ルベン部族とガド部族とマナセの半部族からの武装した四万人がその後に続いて、主が約束された地を堂々と歩んでいきました。かくして指導者ヨシュアは、民全体の尊敬を受けるようになったのです。

19節以降の最後の部分には、ヨルダン川から運ばれてきた十二の石が最初の宿営地に立てられたことが記されています。次の章に書かれていますが、この地はギルガルと呼ばれるようになります。ヨシュアはここでもう一度、これらの石の意義を人々に語りました。それは、子どもたちに主のみわざを教えるためのみならず、地のすべての民が主の御手の強いことを知り、さらにイスラエル人がいつも主を恐れるためでもあることが、ここで明確に宣言されています。

ヨルダン川を渡ったことは、葦の海が分かれたのと同じほどの大きな意義がありました。これらはしばしば、回心の経験ときよめの経験を象徴すると語られます。確かにその通りですが、最も重要なことを忘れてはなりません。それはどちらも主がなされたみわざであることです。主は絶好のタイミングで海を分け、川の水をせき止めてくださいます。その時に、私たちは恐れずに渡らなければなりません。

主よ。あなたが私のために用意してくださっている祝福の地に、私は勇気をもって一歩踏み出します。

5章

ヨシュア記5章には、その後の戦いの備えとなる三つの出来事が記録されています。イスラエルの民は、約束の地の先住民が彼らを恐れたとしても、すぐに軍事的行動をとるのではなく、先のヨルダン渡河と同じく宗教的行動をとったことに注意してください。9節と12節で分けてみましょう。

第一の部分で、ヨシュアはイスラエルの民に、割礼を受けるよう命じています。割礼は、出エジプト記12章でなされて以来、四十年間、誰にもなされていなかったからです。しかし創世記34章で見たように、割礼を受けるとしばらくは痛みで動きがとれません。もしその間に先住民が攻撃してくるなら、大変なことになります。そんな危険を冒してまで割礼を行なったのは、その後の戦いが人間の力によらず、主の力によることをはっきり民に知らせるためでした。ここで出エジプト以来のイスラエルの民の不信仰に対するそしりは取り除かれ、アブラハムへの恵みの契約が回復したのです。

10節からの第二の部分は、過越のいけにえについて述べています。これも荒野の四十年間には行われていなかったことでした。定められた通り、民は第一の月の十四日にいけにえをほふり、翌日には種を入れないパンを食べました。これは、約束の地カナンに生えていた麦で作ったものです。荒野で与えられていたマナは、もはや降ることがなくなりました。

13節以降の第三部分では、ヨシュアが「主の軍の将」であるお方と出会ったことが記されています。多分種なしパンを食べた日の夜、ヨシュアはエリコの町の攻略法をあれこれ考えながら偵察に行ったのでしょう。そのとき、一人のお方と会ったのです。彼は敵でも味方でもなく、その後の戦いを導く将軍でした。ヨシュアは、このお方が敵と戦ってくださるので、自分は心配する必要がないことを悟りました。

約束の地を占領するための戦いは、決して人間の力による軍事的行動ではありません。それは徹底して主に従っていく宗教的行動でした。現代ではなおさらそうでしょう。私たちには腕力も知力も必要ありません。私たちの生きているその場所が、主が共にいてくださる「聖なる場所」であるなら、何を心配するのでしょうか。唯々諾々、ただ主の仰せられるところに従っていくなら、勝利は間違いないのです。

主よ。万軍の将であるあなたが、私と一緒にいてくださるゆえに、私は今日も安心して一日を歩みます。

6章

ヨシュア記6章はエリコ攻略の記録ですが、一読すると、それは軍事的なものではなく、「主の軍の将」に従って行った宗教的行動だったことがよくわかります。7節と15節で三つに区切って、その内容を検討してみましょう。

第一に、それは「主の方法」に従う行動でした。七人の祭司が角笛をもって契約の箱の前を進み、その前後を武装した戦士たちが囲んで、エリコの城壁の周囲を一日に一度回るのです。つまりこの戦いの主役は戦士ではなく祭司であり、武器は剣ではなく角笛でした。「そんなことでこの堅固なエリコの町を攻略できるか」といぶかる者たちもいたことでしょう。しかしヨシュアは将軍である主のことばに素直に従い、祭司と民もまたヨシュアのことばに従ったのです。

第二に、それは「主の臨在」に従う行動でした。8節は、契約の箱の前を進むことを「主の前を進み」と表現しています。契約の箱は、主の臨在を象徴するものだったからです。さらに民は、口からことばを出してはいけませんでした。ただ黙って主の臨在を示し、そして七日目には七度、同じことを繰り返したのです。きっと奇妙な行進だったでしょう。

第三に、それは「主のさばき」に従う行動でした。七日目に七度まわった後、角笛の音とともに民はときの声をあげました。するとエリコの城壁はくずれ落ち、民は難なく町の中に突入することができたのです。そこで民は、主の命令に従って、町の人々や家畜、また金属以外の彼らの所有物をみな聖絶しました。人間中心的に考える今日では、これは残虐なことのように思えますが、それが神のさばきであったことを忘れてはなりません。エリコの人々は、その罪のゆえにさばかれたのです。しかし、主を恐れて偵察をかくまったラハブとその一族は、さばきから逃れることができました。

現代の私たちの戦いは、サタンに対するものです。サタンに対しては、腕力も知力も何の役にもたちません。必要なのは主の臨在です。ともにいてくださる主をいつも意識して、このお方に従っていくことです。毎日の生活においてサタンの誘惑に勝つ秘訣は、これ以外にありません。異邦人のラハブでも救われたように、主を恐れて主とともに生きるなら、罪人の私たちであっても必ず悪に勝利できます。

主よ。悪の誘惑に弱い私です。でも誘惑に勝利できるように、私は今日もあなたに拠り頼みます。

7章

ヨシュア記7章には、アイという町に進軍したとき、一人の人が罪を犯したために敗北したことが記されています。5節、15節、21節で四つの部分に分けてみましょう。

第一の部分は、アイ攻略の経過報告です。アイはエリコから西北へ約十八キロの所にある小さな町で、人口は一万二千人程でした。エリコでの大勝利で高慢になっていたからでしょう。三千人位の兵士で大丈夫だとたかをくくって攻撃しました。でもエリコより千メートルほど高台にあったため、味方に多数の死傷者がでるという惨めな結果でした。

第二の部分では、ヨシュアの祈りと主のお答えが述べられています。ヨシュアは、この敗戦の姿を見た先住民のカナン人が自分たちを総攻撃するのではないかと心配し、主に祈ったのです。そのとき主は、敗戦の原因が民の罪にあることを示されました。神に属するはずの聖絶のものを盗んだ者がいたのです。主はその人物が誰かをご存じでしたでしょうが、あえてくじを用いるように命じられました。

16節からの第三の部分で、罪を犯した人物が明らかになります。くじで示される前に自分の罪を告白するよう、主はアカンに願っておられたのかもしれません。でも彼は、ヨシュアに問い詰められるまで隠し続けました。そんな彼に、ヨシュアは「わが子よ」と憐れみをもって呼び掛けたのです。やっと彼は、聖絶のものを盗んだことを告白しました。

22節以降の第四部分は、アカンがさばかれたことを記録しています。彼の自白通りに盗んだ物が発見されたため、彼はアコルの谷へ連れて行かれ、石で打ち殺されました。アコルというヘブル語は、「わざわいをもたらす」ということばの派生語で、アカンという名前も同じ意味です。この地名は、貪りの恐ろしさを後世に示し続けたことでしょう。

神に属するものを自分のものにするのは、大きな罪であることを忘れてはなりません。新約聖書でも、アナニアとサッピラという夫婦が、献金についてこの罪を犯したことが記されています。献金は、主が私たちに与えてくださったものを、主に感謝してお返しすることです。額の多少にかかわらず、神に属するものを自分のものにしてはなりません。あなたには、このような貪りの罪はないでしょうか。

主よ、アカンのような貪りの罪を犯すことがないよう、
どうか私の自己中心的な思いを取り除いてください。

8章

ヨシュア記8章は、29節で前後に区切れるでしょう。

前半部分には、アイの町を再度攻撃した時の経緯が記されています。9節までは戦略、23節までは実戦、その後は戦後処理の記録です。まず戦略ですが、主は前回の失敗を生かす知恵をヨシュアに与えられました。アイの町のうしろ、つまり町の西側に三万人の伏兵を置いた上で、本隊は正面から攻撃し、前回と同じように退却してアイの軍隊をおびき出すのです。その後に伏兵が町に侵入して火をつけるという方法で、高慢になっている敵の心理を利用する戦略でした。

10節から、その戦略どおり戦いが進んでいきます。まず一日目にアイの町の北側に陣を敷き、今にも突撃するかのように見せかけます。また秘かにもう五千人を町の西側に配置して、次の日の早朝、攻撃を開始しました。敵はまんまとわなにかかり、アイの王は生けどりにされたのです。

24節からは、一万二千人のアイの住民を聖絶し、王を木にかけてさらしものにしたことが述べられています。現在の私たちの目からすれば残虐に見えますが、これは約束の地を占領するための主の命令でした。ヨシュアはこの戦いの間中、槍を差し出して祈っていたことにも注目しましょう。

さて30節以降の後半部には、この戦いの後にヨシュアはアイから三十キロも北にあるエバル山に祭壇を築いたことが記されています。そして申命記27章で命じられていたように、民をエバル山とゲリジム山とに立たせ、祝福とのろいのことばを読み上げました。約束の地での戦いは始まったばかりなのに、こんな悠長なことをしたのは奇妙に思えます。しかしこの地での戦いは軍事的行動ではなく、宗教的行動であることを思い出してください。主のことばに徹底的に従うこと以外に、約束の地を占領する方法はないのです。

私たちは毎日、生活に必要なものを得るために働き、また家庭を守らねばなりません。学生は将来のために勉強せねばならないでしょう。しかしそれらすべての前に、「まず神の国と神の義を求めなさい」という主イエスの命令を思い出す必要があります。主の御旨を祈り求め、みことばに従う生き方こそ、平凡な日常生活においても最も重要なことなのです。今日それを再確認しようではありませんか。

主よ。何事をするにしても、まず祈ってから始めることができるよう、私の心をあなたに向けさせてください。

9章

ヨシュア記9章には、イスラエル人の侵入を恐れた先住民たちの対応策が記録されています。大半の王たちは連合してイスラエル人と戦おうとしたのですが、ギブオンとその周辺の町々の住民は別の方法を考えだしました。15節と21節で三つの部分に区切って学んでみましょう。

第一の部分は、ギブオン人の計略の説明です。ギブオンはアイの南西約十キロの所にあった町で、その住民はエリコとアイの人々が聖絶されたことを聞いて非常に恐れたのでしょう。遠くに住む民であるかのように変装して、イスラエルの陣営のあるギルガルにやって来ました。そしてことば巧みに欺き、イスラエルと友好関係をもつという盟約を結んだのです。残念なことに、ヨシュアをはじめ民の族長たちはみな、このことについて主の指示を仰ぎませんでした。

16節からの第二の部分では、彼らの嘘に気づいた指導者たちの行動が描かれています。三日後に欺かれたことを知った族長たちは、あわててギブオンまで出掛けました。でも盟約の誓いをしていたので、彼らに害を加えなかったのです。族長たちの失態を見たイスラエルの全会衆は、当然のことのように不平を言います。そこで族長たちは、ギブオン人たちを薪を割る者や水を汲む者、つまり奴隷にすることを約束して、やっと会衆の理解を得ることができました。

22節以降の最後の部分は、最高責任者であるヨシュアがギブオン人を呼び寄せて、最終的な決着をつけたことを記しています。欺きの罪のゆえに、彼らはイスラエル人の奴隷となることをヨシュアは宣言しました。ギブオン人たちも、殺されさえしなければ何でもすることを表明します。かくしてこの問題は決着し、その後、彼らはイスラエルの会衆のためだけでなく、主の祭壇のためにも働くことになりました。

ヨシュアともあろう人が、この件について主の指示を仰がなかったことは確かに失敗と言えます。しかし彼は、その後の処置を見事にやってのけました。さらに、彼ら異邦人を主の祭壇のためにも奉仕させたことは、彼らがラハブと同様、主を恐れていたことを知ったからでしょう。私たち日本人も異邦人です。でもただ主の憐れみのゆえに、主なる神に仕える者とされたことを、もっと感謝せねばなりません。

主よ。ただ深い憐れみによって、罪人の私があなたの民とされ、このように祈れることを心から感謝します。

10章

ヨシュア記10章は、イスラエルが約束の地の南部に進撃する様子を描いています。

27節で二分してみましょう。

前半には、エルサレムを中心とする南部の五つの都市国家が連合して、イスラエルと盟約を結んだギブオンを攻撃したことが述べられています。この知らせを聞いたヨシュアは二つのことをしました。第一に、約三十キロ離れたギルガルから勇士を率いて夜通し歩き、敵を急襲したのです。主も一緒に戦ってくださり、敵軍の上に石のように大きな雹を降らせられました。ヨシュアの祈りによって太陽が動かなかったという記述は、文字通り受け取るよりも、主がこの戦いを奇跡的な方法で導かれたことの表明と理解するほうが良いでしょう。敵を打ち破るためには十分な時間が必要でした。

第二に、戦場から南西に二十キロも離れたマケダのほら穴に逃げ込んだ敵の五人の王を生け捕りにしました。そして彼らの首を踏みつけて、「すべての敵に主がこのようにされる」と宣言したのです。主がイスラエルの将軍として戦われたことを、民に知らせるためだったのでしょう。

28節以降の後半部には、休む間もなくヨシュアは南方に進軍していったことが記録されています。まずマケダ、その南西数キロの所にあるリブナ、その南十五キロのラキシュ、その十キロ西にあるエグロン、そして東に七十キロもどった所のヘブロン、その南西四十キロにあるデビルと、六つの都市国家を攻撃して、その住民を聖絶しました。何度も繰り返しますが、現在の私たちには残虐に見えるこのことは、主が命じられたゆえであることを忘れないでください。こうしてヨシュアはカナンの地の南部を、東側の低地から中央の山地を経て西側の傾斜地まで、また南端は荒野のカデシュ・バルネアまで、主の力によって占領することができたのです。

イスラエルのこのような快進撃は、決して偶然のできごとではありません。荒野における主の厳しい訓練の中で、主に信頼することを学んだ結果だったのです。主を真の将軍と仰いで民を指導するヨシュアの働きも重要でしたが、何よりも主ご自身が戦われていました。現代の私たちにとっても、全く同じことが言えるでしょう。主が私たちの毎日を導いてくださっているという確信こそが、勝利の秘訣なのです。

主よ。あなたは私の人生の支配者であり、導き手です。私は今日も喜んであなたに従っていきます。

11章

ヨシュア記11章は、15節で前後に区分できます。

前半には、約束の地の北部に進軍していくイスラエルの民の姿が描かれています。南部の場合と同様、ここではハツォルを中心とする四つの有力な都市国家の王と、その他の多くの王たちの連合軍が作り上げられていました。彼らとの戦いについて、次の二つの点に注意してください。

第一に、北部の連合軍は馬や戦車をもっており、南部よりも強かった点です。しかし主は、「わたしは彼らをことごとく、刺し殺された者とする」と仰せられました。ヨシュアに率いられた民はそれを堅く信じ、ガリラヤ湖の北西二十キロにあるメロムという所に集結していた連合軍を急襲して打ち破ったのです。そして主の命令どおり、馬の足の筋を切り、戦車を燃やしました。今で言うなら核兵器を廃絶するようなものです。これは、主だけを信頼することの表明でした。

第二の注意点は、今までと同様、敵の王たちをはじめ、すべての者を聖絶したことです。これは、「主がそのしもべモーセに命じられたとおり」であったと、12節と15節で三度も繰り返されています。聖絶は、主の救いのご計画の中でのある限られた時期だけに命じられた行動でした。

さて16節からの後半部には、11章と12章をまとめる形で、これまでの戦いの結果が記されています。イスラエルの民は、南はネゲブとゴシェンの全土、東は死海とヨルダン川流域を含むアラバ地方、北はイスラエルの山地と低地という、大きく三つの地域を占領できました。主ご自身が、そこに住む王たちの心を頑なにして聖絶されたのです。昔、カデシュから派遣された偵察隊が非常に恐れていたアナク人も、ほとんど滅ぼすことができました。主がモーセを通して約束されたとおりのことが実現したと言えるでしょう。

ヨシュアと彼に率いられたイスラエルの民は、主が約束された地を実際に占領するために、激しい戦いを経験したことが以上の章からはっきりわかります。しかし、「彼らを恐れてはならない」と語られる主のことばが、民を支え続けました。これは今でも同じでしょう。私たちの人生は、悪との戦いの生涯です。でも主がともにいてくださるから、恐れる必要はありません。勝利は約束されているのです。

主よ。今日も、敵を愛し、迫害する者のために祈ることによって、本当の勝利を得る一日とさせてください。

12章

ヨシュア記12章には、イスラエル人がここまでに占領した地域の王たちの名前が列挙されています。理解しやすくするために、6節で前後に分けてみましょう。

まず前半は、ヨルダン川の東側の王を二人あげています。一人は、ヨルダン川の中流に注ぎこんでいるヤボク川の南を支配していたエモリ人の王シホンです。そしてもう一人は、その川の北を治めていたバシャンの王オグでした。これら二人の王との戦いは、モーセが生きていた時代のもので、申命記2章と3章に書かれています。そのとき占領した領土は、ルベン族とガド族、そしてマナセの半部族の相続地となったことを、すでに何度も学びましたね。イスラエルがシホンとオグを打ち破ったことは、遊女ラハブとギブオンの人々に主が真の神であることを悟らせ、またカナンの地を支配する多くの王たちを恐れさせていたことに注意してください。

7節からの後半部には、三十一人の王の名前が記されています。これらはヨシュアが指導者になってから滅ぼした王たちでした。最初はエリコの王、続いてアイの王、そして10章に記録されているカナン南部の七人の王たちです。その後の六人の王も南部を支配していましたが、ベテルの王からの五人はカナン中部を治めていました。またマドンの王以降の十一人は、カナン北部でガリラヤ湖の西側にある町々の支配者だったようです。短期間にこれだけ多数の王と戦って、すべて勝利を得ることができたのは、イスラエルの神である主がともにおられたからと言うより他にありません。

主がシホンとオグを滅ぼされたことは、詩篇の中でも歌われています。最初の大勝利は、イスラエルの人々にとって決して忘れられないことだったからです。その勝利は、彼らのその後の戦いの原点になったことを銘記しましょう。

私たちの信仰生活にもこの原則はあてはまります。主イエスは十字架の贖いによってサタンに勝利されました。このことを知っているなら、私たちは毎日のサタンとの戦いにも勝つことができるのです。自分の力で勝利するのではありません。あくまでも主イエスの十字架を信じる信仰によって、サタンに勝つのです。今日も主の十字架を仰ぎましょう。そして勝利の主が、今もともにおられると信じましょう。

主よ。罪の誘惑に弱い私ですが、主の十字架を深く思います。どうか贖いの恵みによって私を強めてください。

13章

ヨシュア記13章から22章までは、約束の地が十二部族にどう割り当てられたかの記録です。まず今日の13章は、7節までにヨシュアへの主の命令について、その後にヨルダン川の東側の土地分割の状況について述べています。

短期間にカナンの地を支配する三十一人の王を撃破した勇敢なヨシュアでしたが、主は、もう九十歳を越えていたと思われる彼に、「占領すべき地は非常にたくさん残っている」と仰せられたのです。地中海沿岸を南から北まで広く支配していたペリシテ人は特に強く、五つの都市国家が繁栄していました。北部のヘルモン山周辺やレバノンに住む諸民族にも気をつけねばなりません。でも主は、彼らを追い払うと力強く約束してくださいました。それと同時に主はヨシュアに、「占領した地を十二部族に割り当てよ」と命じられたのです。

そして8節から、まずヨルダン川の東側の相続地が確認されます。ここは、エモリ人の王シホンとバシャンの王オグの領地でしたが、モーセが彼らを打ち破って占領した所です。この広大な土地は、すでにモーセによってルベン族、ガド族、マナセの半部族とに与えられていました。

ルベン族の相続地となったのは南部地方です。南は死海の真中あたりに注ぐアルノン川から、北は死海の北端まで、南北と東西に四十キロほど広がる地域でした。南にはアロエルという町、北にはヘシュボンという町があります。

ガド族は中部の地域で、死海から北へ約六十キロほど行った所までを与えられました。もう少し北の、キネレテ湖、つまりガリラヤ湖あたりにまで及んだかもしれません。

マナセの半部族が得た北部地方は、ガド族の相続地から北へガリラヤ湖の東側に広がるバシャンの全土を含む、広い土地でした。でも実際は南の方にだけ住んだようです。

占領すべき所がまだたくさんあるにもかかわらず、相続地の分割が行われたのはなぜでしょうか。それは、十二部族がそれぞれの土地に住みながらも、主に信頼して敵と戦うことを教えるためだったと思われます。次に学ぶ士師記は、そのような戦いが何度もあったことを記しています。私たちの生涯にも様々な戦いとか試練があるでしょう。でもそれから逃げてはいけません。主に信頼して戦うべきです。

主よ。あなたがともにいてくださるゆえに、私は敵であるサタンを恐れません。みことばの剣で勇敢に戦います。

14章

ヨシュア記14章は、５節で前後に分けてみましょう。

前半には、ヨルダン川の西側が、ルベン族、ガド族、そしてマナセの半部族以外の九部族半に割り当てられた事情が記されています。この仕事をしたのは、政治的指導者のヨシュアと、宗教的指導者の祭司エルアザル、それに諸部族のかしらたちでした。彼らは自分たちの利害ではなく、主の御旨に従うために、くじを用いました。また、レビ族には相続地を与えませんでした。前の章でも繰り返されていたように、レビ族にとっては主ご自身が相続地だったからです。しかし、ヨセフの子孫はマナセ族とエフライム族に二分されていたので、土地は九部族半に分割されることになりました。

６節以降の後半部は、このくじによる割り当てに例外があったことを述べています。カレブがヨシュアに直訴して、ヘブロンを領有することになったのです。ヨシュアがこのような例外を認めたのには、次の二つの理由がありました。

一つ目は、モーセがカレブに与えていた約束のゆえです。カレブとヨシュアは、カデシュ・バルネアから約束の地の偵察に行った仲間でした。彼ら二人だけが、信仰的な判断をしたことを覚えているでしょう。あの時モーセは、彼らが最初に足を踏み入れた所、つまり彼らが恐れたアナク人のいる山地を、カレブとその子孫に与えると誓ったのでした。

二つ目の理由は、カレブが八十五歳になったこの時もまだ壮健で、主の力によって強力な敵を追い払うことができるという信仰を持っていたからです。当時のイスラエル人は、レビ記27章に示唆されているように、六十歳を越えるとその能力が激減すると思っていたようです。でもカレブはそうではありませんでした。ヨシュアは彼の信仰のゆえに、最も強いアナク人アルバの建てた町を彼に与えたのです。

カレブは、決して自分の利益のためにこのような直訴をしたのではありません。かえって一番困難な場所をあえて選んで、自分の相続地にしてもらったのです。私たちは、このカレブのような生き方ができるでしょうか。「老後は年金でゆっくり過ごそう」というのが今の一般的な考えかもしれませんが、私たちクリスチャンは決してそうであってはなりません。生涯、「主に従い通す」ことこそが重要なのです。

主よ。私はどんなに年老いてもあなたに従い、あなたの行けといわれる所に喜んで進んでいきます。

15章

ヨシュア記15章は、ユダ族がくじで割り当てられた相続地の記録です。12節と19節で分けてみましょう。

第一の部分には、この地域の境界線が記されています。まず南側は、死海南端からツィンの荒野にあるカデシュ・バルネアを通り、エジプト川を下って地中海に至る境界線です。延長二百キロにも及ぶ長いものですが、このあたりは作物ができない不毛の地域でした。東側の境界線は、死海の岸に沿って南北に八十キロほど伸びる線です。北側は複雑ですが、概ね、死海の北端から約八十キロ西へ向かう線と考えれば良いでしょう。西側は地中海に沿う線ですから簡単ですね。

13節からの第二部分には、前の章でヘブロンの町を与えられたカレブの後日談が挿入されています。彼は、当時ヘブロンを支配していた三人のアナク人の巨人を追い払い、さらに近くのデビルの町にも攻め上りました。同族のオテニエルがデビル攻略に貢献したので、カレブは自分の娘を彼に嫁がせます。その時彼女は父親に、畑だけでなく、作物に水をやるための泉も求めました。父カレブは求めに応じて、二つの泉を与えたのです。「大胆に主に求めるなら、必ず与えられる」という原則を知っていたカレブらしい配慮です。

20節以降の第三部分は、ユダ部族の相続地となった町々を十一の地区に分けて列挙しています。聖書地図で確認してほしいのですが、二つの点に注意してください。まず、同じ地名でも別の場所のときがあります。例えば7節のデビルとギルガル、また55節のカルメルなどは、それぞれ有名な地名ですが、この場合は違う場所です。もう一つの注意点は、その地区の町の数が二十九とか十四とか書かれていますが、実際に数えてみると違うことです。その原因は、写し間違いとか翻訳の問題とか、色んなことが考えられます。

ユダ族は、南部地方が荒野だったとはいえ、十二部族の中で最も広い相続地を得ました。後の時代、この地域に首都エルサレムが定められ、またこの部族からダビデ王、そして主イエスがお生まれになったのです。くじの中に主の御旨が隠されていたことがわかります。現在の私たちでも、自分で決定できないことが多くあるでしょう。でもすべての中に主の御旨があることを信じて生きることはできるのです。

主よ。あなたは最善の計画をもって、今の家庭や学校、職場や教会を私に与えてくださったと、堅く信じます。

16章

ヨシュア記16章には、次の章とともに、ヨセフ族の相続地が記されています。ヨセフ族は二部族あるので詳しく書かれているのでしょう。4節で前後に区切ってみます。

前半は、ヨセフ族全体の相続地の南の境界線の記述です。この境界線は、死海の北端から北へ約十キロ、ヨルダン川からも十キロほど離れた所にあるエリコから始まります。「エリコの泉」と呼ばれるのは、この町に湧き出る水量豊かな泉があったからです。この泉のゆえにエリコは昔から繁栄していました。エリコから西方にある山地へ約二十キロ行くと、ベテルに着きます。この近辺は昔はルズと呼ばれていました。さらにその西にあるアタロテ、下ベテ・ホロン、ゲゼルを経て地中海に至る全長八十キロほどが、南の境界線です。

5節からの後半部は、ヨセフ族の相続地の南半分を領有したエフライム部族の境界線を述べています。複雑な書き方がされていますので、ここでは順序を少し変えてわかりやすく説明しましょう。2節に記されていたアタロテが出発点で、そこから西の方へ行くと上ベテ・ホロンに至ります。そこからさらに西に向かって地中海まで行き、ここで北進すると8節に記されているカナ川につきあたります。ここから東に約五十キロ進むと、ヨルダン川の石を建てた有名な町、シェケムに着きます。このすぐ近くにミクメタテという町がありました。さらに東の方に回ると、タアナテ・シロ、ヤノアハを経由してヨルダン川のそばにある別のアタロテに着きます。そこから南下してナアラを経てエリコに戻るのです。

でもエフライム族の問題は、この相続地の南の方にあるゲゼルの町のカナン人を追い払わなかったことでした。その結果、列王記第一の9章によるとソロモンの時代に至るまでここにはカナン人が住み続け、争いの種となったのです。

ヨセフ族は、主の特別な顧みのゆえに、他の部族の二倍の相続地を与えられました。さらにマナセ族は、ヨルダンの東側にも相続地を与えられています。しかし彼らは、カナン人を追い出す努力をしなかったようです。さて現代の私たちはどうでしょうか。豊かな恵みに対する応答をしているでしょうか。努力によって救われるのではありませんが、恵みに感謝し、喜んで主に従うことは非常に大切なことです。

主よ。あなたが与えてくださった多くの恵みに感謝し、今日も喜んで神と人とに仕える一日をおくります。

17章

ヨシュア記17章は前の章の続きで、ヨセフ族の相続地の北半分を領有したマナセ部族について記しています。6節と13節で三つの部分に分けて学んでみましょう。

第一の部分は、マナセ族がヨルダン川の東と西に相続地を持つようになった理由です。民数記32章にも書かれているように、マナセ族のマキルという勇敢な戦士が、モーセの時代、ヨルダン川の北東部のギルアデ地方とバシャン地方とを占領しました。そこでモーセはその地方を、マキルの子孫とその他の六つの氏族に相続地として与えたのです。でも同じマナセ族のツェロフハデには娘しかいなかったので、相続地を得ることができませんでした。その結果、民数記27章で特別な規則が作られ、娘も息子たちと同じように相続できるようになりました。それがここで実行されたのです。

7節からの第二の部分は、マナセ族の相続地の境界線が記録されています。南の境界線は、前の章のエフライム部族の北の境界線と同じで、シェケムの近くのミクメタテからタプアハを通り、カナ川にそって地中海に至ります。北の境界線はアシェル族と、北東の境界線はイッサカル族と接していましたが、マナセ族はその境界線を越えた先まで住んでいたようです。でもカナン人を追い払うことはできませんでした。

14節以降の最後の部分には、ヨセフ族の不平が記されています。二部族分の広い相続地に加え、ヨルダン川の東にも土地を与えられていたヨセフ族なのに、くじを二つひかせてもらえなかったことでヨシュアに文句を言っているのです。しかしヨシュアは決して怒らず、冷静に次のような返事をしました。ヨセフ族は数が多いのだから、森を切り開いて生活できるようにすべきであり、また、鉄の戦車をもっているカナン人を恐れずに、彼らを追い払うべきだと。

多くの土地を与えられながらも、このような文句を言うヨセフ族を見るときに、私たちも大いに反省させられるのではないでしょうか。現在の私たち日本人は、世界で一、二を争うほどに豊かな生活をしています。それでも、毎日の生活の中でつぶやきが出てくるのです。しかしクリスチャンは決してそうであってはなりません。主が与えてくださっている祝福に感謝し、困難を克服する勇気を持つべきなのです。

主よ。私はあなたからの祝福を忘れません。そして、感謝と喜びをもって、試練に立ち向かっていきます。

18章

ヨシュア記18章と19章は、まだ相続地を割り当てられていない七つの部族について記しています。まず今日の18章は、10節で前後に分けられるでしょう。

前半は序論的な部分です。エフライム部族の相続地の中にシロという町がありました。イスラエルの民が占領した領域のちょうど真ん中あたりにあったからでしょうか。ここに会見の天幕を建てて、民がどこに住んでいても礼拝に来れるようにしたのです。ヨシュアはまだ相続地が決まっていない七つの部族の代表者をこの町に集め、各部族から三人ずつ選び出させて合計二十一人の調査団を編成しました。彼らはまだ先住民がいる土地を行き巡り、そこを七つの割り当て地に分割したのです。こうしてヨシュアは、彼らの報告を聞いた上でくじをひき、これら七部族の相続地を決めました。

11節からの後半部分には、最初にくじをひいたベニヤミン族の相続地が描かれています。彼らは、ユダ族とエフライム族との間に位置する地域を引き当てました。この地域の北の境界線は、ヨルダン川からエリコを経てベテルに向かい、ベテ・ホロンに至る約四十キロの線です。西の境界線は、ベテ・ホロンからキルヤテ・エアリムまでの十キロほど、南の境界線はそこから当時エブス人が住んでいたエルサレムを経て傾斜地を下り、死海北端のヨルダン川河口に至ります。これは東西四十キロ、南北十キロほどの長方形の地域です。

この地域の北東の半分にはエリコをはじめとして十二の町があり、また南西の半分にはギブオンをはじめとする十四の町がありました。これらの中には、まだ先住民が支配していた町々もあったのですが、ヨシュアは3節で、「与えられた地を占領しに行くのを延ばすな」と彼らに命じています。与えられているからこそ、占領する努力が必要なのです。

この原則は、現在の私たちにとっても非常に重要です。私たちはただ恵みによって神の子とされ、神のものであるすべてを与えられています。けれども、寝ていてはなりません。家庭でも職場でも、学校でも社会でも、そこを現実に神の国とするために、最善の努力をすべきなのです。そのために、「強くあれ。雄々しくあれ。あなたの神、主が、あなたとともにいる」と約束されているのを忘れないでください。

主よ。あなたは私とともにいてくださいます。だから私は、真の愛に満ちた神の国の兵士として進んでいきます。

19章

ヨシュア記19章は、くじで決定されたシメオン・ゼブルン・イッサカル・アシェル・ナフタリ・ダンの六つの部族の相続地の記録です。区切りはすぐにわかるでしょう。

第二のくじはシメオン部族に当たりました。でも良く見ると、ユダ族の相続地の南部の町々が挙げられていることに気づきます。人口最少のシメオン族のために、最大のユダ族が自分たちの町々をシメオン族に分け与えたのでしょうか。

第三のくじはゼブルン族に、そして第四のくじはイッサカル族に当たりました。これら二部族の相続地は、マナセ族の北方の内陸部にあり、双子のように並んでいます。標高六百メートルほどのタボル山の北西側に二十キロ四方のゼブルン族の相続地があり、また南東側には東西三十キロ、南北十五キロほどのイッサカル族の相続地がありました。

第五のくじはアシェル族に当たりました。この地域は地中海沿岸部で、東西二十キロ、南北百キロほどの帯状に広がっています。南は地中海に突き出しているカルメル山から、北は海上貿易で繁栄していたツロまでの広い土地でした。

第六のくじはナフタリ族に当たり、彼らはアシェル族の相続地の東側をキネレテ湖まで領有することになりました。東西二十五キロ、南北七十キロ程ですが、大部分が山地でした。辺境のゼブルン・ナフタリ・イッサカルの相続地が後に主イエスの活躍されるガリラヤ地方となるのです。

最後の第七のくじはダン族に当たりました。エフライム族とベニヤミン族の西側で、海岸線までの地域ですが、実際はここにある町々を占領できなかったのです。そこでナフタリ族よりもっと北のレシェムに進出することになりました。

最後に、ヨシュアにエフライム中央部のティムナテ・セラフが与えられたことが記されます。

その広さも豊かさも違う土地が、くじによって十二の部族に割り当てられました。言おうと思えばいくらでも文句が言えたでしょう。しかし、彼らはそれを主の意志として受け取ったのです。現在の私たちも、そのような心構えで生きているでしょうか。もし職場や教会で不公平なことが行なわれたときに、だれかに文句を言うか。それともあえてそれを主の意志として受けとめるか。あなたはどちらでしょうか。

主よ。どんなことでも、その背後に主のご計画があることを信じて歩める信仰を、私に与えてください。

20章

ヨシュア記20章は、逃れの町について述べています。この町を設けるべきことは、シナイ山のふもとでの十戒授与の直後に最初に命じられました。また、民数記35章では、約束の地を目前にした時にも繰り返されています。さらに申命記4章は、ヨルダン川の東側に三つの逃れの町が実際に設けられたことを記録しているのです。本章を4節と6節で分けて、これらの町が定められた理由を考えましょう。

第一の理由は、意図せずに過って人を殺した者を守るためです。だれでも過ちはありますが、特に人を殺した場合には、遺族の怒りはそう簡単になくなるものではありません。当時は復讐が認められていましたから、加害者が復讐されることがありました。しかし主は、尊い人命が失われることを望んでおられません。そこで、理由を明確に述べるなら、復讐者から守られるよう、逃れの町が定められたのです。

5節からは第二の理由が示されています。それは正しいさばきがされるためでした。逃れの町に逃げこんでも、その殺人者は会衆の前で正しいさばきを受ける必要があります。また憎しみのゆえの殺人でないと判断された場合でも、その町に住み続けねばなりません。つまり軟禁状態です。しかしその時の大祭司が死んだ後には自由になれます。大祭司が彼の罪の身代わりに死んだ、とみなされたのでしょう。

7節以降に示唆されている第三の理由は、だれでもこの恵みにあずかれることです。ヨルダン川の東側に定められていた三つの町と、西側に新たに定められた三つの町を地図で確かめるなら、イスラエルのどの町からでも徒歩で一日の距離であることに気づかれるでしょう。またこの規則は、イスラエルに住む在留異国人たちにも同じように適用されることも、忘れてはなりません。

この逃れの町の規定を通して、主なる神は、御子イエスを地上に遣わされる千年以上も前に、全人類の罪が赦される道があることを象徴的に示された事実を知ってください。さらにすばらしいことに、新約時代はたとい故意の罪であろうとも、それを認めて悔い改めさえするならば、御子イエスの贖いの死によって赦されるのです。今日も、この貴い主の十字架を仰ぎ、感謝して歩もうではありませんか。

主よ。私たちが滅びないために、ひとり子を遣わしてくださったあなたの大きな愛に、心から感謝します。

21章

ヨシュア記21章には、レビ人に与えられた放牧地つきの町々の名が記されています。それは相続地ではなく、生活の必需品を確保するための居住地でした。レビ人は荒野では幕屋を運んだり幕屋での祭儀を執行したりしていたのですが、約束の地においては十二部族の中のおもだった町に住んで、民を宗教的に指導することになったようです。この章は、7節と42節で区切れることがすぐに分かるでしょう。

第一の部分は、レビ人の居住地が決められた経緯です。彼らは、十二部族への相続地が定められた後に、幕屋のあるシロに集まりました。そして相続地が決定された時と全く同じように、くじでレビ族の三つの氏族と祭司アロンの子孫の居住地を決めたのです。アロンの子孫のためには、カナン南部のユダ、シメオン、ベニヤミンの相続地の中から十三の町が選ばれ、ケハテ氏族には、カナン中部に住むエフライム、ダン、マナセの半部族の中から十の町が選ばれました。またゲルションの氏族には、カナン北部のイッサカル、アシェル、ナフタリとヨルダン東岸のマナセの半部族から十三の町が、最後にメラリ氏族のためには、北部のゼブルン、ヨルダンの東側にあるルベンとガドの相続地から十二の町が選ばれました。

8節からの第二部分には、以上に述べられた合計四十八の町々の名前が列挙されています。これらは、当然のことながら六つの逃れの町を含んでいるだけでなく、歴史に名が残る有名な町が多いことに注意してください。主に仕えるレビ人を心から尊ぶ町は、豊かに祝福されたのです。

43節以降の第三部分は、13章から始まったカナンの地の割り当ての結論部です。このようにして、主が約束されたことはすべて実現しました。これから民が心がけるべきことは、主を信頼し、みことばに従い続けることでした。

レビ人がイスラエルの全地に分散して住んだのは、民がどこでも律法のことばを聞くことができ、どこでも礼拝できるためでした。現在の日本でもこの原則は非常に大切です。まだ教会のない市町村に、一日も早く教会ができるように祈りましょう。せっかく近くに教会があるにもかかわらず、教会に行こうとしない人々のためにも祈りましょう。教会に行っている私たちが祈らねば、だれが祈るのでしょうか。

主よ。全国に教会ができ、だれもが教会に行けるようにと心から祈ります。私にできることを教えてください。

22章

ヨシュア記22章には、ヨルダン川の西側の占領と相続地の割り当てを終えた後、ルベン族とガド族とマナセの半部族が妻子のいるヨルダン川の東側へ戻った時の出来事が述べられています。9節、20節、29節で分けてみましょう。

第一の部分でヨシュアは、これら二部族半を幕屋のあるシロの町に集め、彼らに二つのことを命じました。一つ目は、約束の地で一緒に戦うという責任を果たしたゆえに、彼らは自分の天幕に帰られるが、そこで主の律法を守り、主を愛して従うべきことです。また二つ目は、それまでの戦いで得た分捕り物を彼らの地に持ち帰り、それらをその地にとどまっていた同胞と分かち合うようにという命令でした。

10節からの第二部分は、彼らが帰る道で、ヨルダン川のそばに大きな祭壇を築いたためにおこった問題を描いています。このうわさを聞いた西側の民はシロに集まりました。東側がもう主に従うことをやめ、自分たちで造った神にいけにえをささげようとしているのではないかと心配したのです。そこで西側の十部族の代表と祭司ピネハスが遣わされました。

21節からの第三部分は、それに対する東側の弁明です。ヨルダン川の両岸に分かれて住むことになったので、後の時代になって一致が失われるかもしれない。もし西側の十部族の子孫が東側に住む自分たちの子孫に、「あなたがたはイスラエルの神と無関係だ」と言ったとき、この祭壇は自分たちが同じ神を礼拝している証拠となる、という主張でした。

そして30節以降の第四部分には、西側の代表者たちはこの説明に満足したことが記されています。西側は今にも戦いをしかけようというような意気込みでしたから、東側の説明を聞いて、戦いが回避されたことを喜びました。彼らはカナンの地に戻り、この結果を報告したのです。

同じ主を信じ、つい先程まで一緒に敵と戦っていた十二部族であっても、このような誤解が生じたことは、現在の教会に大切なことを教えているのではないでしょうか。教会の中でも、ちょっとした誤解が大きな問題をひきおこす場合があります。しかし重要なのは、話し合うことです。そしてお互いに相手のことを理解するなら、悪意ではなく善意でしたことだと気づく場合が多いことを知ってください。

主よ。教会でどのようなことがおこっても、私は相手のことを悪く思わず、十分に話し合うように努めます。

23章

ヨシュア記23章と24章は、ヨシュアが死ぬ直前の記事です。特に今日の23章は遺言と言えます。彼は全ての指導者たちを集め、自分の死後にイスラエルの民がどう生きるべきかを諭すのでした。章全体に繰り返されている重要な命令を、以下の三つの点にまとめて学んでみましょう。

第一にヨシュアは、過去になされた主のみわざを忘れないように命じます。イスラエルの民がカナンの地に相続地を得ることができたのは、主が戦われたからにほかなりません。敵はまだ相続地に残っていますが、この主ご自身が彼らを追い払ってくださいます。だからこそイスラエルの民は、彼らの地を占領する必要があるのです。主の偉大なみわざを忘れない限り、イスラエルは常勝無敗の民となれます。

第二に、現在はモーセの律法に従ってそれを断固として守るよう、民に命令しています。相続地に残っている先住民と結婚してはならず、彼らの神々を拝んではなりません。ただ主を愛し、主のみを礼拝することがどうしても必要です。当時の多くの異教の神々は、不道徳な行動を肯定する傾向がありました。そのような神々はイスラエルにとって落とし穴となり、結局イスラエルを苦しめる結果となるのです。そうならないために、日々律法を思い起こさねばなりません。

第三に強調されるのは、以上のような生き方が将来のイスラエルの運命を決めることです。主の良くしてくださった過去のことを決して忘れず、現在も心を尽くし、精神を尽くして主に従っているなら、主は将来も彼らを守られます。しかしそうしないならば、主は彼らを根絶やしにされることを覚悟せねばなりません。ヨシュアは、モーセがその晩年に申命記28章などで語っていた祝福と呪いのことばを思い出しながら、この警告を民に語ったのではないでしょうか。

過去の主のみわざと将来の主の約束は、現在の私たちの行動に影響を及ぼします。主は過去にどれほど多くの恵みを私たちに与えてくださったか、また将来にどんな希望を示してくださっているか、考えてみましょう。すべての罪が赦されたことを感謝でき、死後にも大きな希望を抱ける私たちは、本当に幸いです。だからこそ、毎日毎日主のみことばに耳を傾け、それに従って生きていこうではありませんか。

主よ。私はあなたから与えられた豊かな恵みに感謝します。今日もあなたを愛し、あなたに従って歩みます。

24章

ヨシュア記24章は、本書をしめくくる章です。13節と28節で三つの部分に分けることができるでしょう。

第一の部分でヨシュアは、ヨルダン川の石を記念として立てたシェケムの町に、イスラエルの指導者たちを呼び寄せました。そして彼らに、アブラハムのカナン出発から始めて、エジプトでの奴隷生活と出エジプト、そして約束の地の占領に至るまでの約七百年の歴史を話して聞かせます。それは、昨日学んだごとく、主がそれまでどれほど偉大なみわざをイスラエルになしてくださったかを確認するためでした。シェケムは、アブラハムや彼の孫ヤコブが祭壇を築いた所でもあるので、この話をするには最適の場所だったのです。

そして14節からの第二の部分でヨシュアは、「この偉大な主に仕えるか、それとも他の神々に仕えるかを、今日選ぶがよい」と、民に対して厳しくチャレンジしています。この重要な決断を、彼は民の自由な意志にまかせますが、「私と私の家は主に仕える」と明確に自分の意志を表明しました。この激しく迫るヨシュアのことばに、民は「私たちもまた、主に仕えます」と答えます。しかしヨシュアはその決意に水をぶっかけるように、彼らの不信仰な心を指摘しました。結局民は三度この決意を告白し、その証拠としてシェケムに石を立て、主との契約を再確認したのです。

29節からの最後の部分には、三人の人物の葬りが記されています。まずヨシュアは百十歳で死に、彼の相続地であるティムナテ・セラフに葬られました。また、イスラエルの民がエジプトから携え上ったヨセフの遺骸は、彼の父ヤコブがシェケムに買った土地に葬られます。そして、アロンの息子だった祭司エルアザルも死に、ギブアに葬られました。どんな偉大な人物でも、この地上から去る日があるのです。

ヨシュアは、モーセに比べると格段にスケールの小さな人物でした。しかし、彼はモーセの仕事を立派に受け継いで、イスラエルの民を約束の地に定住させたのです。主が彼とともに働かれたからにほかなりません。だからこそ、「私と私の家は主に仕えます」と言えました。私たちも、たといそれほど信仰深くなくても、主がともにいてくださるのですから、「私と私の家は主に仕えます」と告白しましょう。

主よ。信仰の弱い私ですが、あなたがともにいてくださることを信じて、生涯あなたに仕えることを約束します。

士師記・ルツ記　解説

士師記とルツ記はどちらも短い書巻ですので、一緒に学びましょう。ヘブル語の聖書ではルツ記は別の位置に置かれていたのですが、士師記と同じ時代を背景としているので、現在の配列になったようです。士師記の描く時代の暗い面と対照的に、ルツ記の明るさは心を和ませます。

士師記は、ヨシュアの死後、イスラエルの民が主との契約を破ったために陥った苦難と、その中で民が悔い改めたゆえに士師を通して与えられた救いとを記録しています。背信→苦難→悔い改め→回復→背信というサイクルが十二回も繰り返されるのです。しかも登場する十二人の士師は、イスラエルの十二部族のそれぞれから出ているように思えます。

＊　　　＊

第一問　民はなぜそんな簡単に契約を破ってしまったのでしょうか。

最大の原因は、先住民族を聖絶しなかったからです。彼らが信じる偶像にイスラエルの民は心を奪われてしまいました。この危険性は、すでにモーセによってもヨシュアによっても指摘されていたことでした。

第二問　苦難はどういう形で民に与えられましたか。

先住民族や周囲にいた民族がイスラエルの領地に攻め込んできたのです。ヨシュアの時代には真の神がともにおられるという信仰によって勇敢に戦った民も、信仰を喪失していたゆえに簡単に負けてしまいました。

第三問　どんな士師がいたのかを教えてください。

3章から16章までを自分で読んでいただきたいのですが、少しサービスして名前を列挙しましょう。括弧内は彼らの属していたと思われる部族名です。①オテニエル（ユダ）②エフデ（ベニヤミン）③シャムガル（アシェル）④デボラ（ナフタリ）⑤ギデオン（マナセ）⑥トラ（イッサカル）⑦ヤイル（ルベン）⑧エフタ（ガド）⑨イブツァン（ユダ）⑩エロン（ゼブルン）⑪アブドン（エフライム）⑫サムソン（ダン）。オテニエルは南ユダに併合されていたシメオン部族の代表と考えられます。

第四問　士師という語はあまり聞いたことがありませんが、どういう意味でしょうか。

武士・戦士という語でわかるように、士は軍人のことです。また、教師・師範という語で推測できるように、師は先生のことです。「さばきつかさ」とも訳されますが、平時は民衆の師として正しいさばきをし、戦時には軍人として指揮する人と理解すれば良いでしょう。

第五問　彼らはみんな立派な人物だったのでしょうか。

決してそうではありません。特に詳しく書かれているギデオンとサムソンは、二人とも大きな問題をもっていました。ギデオンは老後高慢になり、祭司のような働きをしようとしました。サムソンはもっと不道徳な人物で、とても士師とは思われません。しかし、ある限られた期間だけ、主から特別な使命と力を与えられ、イスラエルの民を救う働きをしました。士師は一代限りの任命だったことが、後に登場する王とは根本的に違うところです。

第六問　何度も背信を繰り返す民に、神はなぜ十二人も士師を遣わして救われたのですか。

民が何度契約を破ろうとも、民がその誤りに気付いて悔い改めるなら、真実な神は救ってくださるということを、士師記は繰り返して教えているのです。主は、シナイの荒野でもここでも、同じように民をあわれんでくださいました。

第七問　17章以降の内容の概略を教えてください。

ここにはダン部族の宗教的混乱と、ベニヤミン部族の道徳的混乱とが描かれています。こんなことが神の民にあって良いのかと思えるような内容ですが、真の神から離れた悲惨な結果を赤裸々に描いているのです。

第八問　ルツ記のテーマは何でしょうか。

第一は、混乱の時代にも存在した、神と人とに忠実な一人の人物を示すことです。この書の主人公のルツは、異邦人でしかも女性でした。彼女は義理の母ナオミが信じる主なる神を自分の神とし、母の民イスラエルを自分の民として、生まれ故郷であるモアブから離れて、ベツレヘムにやってきたのです。これは、アブラハムが父の家を離れて約束の地に来たのと同じ信仰の行為でした。

第二のテーマは神の深いご計画です。ルツは「はからずも」ボアズの畑に導かれ、彼と結婚することになります。しかも、彼は「買い戻し＝贖い」の権利のある人物でした。そして異邦人ルツの子孫としてダビデ王が生まれ、主イエスもその子孫としてお生まれになるのです。

現代も、士師の時代と同じように、いやそれ以上に混乱しているかもしれません。しかし主は、憐れみ深いご計画をもっておられます。きっと、士師やルツのような人物を遣わしてくださいます。私たちが、罪を心から悔い改めて祈り求めるなら、その一人になるのではないでしょうか。

1章

今日から士師記を学びます。ヨシュア記が敵に勝利していくイスラエルの民の姿を描いていたのと対照的に、本書は敵に苦しめられている民の様子を述べていることに注意してください。すでに今日の1章は、その原因が何であるかを示唆しています。21節で前後に分けてみましょう。

前半部分には、カナンの地の南部に相続地をもったユダ部族とシメオン部族が連合して、先住民と戦ったことが記されています。ヨシュア記と類似した記事が繰り返されていますが、二つの点で書き方が微妙に違うことに注意してください。一つ目は、ヨシュアの死後、イスラエルを引っ張っていく強力な指導者がいなかった点です。「だれが私たちのために最初に上って行って」という表現が、それを感じさせます。

二つ目は、「追い払えなかった」という句が何度か出てくる点です。ユダ族もシメオン族も勇敢に戦いました。しかし例えば19節では、「平地の住民」つまり海岸平野にいたペリシテ人は鉄の戦車をもっていたために、彼らを恐れて追い払えませんでした。また強固な町エルサレムを攻めながらも、その住民のエブス人を追い払えなかったのです。この町は約三百年後に、あのダビデ王がやっと占領しました。

22節からの後半部でも、同じような状況が繰り返されています。この部分には、マナセ族、エフライム族、ゼブルン族、アシェル族、ナフタリ族、ダン族など六部族の相続地における戦いが記されていますが、「占領しなかった」とか、「追い払わなかった」という表現が七回も出てくるのです。ただベテルだけは完全に占領しました。そしてこの箇所には、「主は彼らとともにおられた」と明記されていることに注意してください。「主がともにおられる」という信仰さえあれば、本当はすべての町を占領できたはずなのです。

明日の2章以下には、イスラエルの民がこの信仰を失ったときに敵に苦しめられたことが、十二回も繰り返して記録されています。これは今でも同じです。主がともにおられるなら、私たちはどんな敵にも、どんな試練にも打ち勝つことができます。しかしその信仰がなくなったときに、悲惨な状況になるのです。あなたはどうでしょうか。主がともにおられるという確信を、今日もお持ちでしょうか。

主よ。あなたはこんな私をもとことん愛して、今日も私とともに歩んでくださることを信じます。

2章

士師記2章は、5節で前後に分けられるでしょう。

前半は1章の続きで、イスラエルの民が先住民を追い払わなかった結果を記しています。これは主に従わないことだったので、主の使いが彼らに遣わされ、主もまた先住民を追い出されず、先住民の神々がイスラエル人のわなとなることを告げたのです。それを聞いたイスラエル人全体は、声をあげて泣きました。しかしどんなに泣いても、いけにえを献げても、彼らが主に従わなければ何にもなりません。

6節からの後半部には、主の声に従わなかったイスラエルの歴史が、ヨシュアの晩年にさかのぼって、簡潔にまとめられています。イスラエルの民は、荒野や約束の地でなされた主のみわざを見た人々の生きている間は、主の声に従って先住民と戦い、主に仕えていたのです。しかしヨシュアや彼の同世代の者たちが死んで、主のみわざを知らない人々が大多数を占めるようになると、事態は変わってきました。

まず彼らはバアルをはじめ、先住民たちの神々を拝むようになりました。そのために主の怒りがイスラエルに向かって燃え上がり、主は彼らを略奪者の手に渡されたのです。でも彼らが苦しみうめくのを見られた主は、あわれみのゆえにさばきつかさを起こし、彼らを略奪者から救われました。主はさばきつかさとともにおられたゆえに、その生きている間、イスラエルは敵から救われたのです。しかしさばきつかさが死ぬと、イスラエルはいつも逆戻りしていっそう堕落の道をたどり、他の神々に仕えて主の契約を破りました。

20節以降に書かれているごとく、これは主のご計画でもありました。主はイスラエルの民が主の道を守るかどうかを試みるために、あえて先住民たちをただちに追い出すことはされなかったのです。主の知恵は何と深いことでしょう。

ヨルダン川を渡って約束の地にはいっても、そこは決して天国ではありません。そこでも戦い続けなければならないのです。様々な試練があるのは、そこでも主がともにおられることを信じて主のみ声に聞き従うなら、必ず勝利できることを学ぶためでした。たとい自分の罪のゆえに苦しむことがあろうとも、主に祈り求めましょう。主は必ずあなたを助けるために、さばきつかさを遣わしてくださいます。

主よ。私は、時々み声に従わない場合があります。でもそれを素直に悔い改め、再び従うことを決心します。

3章

士師記3章から、いよいよさばきつかさ、つまり士師が登場します。まずこの章では、三人の士師の働きが記録されています。6節、11節、30節で区切ってみましょう。

第一の部分は序文で、主がイスラエルを試みるために残しておかれた八つの先住民族の名前を掲げています。イスラエルは、彼らの異教的な風習の影響を受けないために、彼らを追い払うべきだったのですが、実際は彼らと結婚し、彼らの神々に仕えるようになりました。ヨシュア記の最後の章で堅く誓ったことが、もう守られなくなってしまったのです。

そこで7節からの第二の部分が始まります。イスラエルが異教の神々を拝むようになったために、主は彼らを南部に住むアラム・ナハライムの王の手に売り渡されました。この王のもとでイスラエルは八年間も苦しみ、主に叫び求めたのです。そのとき主は、シメオン族の相続地にいたオテニエルを救助者として遣わされました。彼が第一の士師です。

12節からの第三の部分では、次の士師であるエフデが登場します。オテニエルの死後、イスラエル人はまた、悪を行なうようになりました。そこで主は死海の東側に住むモアブ人の王、エグロンを強くされたのです。彼はなつめやしで有名だったエリコの町を占領し、十八年間、イスラエルを苦しめました。主は苦しみの中で叫び求める民の声を聞き、今度はベニヤミン族のエフデを起こされます。彼は策略をめぐらして、エグロン暗殺に成功しました。それのみか民を励まして軍隊を作り上げ、一万人もいたモアブ軍を壊滅状態に追いやったのです。主はエフデを貴く用いられました。

最後の31節は、第三の士師であるシャムガルがペリシテ人を打ったことを短く記しています。彼は北方の地中海沿岸部にいたアシェル族の出身だったと推測されています。

イスラエルの民が主を忘れたときに異邦の王を強くし、彼らが苦しみの中で主に叫ぶと士師を遣わされた方は、どちらも主ご自身であることを見落としてはなりません。主はすべてをご自身の計画の中で運ばれていたのです。それは、主だけが本当の神であることを、イスラエルの民に学ばせるためでした。今でも主は、私たちにこの真理を学ばせるために、あえて試練を与えられることもあると知ってください。

主よ。あなたは私のすべてをご存じの上で、試練とともにそこから逃れる道を与えてくださることを信じます。

4章

士師記4章と5章は、第四の士師である女預言者デボラと彼女とともに働いたバラクについて述べています。今日の4章は、3節、11節、16節で区切れるでしょう。

第一の部分は序文です。第二の士師エフデが死んだ後、イスラエルの民はまたもや主の目の前に悪を行ないました。そこで主は、ガリラヤ湖北部のハツォルで治めていたカナンの王ヤビンの手に民を渡されました。その将軍であるシセラは特に強く、戦車を九百台も所有していたというのです。その圧政に苦しんだイスラエルの民は主に叫び求めました。

4節からの第二の部分では、デボラとバラクが紹介されています。デボラは、北部に住んでいたナフタリ族の勇士であるバラクを呼び寄せ、「シセラの大軍をあなたの手に渡す」との主のことばを告げました。そこでバラクは、デボラがいっしょに行ってくれることを条件に、ゼブルン族とナフタリ族とを中心とする軍隊を編成します。また主は、ガリラヤ湖の西側にケニ人へベルを備えておられました。

12節からの第三部分は戦いの描写です。バラクがイスラエル軍をタボル山に進めたので、シセラは山麓のキション川に兵を集めました。この兵に、デボラの励ましを受けたバラクの軍は夜襲をしかけたのです。大勝利でした。5章21節から推測すると、大雨が降ってキション川が氾濫したので、さすがの戦車も役にたたなかったのかもしれません。

17節以降の第四部分には、将軍シセラの最期が記されています。彼は徒歩で逃げ出しますが、親しくしていたケニ人へベルの家が近くにあったので、そこに隠れ込みました。しかしへベルの妻のヤエルが、疲れて熟睡しているシセラを暗殺し、バラクに引き渡したのです。この大将軍シセラの死を契機に、カナンの王ヤビンの力は衰えていきました。

ここで主は、敵を打ち破るためにデボラとヤエルという二人の女性を用いられています。当時の女性の地位は非常に低いものでしたが、主は弱い者をあえて用いられたのです。私たちも決して強い者ではないでしょう。しかし人の強さや弱さは、主の前では何の関係もありません。重要なのは、主のことばに従う意志です。今日も主のみことばに従い、悪の力に勇敢に立ち向かっていきましょう。

主よ。誘惑するものに対して勇敢に戦うことができるよう、あなたのみことばで私を励ましてください。

5章

士師記5章は、前の章の出来事を賛美の歌によって表現しています。モーセが海を二つに分けた後、出エジプト記15章で用いられたのと同じような形式です。今日の箇所は、5節、11節、18節、27節で五つに分けてみましょう。

第一の部分は、賛美の呼びかけです。かしらたちが先頭に立ち、民が身を献げるとき、主は荒野を旅するイスラエルになされたのと同じ偉大なみわざをなしてくださいます。主はどんな王よりも優った方なので、主を賛美すべきなのです。

6節からの第二の部分には、当時のイスラエルの状況が描かれています。第三の士師シャムガルの時代以降、この国の北部ではペリシテ人やカナン人の力が強くなり、商業も農業も衰えてきました。また彼らの神々に仕えたイスラエルは、軍事的にも弱くなっていました。そんな時代にデボラが召され、主に身をささげる人々を民の中から募ったのです。

12節から第三部分が始まります。主の声で覚醒したデボラの呼びかけによって、ナフタリ族のバラクを含め、いくつかの部族からの勇士が集まってきました。しかしルベン、ガド、ダン、アシェルの諸部族は応答しなかったようです。

19節からの第四部分は、戦いの様子を描写しています。イスラエル軍はキション川の上流のタアナクという町でシセラと戦いました。激しい雨で川が氾濫し、シセラ軍が押し流されたことや、近くのメロズの町からの勇士ではなく、ヘベルの妻ヤエルが活躍したこともここに歌われています。

28節以降の最後の部分は強烈な皮肉です。シセラが死んだことを知らない母親や姫君が、シセラの帰りが遅いのは分捕り物を分けているからだと思っている姿を述べているのです。どんなに強い将軍でも主に敵対する者はみな滅びますが、逆に主を愛する者は朝の太陽のように輝き昇ります。

イスラエルの中でも、シセラとの戦いに出ていった者と、出ていかなかった者とは、はっきり分けられました。今の時代も同じです。犠牲を払って主の働きに参加する人々がいるかと思えば、自分の安全だけを考える人々もいます。あなたはどちらでしょうか。主のために、教会のために、喜んで犠牲を払うなら、主は必ずその人を祝福し、「力強く昇る太陽のように」してくださることを知ってください。

主よ。私は、あなたの働きのために喜んで自分を献げます。どうか弱いこの私を用いてください。

6章

士師記6章から9章までは、第五番目の士師であるマナセ部族出身のギデオンの生涯を詳しく描いています。今日の6章は、6節、10節、32節、35節で区切れるでしょう。

第一の部分は、イスラエルの民が再び罪を犯したために、主は彼らを七年間、ミディアン人の手に渡されたことを述べています。彼らは、収穫期になるとヨルダン川の東から略奪のためにやって来るのです。苦しむ民は主に叫びました。

そこで7節からの第二部分です。主はその叫びに答えて、ひとりの預言者を遣わされました。彼は、このような悲惨な状態になったのは、エジプトから解放してくださった主の声に聞き従わなかったからだと、明確に宣告したのです。

11節からの第三部分で初めて、ギデオンが登場します。彼はミディアン人の来襲を恐れ、岩をくりぬいて作ったぶどうの踏み場で脱穀していました。そこに主の使いが現われ、ミディアン人から民を救い出すように命じたのです。気弱な彼は、御使いが奇跡的な火で供え物を燃やしたときに、やっと主の命令に従う決心ができました。彼の家にあった偶像の神の祭壇と像をこわせと主に命じられたときも、夜の闇に隠れてそれをなすほど臆病な人でした。でもこの事件により、イスラエルの民は、偶像には力がないことを悟ったのです。

33節からの第四部分は、それ以降、民はギデオンを信頼して、ミディアン人とアマレク人と東の異民族の連合軍に立ち向かうようになったことを記録しています。マナセ、アシェル、ゼブルン、ナフタリの四部族が彼に従いました。

けれど36節からの最後の部分では、ギデオンはまだ自信がなかったのか、最初は羊の毛の上にだけ、次は地面にだけ露が降りる奇跡を主に求めています。主はそんな要求にも答えられ、主が彼とともにおられることを確証されました。

ギデオンは決して勇敢な人物ではありませんでした。しかし主は、そんな彼をあえて選ばれ、民を指導する士師とされたのです。今の時代も同じだと知ってください。主は、ご自身のご計画を実行するために、不信仰な私たちをあえて選ばれます。主は思いもかけない不思議な出来事を通して、あなたを伝道者や牧師に召されようとしておられるのかも知れません。その時、あなたはどう応答するでしょうか。

主よ。あなたが私を特別な使命に召されるとき、たとい不安があっても、従うことのできる者としてください。

7章

士師記7章は、ギデオンに率いられたイスラエル軍が、十三万五千人にも及ぶミディアン人たちの大軍を打ち破った時の記録です。18節で前後に分けて学んでみましょう。

前半からは、実際に戦うまでに三つの面で備えがされたことがわかります。第一は心の備えです。マナセ、アシェル、ゼブルン、ナフタリの四部族から集まってきた兵士は、三万二千人いました。ミディアンの軍隊に比べると四分の一以下ですが、主はそれでも多すぎると言われたのです。戦いに勝ったときに自分の力を誇らないように、また戦いの足手まといにならないように、臆病な者二万二千人が帰されました。

第二は実戦の備えです。たとい戦う気持ちがあっても、戦いの仕方を知らなければ役にたちません。そこで、注意深く水を飲んだ三百人のみが残ることになりました。彼らは、主観的にも客観的にも備えられた精兵と言えます。

しかし第三に、ギデオン自身が霊的にも備えられねばなりませんでした。主は、彼とその部下をミデアン人の軍勢の中に送り、敵が恐れていることを実際に見聞させられました。ギデオンは、主が自分たちとともにおられることを確信し、敵軍のまっただ中で主を礼拝したのです。その後彼は陣地に戻り、敵の恐れを利用する戦略を三百人に指示しました。

19節からの後半部には戦いの状況が描写されています。前日の敵陣調査で確かめておいた真夜中の番兵交替の時を見計らって、ギデオン軍は敵地を襲撃しました。あわてたミデアン軍は大混乱に陥り、あちこちで同士討ちがおこったのです。ギデオン軍は敗走する者たちを追撃し、十二万人の兵士を打ち殺します。また近くに住むエフライム族にも援軍を要請したので、彼らは敵の二人の首長を打ち取ってくれました。まさに主が与えてくださった大勝利です。

あの気弱なギデオンが、たった三百人の兵隊で四百倍もの敵に打ち勝つことができたのは、奇跡としか言いようがありません。今でも主は同じことをなさいます。どんなに弱い者であっても、主に信頼するならば、主ご自身が力を発揮してくださるのです。あなたが、今の職場で、学校で、近隣で、たった一人のクリスチャンであっても、恐れずに福音を語りましょう。主は私たちの味方なのですから。

主よ。気の弱い私です。でもあなたが私とともにいてくださることを信じ、今日も大胆に歩んでいきます。

8章

士師記8章は、21節で前後に二分できるでしょう。

前半は前の章からの続きで、ミディアン人をさらに追撃するギデオン軍の姿を記しています。ここで二つのことに注意してください。第一に、これほどまで勇敢にミディアン人と戦う彼らに対しても、批判的な人々がいたという現実です。まずエフライム族は、最初から自分たちを戦いに召集してくれなかったことに腹をたてていました。ギデオンは、彼らがミディアン人の首長を二人打ち取った功績を賞賛して、彼らをなだめます。またスコテとペヌエルの町の人々は、三百人だけのギデオン軍を侮って、パン一つくれませんでした。これは、ともに戦っておられる主の力を軽視することですから、ギデオンは激しく怒り、後に彼らを厳しく罰するのです。

第二の注意点は、ヨルダン川から二百四十キロも東にあるカルコルまで追撃して捕らえた二人の王を、ギデオン自身が処刑したことです。これは、彼らがタボルでギデオンの兄弟たちを殺した報いでした。ギデオンは、彼らの行なった悪のゆえに彼らを罰したことを見落としてはなりません。

さて22節からの後半部には、ギデオンの立派さと愚かさの両面が述べられています。まず立派さとは、人々の求めにもかかわらず、王になろうとしなかった点です。彼は、主ご自身が王であることを知っていました。

逆に彼の愚かさとは、人々から金を集めてエポデを作ったことです。エポデとは、祭司のみが身につけることのできた装飾品です。彼は政治的にではなく、宗教的にイスラエルを指導しようとしたのかもしれません。でも人々はこれを偶像のように拝み始めたのです。さらにまた、多くの妻をめとったことも彼の愚かさでした。かくしてギデオンの死後、イスラエルは再び偶像の神々に心を寄せることになります。

ギデオンは確かにすばらしい働きをしました。しかし、晩年、宗教的に傲慢になったため、彼の働きはだいなしになりました。主が命じられないのに、宗教的な指導者になろうとしたことは大きな罪です。今の時代でも、傲慢は恐ろしい結果をもたらします。私たちは、常に主の前に謙遜に歩まなければなりません。私たちのなしたことは、すべて主がなされたことであり、誇ることは一つもないのです。

主よ。自分がしたことをすぐ誇ってしまう私です。人を自分より上にするという謙遜な歩みを教えてください。

9章

士師記9章は、ギデオンの息子アビメレクの心痛む生涯を描いています。21節と40節で区切ってみましょう。

第一の部分は、アビメレクが父の名声を利用して、母親の出身地であるシェケムで王になったことを記録しています。彼は、自分が王になればシェケムに住む身内の人々の利益になると主張して、シェケムの人々を納得させたのです。承認を得たアビメレクは、すぐに異母兄弟たちをみな殺しにしました。しかし一番若いヨタムだけは難を逃れ、勇敢にもシェケムの町を見下ろすゲリジム山の山頂から、アビメレクとシェケムの人々の利己的な行動に警告を発したのです。

22節からの第二部分は、アビメレクが王になって三年の後、彼に反対する勢力が生まれてきたことを記しています。まずアビメレクの政治に不満を持つシェケムの人々による暗殺団が作られ、人々を略奪しはじめました。さらにカナン人の流れ者であるガアルが、シェケムに昔から住んでいたイスラエル人でない人々の古い恨みに訴えて、クーデターをおこしたのです。シェケムを治めていたゼブルは、すぐにこの計画を近くの町アルマに住むアビメレクに通報したので、彼は軍隊を率いてシェケムを攻撃し、反乱者を鎮圧しました。

41節以降の最後の部分は、戦いに勝っていい気分になったアビメレクが、これを機会に不満分子たちを一掃しようとしたことが述べられています。反乱者を追い出した翌日、彼の軍隊は町の外に働きに出たシェケムの人々を打ち殺した上で町を破壊し、また偶像の神殿の地下室に逃げ込んだ人々を焼き殺しました。さらにシェケムから北十五キロほどの所にあるテベツの町にも攻め込みます。ここでも彼は人々の逃げ込んだやぐらを焼こうとしました。でもひとりの女が投げつけたひき臼によって殺されてしまったのです。

もしギデオンが生きていてアビメレクの行動を見ていたなら、どんなに悲しんだことでしょうか。シェケムの人々も、アビメレクを王にしたことを後悔したでしょう。主こそ本当の王であることを認め、主の前に謙遜に生きることなくしては、どんな実力者も民を正しく指導することはできません。牧師でも、社長でも、市長でも、あるいは一国の総理大臣でも、主の前に謙遜に生きるように祈ろうではありませんか。

主よ。現在の多くの指導者たちが、また指導する立場になったときの自分が、謙遜になれるようにしてください。

10章

士師記10章には、第六番目から第八番目の士師である三人の名前が挙げられています。トラ、ヤイル、エフタの三人で、2節と5節で区切れることはすぐわかるでしょう。

まずトラです。彼はガリラヤ湖の南西部に住むイッサカル族の出身でした。しかし何かの理由で約六十キロほど南のエフライム族の町シャミルに移住し、そこで人々を二十三年間指導したのです。それ以上の詳細はわかりません。第三番目の士師のシャムガルからこのトラまでの四人の士師は、イスラエルの相続地の北半分で活躍していたと思われます。

次に第七の士師ヤイルについて述べています。彼は、第八の士師のエフタと同じくヨルダン川の東側に住んでいたので、ギルアデ人と呼ばれています。部族名で言うと、ルベン族かガド族かでしょう。ヤイルは息子や家畜にも恵まれていて、ギルアデの北部にある三十の町々を指導していました。でも具体的な業績については、何も記されていません。

6節からは第八の士師エフタの働きを取り上げますが、彼が登場するのは次の章であり、ここでは時代背景のみが描かれています。二つの点に注意してください。

第一に、この時代のイスラエル人は先住民の信じていた様々な神々に仕えていたことです。その結果、地中海沿岸からはペリシテ人、ヨルダンの東からはアンモン人の侵略にあい、苦境に立っていました。そこで彼らは主に叫びました。

第二に、主は一度は彼らを冷たくあしらわれたのですが、彼らが外国の神々を取り去ったので、彼らの苦しみを見るに忍びなくなられたことです。ちょうどその頃、アンモン人がギルアデで戦闘準備を始めたとの知らせがはいり、イスラエル人もあわててヨルダン川の東の町ミツパに陣を敷きました。でも残念なことに有力な指導者がいなかったのです。

イスラエルの民は、先住民を追い出すことができなかった結果として、彼らの悪影響を受け、彼らの神々に仕えるようになったことが、ここでも明らかにされています。主が敵を遣わされたのは、彼らが偶像崇拝の罪を悟って、悔い改めるためでした。主は何とか彼らを救いたいと願っておられたのです。今の時代もそうです。主は、私たちが主を第一とし、主に従うことを、心から願っておられると知ってください。

主よ。私は富や名誉やあるいは自分のプライドを第一としません。あなたを第一とし、あなたに従っていきます。

11章

士師記11章は、いよいよ第八番目の士師エフタが登場して、アンモン人を打ち破る箇所となります。11節、28節、33節で四つの部分に分けて学んでみましょう。

第一の部分はエフタが士師とされる経緯です。彼は勇士でしたが、遊女の子だというので、正妻の子たちから追い出されていました。でもアンモン人が戦争をしかけてきたときに、彼以外に適当な指導者が見当らないため、長老たちは彼に首領になってくれと願ったのです。彼は、敵を打ち破ったならかしらになることを約束して、これを引き受けました。

12節からの第二部分でエフタは、アンモン人の攻撃が不当であることを彼らに知らせようとしますが、彼らはモーセの時代にイスラエル人が自分たちの領土を奪い取ったと主張します。しかしエフタは、奪い取ったのはアモリ人の土地であって、アンモン人の領土には一歩もはいらなかったと反論したのです。彼はこのことを民数記21章から話しており、アンモン人の攻撃は主に敵対する行為だと明言しました。

29節からの第三部分には、以上の平和的解決の道が受け入れられなかったために、エフタはギルアデとマナセの地方を巡って兵を集め、戦争に備えたことが記されています。彼は何とか戦いに勝ちたいと願ったからでしょう。アンモン人に勝利できたら、最初に自分を迎えに出てくる者をいけにえにすると主に誓いました。かなり身勝手な誓いです。

さて34節からの最後の部分です。確かに戦いには勝ったものの、彼を最初に迎えたのはひとり娘でした。エフタは勝利の喜びから、悲しみのどん底に突き落とされます。しかし娘の態度は立派でした。「主があなたの敵アンモン人に復讐なさった」と、主のみわざを見上げるように父親を励ましたのです。この娘の話はイスラエルの間で語り草となりました。

エフタの生涯はまさに波瀾万丈でした。遊女の子として生まれ、ならず者のボスから一挙に首領となり、そして勝利の喜びから悲しみの淵へ沈む人生。主は、そのような人物をイスラエルを救った士師の一人として記録に載せられました。私たちの人生にも何がおこるかわかりませんが、主は一人一人にその人でなければできない使命を備えておられます。それを見いだし、忠実にその使命を果たそうではありませんか。

主よ。私に与えられた使命を発見できますように。私はその使命のために全力を尽くして生きていきます。

12章

士師記12章は、７節で前後に区切られるでしょう。

前半では、エフタについての記述が続いています。アンモン人との戦いで勝利を得たものの、娘を失って悲しみの中にあったエフタに、エフライム族が「なぜ私たちに呼びかけなかったのか」と難癖をつけてきました。この部族はイスラエルの中心部に位置しており、また聖所が置かれているシロの町を擁していましたから、自分たちに声がかけられなかったことに腹を立てたのでしょう。８章のギデオンの時にも、同じようなことがありましたね。そこでエフタは、助けを求めたのに助けてくれなかった事実を挙げ、横暴な彼らと戦って打ち破りました。ヨルダン川を渡って西側に逃げようとするエフライム人をエフタ軍は川岸で検問し、合計四万二千人も殺したことが記されています。悲惨な同士討ちです。

８節からの後半部には、九番目から十一番目の士師が列挙されています。彼らの具体的な活動については、何も書かれていません。でも三つの点に注意してください。

第一に、三人の出身部族です。イブツァンはユダ族、エロンはゼブルン族、アブドンはエフライム族です。この章までに十一の部族の出身者が登場しました。残るはダン族だけであり、次章に登場するのがこのダン族のサムソンです。

第二に、三人がさばいた平和な期間に注意しましょう。七年、十年、八年と短いですね。エフタも六年でした。エフタの前のヤイルは二十二年間で、彼以前の士師たちはもっと長い期間です。後になるほど混乱が増したのでしょうか。

第三の注意点は、彼らの家庭環境です。イブツァンには息子と娘が三十人ずつ、アブドンには四十人の息子と三十人の孫、それに七十頭のろばと非常に豊かです。エロンについては言及がありません。またエフタは遊女の子でした。

このように学んでくると、士師は様々な背景の中から、その時の各部族の必要に応じて主が特別に召しだされた人物と言えます。しかも一代限りの働きでした。これは後代に生まれる王制とまったく違う点です。主は、今でも同じように私たちを召しだされます。あなたの友人や家族に福音を伝えるのに最適なのはあなたです。主は、その働きのためにあなたを召し、「士師」とされることを知ってください。

主よ。私のような者でも、あなたの働きに役立つことを感謝します。私にしかできないことを教えてください。

13章

士師記は13章から、最後の士師サムソンの物語が始まります。ギデオンと同じく四つの章を費やすのですが、最初の章はサムソンの誕生以前に両親におきた出来事の記録です。ギデオンは、息子について述べられていたので、対照的ですね。7節、14節、23節で四つに分けてみましょう。

主の使いがツォルアという町に住んでいたマノアという人の妻に現われたところから話は始まります。ツォルアは、エルサレムから地中海に行く道の中ほどにあるダン族の町でした。主の使いは、不妊の女だった彼女がみごもることを告げ、その子を民数記6章に述べられているナジル人とすべきことを命じたのです。その子にはペリシテ人から民を救う使命が与えられていました。彼女はこのことを夫に告げます。

8節からの第二部分には、夫マノアの祈りに答えて、主の使いが再び現われたことが記されています。マノアは、妻の話をそのまま受け取って真剣に考え、生まれ出る子をどのように育てるべきかを直接に聞きたかったのです。主の使いの答えは、妻に対することばとほとんど同じでした。

15節からの第三の部分では、この方が確かに主から遣わされたお方であることが示されています。マノアはこの方が主の使いであるとは知らずに、「子やぎを料理したい」と申し出ました。でもこの方はそれを断り、自分の名は「不思議」だと言います。そして全焼のいけにえの炎の中で天に上っていきました。マノアは死ぬのではないかと恐れますが、妻はこれが主のみ告げであることを確信しました。

24節以降の最後の部分から、主の使いの言ったとおりになったことがわかります。この子はサムソンと名づけられました。そして主の霊に動かされ、ペリシテ人が力をふるっていた町々で彼らを打ち破る働きをするようになるのです。

このような不思議な経験をしたマノア夫妻は、心をあわせて祈りつつ、主が命じられたとおりにサムソンを育てたことでしょう。このことは今の時代でも非常に大切です。子どもを育てるのは大事業であり、主の導きがなければとてもできることではありません。現代、主の使いが現われることはまれですが、主の教えを記した聖書はいつでも読むことができます。「主の教育と訓戒によって」子どもを育てましょう。

主よ。私に預けられた子どもたちを育て上げるために、どうかあなたの知恵を与えてください。

14章

士師記14章には、サムソンがペリシテ人と争い始めるようになったきっかけが記されています。ペリシテ人は、紀元前十五世紀から十三世紀にかけて地中海から移住してきた強力な海洋民族で、海岸地方に住んでいたイスラエル人を虐げていたようです。パレスチナという地名はペリシテに由来します。4節、9節、18節で分けてみましょう。

第一の部分は、サムソンがペリシテ人の娘に一目惚れしたことを述べています。イスラエル人が異邦人と結婚することは、申命記などで固く禁じられていたことでしたが、サムソンは両親の反対を押し切って、自分の意志を通したのです。しかしこのことの背後には、主のご計画がありました。

5節からの第二部分は、両親と一緒に女性の住むティムナへ行く道でおこった出来事の記録です。たまたまサムソン一人が脇道にはいったとき、獅子が襲ってきましたが、彼は素手でそれを殺しました。しかも何日か後にはその死体がミイラ状態となり、そこに蜂蜜が貯えられていたのです。彼はナジル人なので、死体に近づいてはいけなかったのですが。

10節からの第三部分は結婚式の場面です。ナジル人でありながら、酒に酔っていい気分になったサムソンは、あの獅子のことを思い出し、ペリシテ人の招待客と賭けをしました。彼らは出された謎を三日間必死に考えましたが、答えが出ません。そこでその答えをサムソンから聞き出すように花嫁をおどしたのです。花嫁は泣き落とし戦術を用いてサムソンをくどき、結局サムソンは賭けに負けることになります。女性に弱いのがサムソンの最大の欠点でした。

19節以降の最後の部分は、サムソンの傍若無人ぶりを描いています。賭けに負けた彼は、ペリシテ人の町アシュケロンを襲って晴れ着を奪い、客人たちに与えたのです。

サムソンがこの時点で自分の欠点を認め、悔い改めて正しい結婚をしておれば、これ以降の悲劇はおこらなかったでしょう。そんな彼の短所を主はあえて用いられてご計画を進められはしますが、彼の長所である怪力を別の形で用いることができたらなと、残念でなりません。私たちも、自分に与えられている賜物をどう用いるかに注意しましょう。自分勝手に用いるなら、結局自分が苦しむことになるのです。

主よ。あなたから預かっている賜物を、神と人とに仕えるために用いる知恵を、私に与えてください。

15章

士師記15章は、サムソンとペリシテ人との間の争いがさらに拡大していく有様を述べています。3節、8節、13節で四つの部分に分けて学んでみましょう。

第一の部分は、結婚式の祝宴が終わらないうちに退席したサムソンが、花嫁に会うために再びティムナの町へ出掛けていったときの話です。彼は興奮した自分を恥ずかしく思ったのか、子やぎを贈り物として持っていきました。でも花嫁は別の男性と結婚していたのです。サムソンはまた腹を立て、ペリシテ人への脅しの言葉を残して去っていきました。

4節からの第二部分には、その後の醜い復讐劇が描かれています。まずサムソンは、ジャッカルにたいまつをしばりつけて、ペリシテ人の麦畑やオリーブ畑を燃やしました。怒ったペリシテ人は、ティムナの女とその父親を火で焼き殺します。そこでサムソンは多数のペリシテ人をつかまえて打ち殺し、町はずれにある岩山の裂け目に逃げ込んだのです。

9節からの第三部分では、さらに争いが発展しています。サムソンの蛮行に業を煮やしたペリシテ人は軍隊を編成し、ユダ族への攻撃を始めました。そこでユダ族は、サムソンをペリシテ人に引き渡すことによって事態を収拾しようしました。決して殺さないことを約束して彼を綱で縛り、岩山から引き出してペリシテ人の面前に突き出したのです。

14節以降の最後の部分では、この企てもサムソンの怪力の前には役立たなかったことが記されています。ペリシテ人が彼を捕らえようと近づいたとき、彼はいとも簡単に綱を断ち切り、ろばのあご骨で千人ものペリシテ人を打ち殺しました。また、戦いの後、のどが渇いたときには、主は不思議な方法で泉を開いてくださったのです。彼を恐れたペリシテ人は、その後二十年間、イスラエルを苦しめませんでした。

今の私たちから見ると、サムソンは決して立派な人物ではありません。ローマ書12章にある「自分で復讐してはいけません」という命令を守っていない、怒りっぽい人です。それでも主は、ペリシテ人の圧政からイスラエルを救うために彼を士師として用いられました。主の憐れみのゆえです。私たちも決して立派な人物ではないでしょう。でも主は、そんなあなたを用いようとされていることを知ってください。

主よ。欠点だらけの私ですが、ただあなたの憐れみに信頼します。こんな私をも、み心ならば用いてください。

16章

士師記16章は、13章から始まったサムソン物語の結論部です。22節で前後に分けられるでしょう。

前半部は、女性に弱いサムソンの欠点が生んだ悲劇を記しています。ティムナの町の女性に一目惚れしたことから様々な問題がおこったにもかかわらず、サムソンの女性遍歴はとまりませんでした。彼は大胆にもペリシテ人の支配している町ガザに乗り込み、そこの遊女と一夜をともにしたのです。そして真夜中、彼を殺そうと町の門で待ち伏せていたペリシテ人を尻目に、町の門を引き抜いて、約六十キロ東にあるヘブロンまで運びました。しかも標高差が九百メートルもある坂道を登ったのですから、異常ともいえる怪力です。

次に彼が愛したのは、ソレクの谷にいたデリラというペリシテ人の女性でした。これを知ったペリシテ人の領主は、彼女を大金でつって、サムソンの力の秘密を聞き出そうとするのです。前章のティムナの女の場合と同じ方法でした。サムソンは三度デリラにうそをつきますが、彼女の泣き落とし戦術にひっかかって、四度目には本当のことを教えます。今までナジル人としてのおきてを破ってきた彼の、最後のとりでだった髪の毛までそりおとされたとき、彼の怪力はなくなってしまいました。主が彼から去っていかれたのです。

しかし23節からの後半部には、そんな彼が悔い改めた結果が述べられています。目をえぐり出され、牢の中で石臼をひくという強制労働をさせられていた彼は、自分がどんなに愚かなことをしてきたかに初めて気づきました。再び伸び始めた髪の毛は、彼の悔い改めの象徴でしょう。そして、見せものに引き出された偶像ダゴンの祭りで、彼は自分の命を惜しまずに、何千人というペリシテ人を滅ぼしたのです。「どうか私を心に留めてください」との祈りは、心を打ちます。

サムソンは、まるで幼子のように単純な人でした。とてもアブラハムやモーセなどと比べられるような人物ではありませんが、新約聖書のヘブル書11章では、信仰の偉人の一人に数えられています。なぜでしょうか。その秘密は、最後の単純な悔い改めにあるのです。私たちにも弱点がないわけではありません。それによって苦しむこともあるでしょう。でも、謙遜に悔い改める心こそが、もっとも大切なのです。

主よ。弱点ばかりの私です。でもそれを心から悲しみます。どうか私に悔い改めの実を結ばせてください。

17章

士師記17章から巻末までは、イスラエルの国の内部の悲劇的事件を描いた付録的部分です。まず今日と明日の章は、ミカという一人の人物が偶像崇拝を始めたことによる混乱を描いています。6節で前後に分けてみましょう。

前半は、ミカが偶像を造るに至った経緯です。彼は、エルサレムから二、三十キロ北にあるエフライムの山地に住んでいました。昔、母親の銀千百枚を盗んだことが心の痛みとなっていたため、彼はそれを母親に返しました。そこで母親はその内の二百枚で二つの偶像を造らせたというのです。さらにミカは、自分の家の一部にあった礼拝の場所にその偶像を安置し、自分の息子を祭司として任命しました。

これら一連の行動は、明白にモーセの定めた律法に違反しています。主なる神以外のものを礼拝すること、偶像を造ること、勝手に祭司を任命することなどは、まさしく宗教的な混乱といえましょう。当時は、民を正しく指導すべき王がいなかったからだと、この書の著者は指摘しています。

7節以降の後半部では、一人のレビ人がミカの家のお抱え祭司になったことが記されています。彼はどういうわけか、レビ人に割り当てられた町に定住せずに、たまたまミカの家に立ち寄ったのです。何の知識も経験もない息子を祭司としておくことに満足できなかったミカは、彼に相当の報酬を約束して、自分の家に住んでくれるように願います。ミカは、「主が私をしあわせにしてくださる」と大喜びでした。

しかしこれも律法違反でした。モーセによると、レビ人は定められた町に住んで律法を教え、民のささげものによって生活すべきであって、個人の家に滞在してはならなかったからです。レビ人でありながらこのことを知らないような人物だからこそ、次の章でさらなる問題を引き起こしました。

士師記は、16章までにイスラエルの民を圧迫する外国の民族との厳しい戦いを、17章以降は、イスラエルの国内におこった悲劇的事件を記しています。つまりこの時代が内憂外患に満ちていたことを示しているのです。今の日本も、同じような状態でしょう。この時代に必要なのは、聖書に記されている神のことばに耳を傾ける人々です。神のことばを知らないクリスチャンほど、悲しいものはありません。

主よ。このような混乱に満ちた時代だからこそ、私は聖書をより深く、真剣に読むように努め励みます。

18章

士師記18章は、ダン部族の北部への移住について述べています。6節、13節、26節で区切ってみましょう。

まず第一の部分では、移住のために偵察隊が派遣されたことが記されています。ヨシュア記19章は、ダン族にも相続地が与えられたと明言していますので、彼らは相続地の先住民を追い払うことができなかったのでしょう。そこで移住すべき土地を探すために勇士が派遣されました。彼らはたまたまミカの家に立ち寄り、そこにいた祭司にこの旅が主の御心であると保証してもらって、安心して出かけました。

7節からの第二の部分は、偵察隊の調査の報告です。彼らはカナンの地の北端、ヘルモン山の麓にあるライシュの町が豊かで、かつ攻撃しやすいことをつきとめました。そして自分たちの町に帰って六百人の攻撃部隊を編成し、再び北へ向かったのです。その途中、ミカの家に立ち寄りました。

14節からの第三部分には、この攻撃部隊がミカの家の祭司と偶像とを奪い取ったことが述べられています。六百人の兵士が家の入口に立ったときにはびっくりした祭司も、ダン族全体の祭司になれると聞いて大喜び。二つ返事でそれを引き受け、偶像や祭具一式をもって彼らと一緒に出かけていきました。それを知ったミカはあわてて奪い返しに後を追いますが、兵士におどされてすごすご家に帰りました。

27節以降の最後の部分は、彼らがあっという間にライシュを滅ぼし、自分たちの町を建てたことを記しています。そして、ミカの家から奪ってきた偶像を自分たちの町の守り神として安置しました。一緒に来た祭司は、モーセの子ゲルショムの子孫にあたる人物でしたが、モーセの信仰をうかがわせるものは何もありません。こんな不幸な状態が、シロにあった契約の箱がペリシテ人に奪われる日まで続きました。

ここに登場する祭司も、ダン族も、またミカも、自分の得になることばかりを考えています。偶像は、そんな人間の欲望をかなえるために造られたものです。しかし、偶像は真の神ではありません。私たちは、主なる神を自分の都合のために利用してはいないでしょうか。聖書を読んでも、自分の耳に痛いところをとばしているのではありませんか。本当の神は、私たちの罪を明確に指摘されるお方です。

主よ。聖書を読んで心に責められるときこそ、私はそれをあなたからの御声として聞き、それに従います。

19章

士師記19章から巻末までの3章は、イスラエルの国内におこったもう一つの悲劇的事件を記録しています。

今日の章は、15節、21節、26節で四つに分けてみましょう。

第一の部分は事件のきっかけです。多分、神の宮が置かれていたシロの町の近くでしょう。エフライムの山地に住むあるレビ人のそばめが夫を嫌い、ベツレヘムにある実家に帰ってしまいました。夫は彼女と和解して家に連れ戻すためにその町に出かけ、義理の父の暖かいもてなしを受けます。彼は引き止める父を振り切って、五日目にやっと帰途につきますが、ギブアの町に着いた頃に日が暮れてしまいました。

16節からの第二部分では、ギブアの町で彼とその一行を泊めてくれた親切な老人が登場します。幸いにも、この老人は彼と同じくエフライムの山地出身だったのです。でもこの町に住むベニヤミン族は、だれ一人、旅行中のレビ人とその一行を迎えようとはしませんでした。これを見るだけでも、この町の人々の邪悪な心の状態がわかります。

22節からは第三部分です。この老人の家で楽しく食事をしているとき、この町のよこしまな者たちが「あの男を引き出せ」と言ってきました。どうもこの町には、恐ろしい男色の習慣があったようです。老人はきっぱり断りますが、彼らは承知しません。そこでレビ人は、老人に迷惑をかけないためだったのでしょう。自分のそばめを外に出します。彼らは彼女を辱め、暴行を加えたため、彼女は死んでしまいました。

27節からの最後の部分には、この残虐な出来事に非常に怒ったレビ人が、死んでしまった彼女のからだを十二の部分に切り分けて、十二部族の長に送りつけたことが記されています。受け取った人々もあまりの残虐さにあきれ果てて、善後策を講じようと会議を開くことになりました。

先に学んだミカの事件でも、またこの事件でも、主に仕えて民を指導すべきレビ人が関係しています。この当時は政治的な指導者である王がいなかったばかりか、宗教的な指導をすべきレビ人が利得を求めたり、そばめを持ったりするような状況だったのです。当然、民はどう生きるべきかがわからなくなってしまいます。現代にも、どう生きるべきかわからない人々が、どれほど多いことでしょうか。

主よ。聖書によって生きる指針を教えられている私が、他の人にそれを伝える勇気を持てますように。

20章

士師記20章には、前の章の殺人事件の結果、イスラエルの中に悲惨な内戦がおこったことが記されています。16節を境として、前後二つに分けて学んでみましょう。

前半は、戦いに至った経緯です。北部のダン、南部のベエル・シェバ、東部のギルアデなどイスラエル全地から四十万人もの兵士が、殺人事件のおこったギブアの北六キロにあるミツパに集まってきました。彼らは被害にあったレビ人からことの真相を聞いた上で、ギブアに攻め上ることを決定しました。でもその前に外交交渉をします。直接手をくだした者たちが引き渡されるなら、平和裡に解決できるからです。しかしベニヤミン族はそれに耳をかさず、二万六千七百人の兵を集めて四十万人のイスラエル軍と戦おうとしました。

17節からの後半部は、三日間に及ぶ戦闘の状況を記録しています。イスラエル軍はまず、ミツパから四キロほど北にあるベテルの町に運ばれていた主の幕屋の前に集まり、主の御旨を伺いました。そして悪をさばくことが主の御旨であることを確信した上で、第一日目の戦闘にはいったのです。でも結果は惨めな敗戦で、二万二千人が殺されました。

彼らはもう一度主の御旨を確かめた上で二日目の戦闘を始めましたが、この日も一万八千人が戦死するという有様でした。彼らは再びベテルに上り、断食をし、犠牲をささげて、主のことばを聞きます。このとき主は、「攻め上れ。明日、わたしは彼らをあなたがたの手に渡す」と仰せられたのです。

三日目に彼らは、ヨシュア記8章にあるアイ攻略のときの戦術を用います。そしてこんどこそ大勝利をおさめ、ベニヤミン族の二万五千百人を殺しました。また無傷だったベニヤミン族の町々や家畜も、聖絶のときのように滅ぼします。でも六百人の兵士は、命からがら岩山に逃げ込みました。

主なる神は、なぜこのような悲惨な同士討ちを命じられたのでしょうか。それは、イスラエルの中から悪を除き去るためでした。前のダン族の場合や今回の事件の中に、カナン人の滅びの原因だった偶像崇拝と性的堕落という大きな罪の影響を見ることができるでしょう。主はそれらを見逃されないのです。私たちも十分注意せねばなりません。偶像崇拝と性的堕落は、現在の日本にも満ちているからです。

主よ。私が偶像崇拝と性的堕落という、大きな罪を犯すことのないように、みことばによって守ってください。

21章

士師記21章は、ギブアでの殺人事件を引き起こしたベニヤミン部族の聖絶という悲惨な話の続きで、さらに悲劇は拡大していきます。7節と15節で区切ってみましょう。

第一の部分は、ベニヤミン部族が全滅しかけていることについて、イスラエルの人々が心を痛めたことが述べられています。彼らは主の幕屋が置いてあったベテルに集まり、全焼のささげ物と交わりのいけにえを献げて、この問題をどう解決すべきかを主に尋ねました。けれど主の答えがあったとは書かれていません。罪の悔い改めがないゆえに、主は答えられなかったのでしょう。彼らは、「自分たちの娘をベニヤミンの男に妻として与えない」という戦いの前の誓いに固執し、自分たちが犠牲を払わない方法を考え出したのです。

8節からの第二の部分は、その方法で彼らが行なった悲惨な出来事を記しています。彼らはベニヤミンとの戦いに兵を出さなかったヤベシュ・ギルアデの町を襲い、そこの四百人の若い処女を奪ってベニヤミン族の男性と結婚させようとしたのです。彼らは岩山に逃げ込んだベニヤミン族と和解し、その処女を彼らに与えましたが、まだ二百人足りません。彼らはさらに別の方法を編み出さねばなりませんでした。でもそこまでして、誓いを守らねばならないのでしょうか。

16節からの第三部分は、足らない二百人の女性を得るためにイスラエル人が取った別の方法です。それは、ヨルダン川を渡って以来、主の幕屋が置かれていたシロの町で、しかも主の祭りの最中に踊っている女性を捕らえて妻にしても良い、という許可をベニヤミン族の男性に与えるものでした。苦情が出れば自分たちが説明してやるから、というおまけまでついています。かくしてベニヤミン族の全滅を防ぐことはできました。でも本当の問題は全く解決していません。

本当の解決は、「それぞれが自分の目に良いと見えること」を行うのをやめ、主の戒めに従うことでした。単にいけにえや誓いの形式を守ることではないはずです。ベニヤミン族を憐れむなら、自分たちの娘を彼らと結婚させて、彼らが主の戒めに立ち戻るように導くべきでした。現代の私たちも私たちの回りの罪をおかしている人々のために、自ら犠牲となる道を選び取る覚悟があるでしょうか。

主よ。罪を犯している人をさばくのではなく、その人のために自らを犠牲とする道を選び取らせてください。

ルツ記

1章

今日から始まるルツ記は、混乱を窮めた士師の時代にあってひときわ輝く、美しい歴史物語です。今日の1章は、この物語の背景を描いています。5節で二分してみましょう。

前半では、登場人物が紹介されています。エリメレクとナオミという夫婦にはマフロンとキルヨンという息子があり、彼らはベツレヘムに住んでいました。ところがひどい飢饉があったために、一家は生活の糧を求めて約百キロほどの旅をして、死海の対岸にある異邦人の地モアブに移住したのです。でもそこで、不幸にもまずエリメレクが死亡、またその後、やっと結婚させた二人の息子もたてつづけに亡くなりました。年老いたナオミと、息子たちの嫁であるモアブ人のオルパとルツはどれほど悲しい思いをしたことでしょう。

6節からの後半部には、ナオミがベツレヘムに帰るまでの出来事が記されています。その頃、ベツレヘムにもパンが与えられるようになったという知らせを聞いて、ナオミは帰郷する決心をしました。しかし問題は、モアブ人の嫁たちの将来です。彼らが肉親のもとを離れ、見知らぬ外国の地に行くのはかわいそうだとナオミは考え、自分一人で帰郷することを彼らに告げました。オルパはそれがナオミの配慮だと受けとめて、泣く泣く自分の家に帰ることにしたのです。でもルツは「あなたの民は私の民、あなたの神は私の神」と言い、どこまでもナオミといっしょに行くことを表明しました。

ルツがこう決心したのは、ナオミの一家と生活をともにしている間に、彼らの信じている神こそが真の神であることを悟ったからでしょう。彼女は、自分も神の選びの民の一人となりたいと願ってナオミとともに旅をし、ベツレヘムに行ったのです。町の人は、ナオミが帰ってきたというので大騒ぎでしたが、ナオミは浮かれた気分にはなれませんでした。

ルツの決心は、アブラハムが故郷ウルを離れた時の気持ちと共通したものがあったのではないでしょうか。二人とも、肉親との関係よりも、真の神を信じることのほうを重視したのです。ルツの場合はまた、姑ナオミへの愛もあったことでしょう。私たちはどうですか。主イエスとの関係は、他のどんな人との関係よりも大切なものでしょうか。主に従って、見知らぬ地へ行くことができるでしょうか。

主よ。私はあなたを本当の神と信じます。そして、あなたのあとなら、どこにでも従っていきます。

2章

ルツ記2章は、ナオミの親戚の一人であるボアズという人物にルツが出会う場面です。これは主の深い摂理のゆえでした。7節と16節で三つの部分に分けてみましょう。

第一の部分は、ルツが食糧を得るために落穂拾いに行った所が、はからずもボアズの畑であったことを記しています。刈り入れをした後に畑に落ちている麦の穂は、貧しい人たちのために残しておくべきことが、レビ記19章で定められていますが、外国人であるルツはすぐにそれを知って、朝早くからかいがいしく働きだしたのです。その勤勉な姿は、ちょうど畑を見回りに来ていたボアズの目にとまりました。

8節からの第二の部分には、ボアズがルツに示した幾つかの親切な行動が描かれています。まず、ルツが落穂を拾うのをじゃましてはいけないと、雇い人たちに命じます。落穂を拾う人に、「じゃまをするな」と言うのが普通ですから。また、「喉が渇いたら遠慮なく水がめから飲んでいい」とも言います。彼は、外国人のルツがイスラエルの神を信じ、「その翼の下に身を避けようとして来た」ことを承知していました。実はボアズは、主の代わりにルツに報いていたのです。さらにボアズは、昼食時には炒り麦をごちそうした上、雇い人たちに、わざと麦の穂を落とすようにとも命じます。

17節以降の第三部分は、ルツが一日の仕事を終えて帰宅したときの様子です。二十三リットルもある落穂の量に、ナオミはびっくりしました。また、彼女のために持ち帰った炒り麦のごちそうを見てさらに驚きます。そんな親切な人はだれかと思って尋ねると、「ボアズ」という返事。ナオミは、はたと手を打ちました。彼は夫エリメレクの親戚で、自分たちの失った財産を買い戻す権利のある人です。この人こそ主が備えられた人物だと、ナオミは直感したことでしょう。

イスラエルの神こそ真の神と信じ、姑を愛して、遠くベツレヘムまでやって来たルツを、主はほっておかれるはずがありません。信仰をもって勤勉に働くルツの姿勢は、周囲の心ある人々の胸を打ちました。偶然と思われる方法を通して、主は働かれるのです。現在もまったく同じです。主を信じ、犠牲を顧みずに行動する者に、主は思いがけない方法で豊かな報いを与えられることを、ぜひとも知ってください。

主よ。私は、神と人とを愛し、喜んで仕える者になります。それこそが豊かな祝福の秘訣と信じて歩みます。

3章

ルツ記3章は、ナオミの助言に従ってルツがボアズに求婚する場面です。5節と13節で区切ってみましょう。

第一の部分では、大麦の刈り入れが終わった祝宴の日をみはからって、ナオミはルツにイスラエル人の習慣を教えたことが述べられています。その習慣とは、買い戻しの権利のある男性は、申命記25章で命じられているように、夫を先に亡くした女性をめとって子をもうけ、亡き夫の名を継がせる責任があることです。ボアズはその権利と責任のある親類の一人でした。ちょうど農作業が一段落した時で、ボアズにも余裕が生じた時期なので、こちらから結婚を迫ってみようというのがナオミの計画でした。ルツは素直に従います。

6節からの第二部分で、その計画は実行されています。彼女はからだを洗った上で晴れ着に身を包み、香りの良い油を塗って、いい気分で寝ていたボアズの足のところに横たわります。夜中に目をさましたボアズはびっくりしますが、ルツの話を聞いてすべてを了解しました。きっとボアズはかなり年配だったのでしょう。ルツが若い男性に目もくれず、ナオミの助言に従って自分に求婚したことを賞賛します。そして、自分より近い親類の者がいるので、その人が定められた役目を果たさないならば、自分がナオミの相続地とルツを買い戻すことを約束しました。実に冷静なボアズの判断です。

14節以降の最後の部分で、ルツはこの結果をナオミに報告します。朝まだ暗いうちに起き上がったルツに、ボアズは収穫したばかりの大麦六杯をおみやげにもたせ、人々が誤解しないようにこっそりと帰らせました。ルツの報告を聞いたナオミは、自分が思ったようには事が進まなかったにもかかわらず、最善の結果になることを信じて、ボアズの行動の結果を待つことにしたのです。ルツも同様でした。

ルツにも自分の好みや考えがあったでしょうが、このところでは、すべて姑のナオミの言う通りに行動しています。でも彼女は盲目的に従ったのではありません。ナオミの信じる神を彼女も信頼して、最善の結果に導いてくださると確信していたのです。私たちにもこの態度が必要ではないでしょうか。現代は自己主張の時代です。しかし、主の最善の導きを信じて、だれかの助言に従うことも大切なのです。

主よ。あなたは私に最善のことをなしてくださる方だと信じています。委ねて従う心を私に与えてください。

4章

ルツ記4章は、この物語がハッピーエンドになったことを述べています。12節で前後に分けてみましょう。

前半には買い戻しの交渉の経過が記されています。ボアズは、当時裁判の場所ともなっていた城壁の門のそばにある広場にすわり、彼より近い親類の人と町の長老十人を招いて、正式の交渉を始めました。無一文で帰ってきたナオミは、亡き夫エリメレクの相続地を売ろうとしており、律法によれば親類がそれを買い戻す権利があるからです。その親類の人はいったんは承諾したのですが、モアブ生まれの異邦人ルツをも同時に買い戻さねばならぬことを聞いたとき、その権利を放棄しました。ルツと結婚して子が生まれたなら、その子はエリメレクの家を継ぎ、せっかく買った相続地もその子のものとなるからです。損を覚悟せねばできないことでした。

そこで、当時の習慣によって履物がボアズに渡され、買い戻しの権利はボアズのものとなりました。同席していた長老たちと回りで見ていた人々は、このことの証人でした。彼らはボアズの犠牲的な申し出を賞賛し、若い異邦人女性のルツを通して子孫が繁栄するようにと励ましてくれます。彼らは、ボアズの先祖のペレツも未亡人タマルから生まれたことを思い出して、主の祝福を祈ってくれたのです。

13節からの後半部は、この物語の結論です。ルツはめでたくボアズと結婚し、主はすぐに彼女を身ごもらせてくださいました。ナオミは初孫オベデを胸に抱くことができて、どれほど嬉しかったことでしょうか。友人の女性たちも、異邦人の嫁のルツが、実の息子よりもまさる立派な女性であることをほめたたえるのでした。そしてこのオベデが、有名な王ダビデの祖父になることを、聖書は明記するのです。

ルツはイスラエルの神とナオミを愛し、だれ一人知る者のいない異国の地にやって来ました。ボアズもやはり神と人とを愛し、犠牲を払って異邦人ルツと結婚しました。一般常識から考えるなら、二人とも貧乏くじをひいたと思われるかもしれません。でも本当はそうではありませんでした。主は、彼らの生涯のみならず、後のイスラエルの歴史の中にもハッピーエンドを用意しておられたのです。二人が主イエスの祖先になることからも、それは明らかでしょう。

主よ。たとい貧乏くじと思われようが、私は喜んで犠牲を払い、神と人とに仕える生涯を歩んでいきます。

イスラエルの歴史の概略

1450	エジプト脱出	
1400	カナンへの入国、占領、土地の分配	
1350	士師の時代のはじめ	
1300	(後期説によるエジプト脱出期)	
1250		
1200		
1150		
1100	エリ、サムエル	
1050	サウル	
1000	ダビデ、エルサレムを都とする	
950	ソロモン、神殿建築	
900	南北に分裂(931)	[預言者のおよその活動年代]
850		エリヤ、エリシャ、オバデヤ
800		ヨエル、アモス、ヨナ
750	北王国の滅亡(723/2)	イザヤ、ホセア、ミカ
700		
650		ナホム、ゼパニヤ
600	南王国の滅亡(586)	エレミヤ、ハバクク
550	バビロンよりの第一回帰還(538)	エゼキエル、ダニエル
500	神殿の再建(516/5)	ハガイ、ゼカリヤ
450	エステル、エズラ、ネヘミヤ	マラキ

サムエル記 第一・第二 解説

リビング・バイブルは、聖書の巻名を内容に即してつけているので、大変参考になります。ヨシュア記と士師記を「カナン征服記」の上巻と下巻としたり、今後学ぶサムエル記を「王国成立記」と名づけるなど、「なるほど」と思わされます。

カナン征服後、イスラエルの民は部族単位で行動していました。そして時に応じて神に立てられた士師が軍事的かつ宗教的な指導をし、イスラエル全体としては「部族連合宗教共同体」ともいえる一種の共和制（共和政）をとっていたと推測されています。ところがこのサムエル記で大きな変化がおこります。王が立てられ、王制（王政）が始まるのです。

＊　＊

第一問　なぜ王政が始まったのでしょうか。

サムエル記第一の8章にその理由が書かれています。民は周辺諸国と同じように強くなりたかったようです。強大な権力をもった王が軍隊を形成し、他国の侵略から自分たちを守った上、さらに領土を拡大してくれることを望んだのです。

しかしこれは、イスラエルの本当の王は神であることを否定することでした。「神の国」であるはずのイスラエルが「王の国」に成り下がることでした。神はサムエルを通してこの罪を民に明確に告げられました。

第二問　サムエルがこの書を書いたのでしょうか。

サムエルの死が第一巻の25章に記されているので、彼がこれら二巻の全部を書いたとは言えません。多分彼の記録も含めて、後代に編集されたのでしょう。しかし彼は最後の士師であり、かつ最初の預言者とも言われます。彼が、初代イスラエル王となったサウルと二代目のダビデに香油を注いで、王に任命したのです。そういう重要な人物だったので、彼の名が本書につけられたのでしょう。

第三問　本書の梗概を教えてください。

第一巻の8章までに、サムエルの誕生から王制の開始までの出来事が記録されています。9章からサウルが登場し、彼の活躍と失敗が描かれます。16章でダビデに油が注がれた後、サウルとダビデの間の確執が始まりますが、それもサウルの戦死で幕を閉じます。ここで第一巻が終わります。

第二巻はすべてダビデの行動の記録です。9章まではダビデが権力を得ていく過程が扱われていますが、10章であの忌まわしいバテ・シェバ事件がおこり、そこから始まるダビデの家庭問題が赤裸々に描かれます。21章から最後の24章までは付録で、ダビデの生涯の逸話がいくつかおさめられています。

第四問　こう見ると、サムエル記の主人公はダビデのように思えますが。

その通りです。実質的には王国の最初の王であるダビデの表と裏を描くことによって、王のあるべき姿を教えているのでしょう。本書の前のルツ記が最後にダビデの名を記していることや、本書の後に続く列王記の冒頭がダビデから始まることも、決して偶然ではありません。

第五問　ではサムエルはあまり重要ではないのですか。

いいえ。ダビデは王としてイスラエルを導く人物でしたが、サムエルは預言者としてその王に神のことばを語る重要な役目を果たしたのです。バテ・シェバ事件のとき、ダビデに悔い改めを迫ったナタンも同じ役割を果たしました。民の声に従って神は王を与えましたが、王が自分勝手にふるまうことのないように、預言者を遣わされたのです。これは、たとい王であっても神のことばには従わねばならないことを教えるためでした。

第六問　ダビデ以後の王たちは、神のことばに従ったのですか。

残念ながら、荒野時代や士師時代の民たちと同じように、彼らの多くは従いませんでした。それは後に続く列王記のテーマとなっています。イスラエルの歴史と預言者の活動時代が60頁に掲げられていますので、参考にしてください。

第七問　本書から現代の私たちが学ぶべきことは何でしょうか。

第一に、私たちの王は神であるという事実です。自分が王になることも、金や名誉や異性はもちろんのこと、教会奉仕や家族さえも自分の王としてはいけません。神のみが王です。

第二に、現代の預言者は聖書のことばです。サウルもダビデも高慢になったときがありました。でも二人の違いは、預言者に従ったか否かでした。だれでも失敗はあります。でも失敗したときに、聖書に従うかどうかで結果は大きく違ってきます。サウルのように没落するか、ダビデのように高められるか。決めるのはあなた自身です。

第三に、ダビデは、本書に記されている多くの苦難を通して祈りと信仰を学んだことです。これらの経験なくしては、「詩篇」に収録されている彼の歌の大半は生まれなかったでしょう。私たちも、様々な苦難の中でこそ成長することを忘れてはなりません。

サムエル記 第一

1章

今日から始まるサムエル記には、士師時代の末期からソロモン王即位前までの約百年にわたるイスラエルの歴史が記録されています。預言者サムエルが書いた箇所も多いと思われますが、完成したのは、王国が分裂した後の紀元前十世紀以降でしょう。今日の章は、本書の中心人物であるサムエルの誕生物語です。8節と20節で分けてみましょう。

まず第一の部分には、彼の生まれた家庭について述べられています。父はエルカナ、母はハンナといい、敬虔な家庭でした。でもハンナは子どもを生まなかったため、第二夫人のペニンナが迎えられたのでしょう。子どもがないハンナは、ペニンナから相当苦しめられていたようで、夫エルカナがどんなに慰めても、彼女の痛みは癒やされませんでした。

9節からの第二部分は、毎年行っているシロでの礼拝の時の出来事を記しています。一家はエフライムの山地に住んでいましたが、二十キロ程離れたシロに行き、多分収穫感謝のいけにえをささげて共に食事をしました。しかしハンナは募る憂いのために、主の宮で一人泣きながら祈っていたのです。それを酔っ払いと誤解した祭司のエリに、彼女は自分の心の内を明かしました。事情を理解したエリから、「神が、願った願いをかなえてくださるように」と言われたハンナは、心から喜び、その顔は以前とは違ったものになります。そしてエリの言葉の通りに、ハンナは男の子を生んだのです。

さて21節以降の第三部分です。ハンナは、誕生前に誓ったように、生まれた子サムエルが乳離れしたとき、主の宮に連れていきました。彼女はエリに、主が願いをかなえてくださったことを述べ、「この子は一生涯、主にゆだねられたものです」と言って、サムエルをエリに託します。彼はエリのもとで、イスラエルの国を動かす人物に成長するのです。

ここから私たちは、一人の偉大な人物が生まれる背後に、多くの祈りがあることを知ることができます。特に母親の涙の祈りは、非常に貴いものです。どうかお母さんがた、生まれる前も、生まれてからも、子どもたちのために祈ってください。父親も同様です。そして、どんなにかわいくても、その子を主にささげることを躊躇しないでください。その子を用いられるのは、主ご自身なのですから。

主よ。私は愛する子どもたちのために祈ります。どうか彼らがあなたの働きに用いられますように。

2章

第一サムエル2章は、11節と26節で区切れます。

最初の部分は、サムエルを献げた後に母ハンナが歌った賛美です。この歌は、三つの重要な真理を宣言していることに注目しましょう。一つ目は、主は聖なる方であり、すべてをご存じの上でみわざをなされるとの真理です。二つ目は、勇士や満ち足りていた者、また子だくさんの女、つまり自分のことを誇る者は砕かれることです。三つ目には、それと逆に、弱い者や飢えていた者、不妊の女に祝福が与えられるという真理です。ハンナは自分の経験から「神は高ぶる者には敵対し、へりくだった者に恵みを与える」方であることを悟りました。

12節からの第二部分には、祭司エリの息子たちの腐敗ぶりが、サムエルと比較される形で述べられています。エリの二人の息子は祭司の特権を乱用し、主にささげられたいけにえをむりやり自分のものにしていたのです。サムエルは、たとい親元を離れて生活していても、毎年もってこられる新しい上着に、両親の愛情を実感して成長していきました。しかしエリの子たちは、天幕で仕えている女たちと寝るというようような罪を犯しながら、父親の愛の叱責を無視して罪を重ねていたのです。主のさばきは彼らに近づいていました。

そこで主は、27節以降の最後の部分で神の人をエリのもとに遣わし、厳しく忠告されます。神の人は次の二つのことをエリに預言しました。一つは、エリが主よりも自分の息子の方を重んじたゆえにエリの家全体がさばかれ、二人の息子のホフニとピネハスのみならず、その子孫はみな早死にすることです。でも主はもう一つ、彼の家系に代わる忠実な祭司をおこされることをも約束されます。これらの預言は確かに実現しました。特に忠実な祭司として、その時代にはサムエルやツァドク、そして後に主イエスが遣わされたのです。

この章で私たちは、主がどういうお方であるかを知ることができます。「うまずめ」と言われても、主に頼って祈ったハンナや、彼女の祈りの中で育てられた少年サムエルは、主に愛されました。しかし祭司の特権を誇って傍若無人にふるまっていたエリの息子たちは、主にさばかれようとしていました。私たちはどちらでしょうか。主を誇るか。それとも自分を誇るか。結果は明白にあらわれます。

主よ。すぐに自分を誇ってしまう私であることを悔い改めます。どうか謙遜に生きることを教えてください。

3章

第一サムエル3章は、サムエルが幼くして預言者として召命を受けたときの出来事を記しています。モーセ以来、久々の召命記事です。14節と18節で分けてみましょう。

第一の部分から、預言者はまず主のことばを聞く者であることがわかります。少年サムエルは、シロの町にあった主の神殿で生活していたのですが、エリが老齢のために弱ってきていたので、彼の代わりに燭台が置いてあるところで夜番をしていました。ある夜、主がサムエルを呼ばれました。でも彼はそれが主のことばであることを悟らず、エリのもとに行ったのです。三度それが繰り返されたので、エリはそれが主のことばであると悟り、サムエルにそう助言します。かくしてサムエルは、主のことばを聞くことを学んだのです。預言者としての召命は、すでにここに始まっていました。

15節からの第二部分は、預言者は聞いた主のことばを語る者だと教えています。翌朝、エリはサムエルに「主がおまえに語られたことばは、何だったのか」と尋ねました。サムエルは躊躇しますが、エリのことばを受け入れてありのままを語ります。それは、エリの息子たちの罪のゆえに主がエリの家をさばかれるという厳しいものでした。たとい師と仰ぐ人に対しても、預言者は主のことばを語らねばなりません。それが預言者の厳粛な使命なのです。

19節以降の第三の部分には、預言者は主がともにおられる者であることが述べられています。サムエルはさらに成長していきました。そして彼の語ることばは、だれが聞いても主が告げられることだとわかるほど明瞭でした。それは、主がいつでも彼とともにおられたからです。そしてその後も、主はご自身をたびたびサムエルに現されました。

この章は、年取ったエリと幼いサムエルとを対照的に描いていることに注目しましょう。エリが高齢となり、また息子たちの罪のゆえに祭司としての務めを果たすことが難しくなっていたこのとき、主は若いサムエルを召されました。今でも主の働きのためには若い人が必要です。「あなたの若い日に、あなたの創造者を覚えよ」という有名な聖句がありますが、若いときに自分のすべてを主にささげ、生涯主のために奉仕できるのは、何にもまさる幸いなのです。

主よ。私の一番若い今日この日に、あなたの働きのために私をささげます。どうか御心のままに用いてください。

4章

第一サムエル4章からの三つの章は、契約の箱がペリシテ人に奪われてしまった経緯を記録しています。今日の章はことの始まりで、11節と18節で区切れるでしょう。

第一の部分には、ペリシテ人との戦いでの敗北が述べられています。強力になってきたペリシテ軍が、海岸地帯からイスラエル人の住む中央山地に進んできました。最初の戦いで四千人の死者を出したイスラエル軍は、シロの神の宮に置いてあった主の契約の箱をかつぎ出し、形勢を挽回しようと試みたのです。でもこの知らせを聞いたペリシテ人が危機感をつのらせて勇敢に戦い、また疫病もおこったため、三万人のイスラエル人が倒れました。そして契約の箱は奪われ、一緒に来ていたエリの二人の息子も死んでしまったのです。

不幸はさらに続くもので、12節からの第二の部分はエリの死を報告しています。彼は、神の箱がシロを離れた時から気遣って、戦場からの使者がいつ来るかと道のそばに設けた席で見張っていました。やっと使者が到着し、戦いの敗北を人々に告げ、またエリにも息子たちが死んだことと契約の箱が奪われたことを知らせたのです。九十八歳にもなっていた彼は余りのことに気を失い、倒れた時に首の骨を折って死んでしまいました。国は、宗教的指導者も失ったのです。

19節からの第三部分では、以上の事件は「栄光がイスラエルから去った」ことを象徴する出来事だったことが記されています。ちょうどその時、エリの息子の一人、ピネハスの妻が男の子を産みました。しかし彼女は出産の喜びをはるかにしのぐ不幸がおこったことを実感して、その子に「イ・カボデ」という名をつけます。これは「栄光がない」とか「栄光はいずこに」とかいう意味です。確かに、主の栄光がイスラエルを去ったように思われる諸事件でした。

以上のような不幸の根本原因は、エリの息子たちに代表されるような多くの罪がイスラエルに蔓延していたからでしょう。彼らはまずその罪を悔い改めるべきでした。単に契約の箱をもってきたところで、解決されることではないのです。現在の私たちも、同じような間違いを犯さないように気をつけましょう。十字架のペンダントをつけていても、罪を悔い改めなければ、主の栄光は私たちにとどまりません。

主よ。自分の罪を認めて悔い改めることなしに、あなたの祝福を求めようとする愚かな私を赦してください。

5章

第一サムエル5章は、契約の箱を奪ったペリシテ人に対して、主なる神の厳しいさばきが下ったことを描いています。5節と8節で三つの部分に分けて学んでみましょう。

第一の部分は、豊作を与えてくれると信じられていたダゴンの神に対するさばきです。戦いに勝ったペリシテ人は、意気揚揚とアシュドデの町にあるダゴンの神殿に神の箱を運び入れました。この町は、ペリシテの五大都市国家の中で一番戦場に近かったからでしょう。しかし彼らが翌日の早朝、ダゴンを拝むために宮に行くと、ダゴンの像がうつぶせに倒れているではありませんか。ちょうど契約の箱を礼拝している形です。偶然と思ってもとに戻したのですが、次の日には倒れるだけでなく、頭と両腕が切り離されていました。

6節からの第二部分には、アシュドデの人々に対する主のさばきが記されています。主の手はダゴンの神を拝んでいる人々の上に重くのしかかりました。悪性の腫物が大流行したのです。6章から推測すると、ねずみがその病原菌を運んだと思われます。人々は、これらのわざわいがダゴンと自分たちに対する主の罰であることを悟り、五大都市国家の領主たちが集まって、善後策を相談しました。出た結論は、ダゴンの神殿がなかったガテの町に神の箱を移すことでした。

9節以降の第三部分は、主のさばきはさらに他の町々にも拡大したことを記録しています。神の箱が移された町、ガテの人々にも腫物ができました。彼らは悲鳴をあげて、隣のエクロンの町に箱を移します。着いたとたんにエクロンの人々も恐怖の叫びをあげる始末です。多分もう二つの町、ガザとアシュケロンにも移されたでしょう。彼らは再度協議して、神の箱を「元の場所」、すなわちシロの町に返すことを決定しました。主はどんな神や人よりも強いお方です。

この日本の国にも、数多くの偶像があります。でもそれらは人間が造った神々でしかありません。それらは主の前にひれ伏さざるをえないのです。私たちも確信しましょう。私たちの信じる神こそが唯一の本当の神であり、さばきと祝福を与えてくださるお方であることを。たとい主の栄光が罪のゆえに去ることがあっても、必ず戻って来ます。悔い改めて主を求める者たちのところに、主は戻って来られます。

主よ。あなたは私の罪のゆえに一時去られることがあっても、決して私を見捨てられないことを信じます。

6章

第一サムエル6章は、契約の箱がイスラエルに戻されたいきさつを述べています。ここに、この箱に対する三つの違った態度が見られます。

12節と18節で分けましょう。

第一の部分には、契約の箱を恐れる人々について書かれています。ペリシテ人は神の箱を恐れ、七か月もの間、町の外に置いておきましたが、何とか決着をつけねばなりません。そこで偶像の祭司や占い師を呼び寄せて、相談しました。その結果、彼らを苦しめた腫物とねずみの金の像をそれぞれ五つずつ作り、償いとして神の箱とともに送り返すことにしたのです。それらを二頭の雌牛の引く新しい荷車に載せ、雌牛の子は牛小屋にいれたままで、雌牛の行くがままにさせました。普通なら子牛のいる方に戻るはずなのに、雌牛はイスラエル人の町ベテ・シェメシュの方向へ真っすぐ向かったのです。これは偶然ではありません。ペリシテ人の領主たちは、恐れながらもついていきました。

13節からの第二部分は、ペリシテ人とは逆に、契約の箱を喜ぶ人々のことを記しています。それはベテ・シェメシュで小麦の刈り入れをしていた人々でした。ヨシュア記21章からわかるように、この町には祭司が住んでいたので、すぐにやってきて、主への感謝と献身を表わす全焼のいけにえをささげたのです。主の箱を運んできた雌牛をいけにえに、その車をたきぎにしたのは、聖なるものへの態度でした。

でも19節以降の最後の部分には、この町の不敬虔な人々のことが描かれていることに注意してください。彼らは、興味本位に契約の箱の中をのぞいたため、主に打たれました。その人々の数は七十人であり、住民千人に五人ほどの割合だったと記されています。たといイスラエル人であっても、不敬虔な者はさばかれるのです。

この章で教えられる一番大切なことは、聖なる神様に対する態度です。今では契約の箱はありませんが、たとえば礼拝とか献金とか奉仕とかに向かう態度は、決して不敬虔であってはなりません。神様をあなどってはならないのです。いつも礼拝に遅刻したり、惜しむ心で献金したり、形ばかりの奉仕でお茶を濁したりしているなら、正直に悔い改める必要があります。日々、敬虔に生活しようではありませんか。

主よ。不敬虔になりがちな私を赦してください。私は、聖なるあなたを悲しませないように生きていきます。

7章

第一サムエル7章は、契約の箱がイスラエルに戻ってきた後のサムエルの働きについて述べています。4節、11節、14節で、四つの部分に区切って学びましょう。

第一の部分には、その頃の時代背景が描かれています。ベテ・シェメシュでの不幸な事件の後、契約の箱は十数キロ北東のキルヤテ・エアリムに移され、そこで大切に守られていました。二十年に及ぶこの期間に、サムエルの預言者としての働きは確立されたようです。彼は民に異教の神々を取り除いて主に立ち帰るように命じ、彼らもそれに従いました。

5節からの第二部分は、ミツパでの聖別集会とペリシテ人との戦いを記録しています。ミツパは、士師記20章でもイスラエル民族の集結地となった町です。イスラエルの民は、ここで明確に今までの偶像崇拝の罪を悔い改めました。ところがペリシテ人はこれを戦争のための集結と誤解したのか、攻撃をしかけてきたのです。そのとき民は、もはや4章のように神の箱を持ち出すことはせず、サムエルに祈ってくれるように願います。主は祈りに答えて雷鳴によって敵をかき乱されたので、民は彼らを打ち破ることができました。

12節からの第三部分は、この戦いの後の出来事です。彼らは「助けの石」という意味のエベン・エゼルという名の石をそこに置き、主の恵みに感謝しました。そしてこの主の助けがあったからこそ、それ以後ペリシテ人は攻撃をしかけてこなかったのです。主に頼るときに、平和が実現します。

15節からの最後の部分では、その後のサムエルの働きが述べられています。彼は本来の祭司としての奉仕をしながらも、民の間の諸問題を解決するために各地を巡回していたようです。預言者であり祭司であり、また士師でもあったサムエルは、イスラエルの歴史でも特別な立場にありました。

一時、主の栄光はイスラエルを去ってしまいました。しかしサムエルの指導によって民が罪を悔い改めたとき、主は彼らを憐れみ、再びペリシテ人を打ち破る力を与えてくださいました。サムソンの生涯と似ていますね。現在も同じです。私たちが形式的な信仰に陥ったり、あるいは明らかな罪を犯したりしていても、みことばによってその罪を悟り、悔い改めるなら、主は必ず回復させてくださるのです。

主よ。罪を犯しやすい私です。でもみことばによって罪を示してください。私は素直に悔い改めます。

8章

サムエル記第一は、この8章からイスラエルが王政に移っていく経緯を記し始めます。まず本章では、そのきっかけが述べられています。5節と9節で三つに分けてみましょう。

第一の部分では、今までの士師政の問題点が指摘されています。サムエルはこの時、七十歳くらいになっていたと推測されています。そこで、後継者として息子たちをさばきつかさ、つまり士師に任じたのですが、彼らはサムエルのような立派な人物ではありませんでした。当然ながら、十二部族の指導者たちから文句が出ます。これは、指導者たちの考えで士師を選ぶことができない士師政の問題点でした。たといサムエルの息子でも、士師にはなりえないのです。

6節からの第二部分には、神政、つまり神が王であるという政治形態に満足できない人々の意見が記されています。出エジプト以来、イスラエルはこの神政だったのですが、これでは絶大な権力の王が指揮する軍隊を所有する周囲の国々と対等に戦うことはできないと、十二部族の指導者たちは考えたのでしょう。これは自分たちが特別な「神の民」であることを自ら否定し、普通の国になり下がることでした。民の声は、サムエルではなく主を退けることだったのです。

そこで10節以降の最後の部分でサムエルは、主のことばに従って、王政の問題点を明確に語ります。王は民の息子を戦争や農作業に駆り出し、娘を宮廷の仕事に従事させ、さらに人々の農地を取り上げることさえする。王の家来や官僚たちを養うために、厳しい労役を課し、また十分の一の税金を納めるよう要求する。そのようになってから主に助けを求めても、主は答えてくださらない。サムエルはそう警告するのですが、民は「私たちの上には王が必要です」と言い続けます。そこでサムエルは民の声を聞き入れました。

世界の多くの人々は今も、軍事力をもつことが自国を豊かにする方法だと考えています。しかしそれは果てしのない軍拡競争と増税をもたらすだけではないでしょうか。本当に必要なのは、指導者が謙遜になって自分よりも偉大な方がいることを認め、その方に従うことです。「神の国」とはそういうところにほかなりません。神のことばに従いさえするならば、現在でも「神の国」は実現することを知ってください。

主よ。私はあなたのみことばに従います。どうかそういう人々がたくさん生まれ、神の国が実現しますように。

9章

第一サムエル9章から、イスラエルの初代の王となるサウルが登場します。この章は彼の人となりの紹介です。4節、10節、21節で四つの部分に区切ってみましょう。

第一の部分は、サウルの外見を描いています。彼はベニヤミン族に属し、ハンサムである上に背も高い好青年でした。また、父親の求めに従って雌ろばを捜しに出かける従順さも持ち合わせており、王になるにふさわしい人に見えます。

でも5節からの第二部分は、彼の問題点を暗示していると言えましょう。いくら捜しても雌ろばは見つからないので、彼はあきらめて帰ろうとしました。しかし連れの若者が近くの町ラマにいる「神の人」に尋ねようと言ったため、彼の助言に従うことにしたのです。サウル本人はこの「神の人」のことを知りませんでした。関心がなかったのでしょうか。

11節からの第三部分は、その「神の人」サムエルとサウルとの出会いを述べています。ちょうどその日、サムエルは民のために祭壇で犠牲をささげることになっていました。彼はすでにその前日に、主からサウルが来ることを教えられており、またサウルに油をそそいで王とすべきことも示されていたのです。サムエルはサウルに会ったとき、サウルの心の中にあることを見抜いて彼に告げました。自分が真の預言者であることをサウルに知らせるためだったのでしょう。

22節以降の最後の部分には、サウルの戸惑う姿が記されています。突然サムエルに「これはあなたのために取っておいたものです」と言われたとき、サウルはびっくりしたでしょう。士師記20章で学んだように、当時ベニヤミン族は最小の部族となっていたからです。でもサムエルは、いけにえをささげた後の食事の席に彼を招き、その後一晩かけてイスラエルの現状を話し合ったと思われます。

この章でサウルは、好青年だが霊的なことについては余り関心がない人物として描かれています。人々の要求にかなう外見は持っていましたが、神との関係においては少し不安が残るのです。私たちはどうでしょうか。人間的に見て立派であったとしても、みことばを聞いて祈ることを重視しているでしょうか。神との関係がうすい場合は、将来、大きな問題をかかえることになることを知りましょう。

主よ。たといどんなに忙しい毎日であっても、あなたと交わる時を大切にする心を私に与えてください。

10章

第一サムエル10章には、サウルが正式に王に任命される経過が記されています。9節と16節で分けましょう。

第一の部分は、サムエルがサウルだけのいる所で、王としての油注ぎをする場面です。そしてこれが主から出たことを証明するために、サムエルは今後サウルが遭遇する出来事をあらかじめ告げます。特に、ギブアの町で預言者の一団に出会うときに、神の霊がサウルの上に激しく下り、彼に新しい心が与えられることは非常に重要です。油注ぎは主の霊が下ることの象徴だからです。しかしこの出来事の後、サウルはヨルダン河畔にあるギルガルの町に下り、そこで七日間、サムエルが来るのを待たねばなりませんでした。これは13章でおこる重大事件の伏線ですので、留意しておきましょう。

10節からの第二部分には、サムエルが予告した通りになったことと、サウルがおじに会ったことが記されています。サウルが預言をすることなど、彼を知っている人々にとっては大変な驚きでした。彼のおじもびっくりして、彼がどこに行っていたのかを尋ねたのですが、サウルは詳しい話をしませんでした。特に、サムエルが自分に油注ぎをしたことについては、口を固く閉ざしていたのです。

しかし17節以降の最後の部分では、主がサウルを選んで王とされたことが正式に発表されています。サムエルは民をミツパに呼び集め、民が主の御心に反して求めた王を、主ご自身がくじによって選ばれることを宣言しました。そしてくじは不思議なようにサウルにあたったのです。サウルはその責任の重さを感じてか、荷物の間に隠れていましたが、人々に連れ出されました。サムエルは王の責任を文書に記し、王が独裁者にならないように配慮します。でもすでにこの時点で、サウル王を軽蔑する者たちがいたことも事実です。

大きな弱点のあるサウルでしたが、主はあえて彼をイスラエルの初代の王に選ばれました。彼は、このことを決して忘れてはならなかったのです。現代の私たちも同じでしょう。たといどんなに名誉ある地位につき、経済的に豊かになったとしても、それは主の深いあわれみのゆえであることを忘れてはなりません。いつも謙遜に主の霊を求め、このお方によって新しくされる毎日をおくりましょう。

主よ。愚かな私を選び神の子としてくださったことを感謝します。どうか主の霊によって私を満たしてください。

11章

第一サムエル11章は、王とされたサウルがアンモン人との戦いにおいて王にふさわしい実力を示したことを記録しています。11節で前後に分けてみましょう。

前半には、戦いの様子が述べられています。その頃、ヨルダン川の東にあったガド部族の町ヤベシュ・ギルアデは、アンモン人の攻撃にさらされていました。勝てないと思ったギルアデの人々は和平を申し出ますが、敵から「右の目をえぐり取れ」という残虐な条件を提示されたのです。そこで彼らは七日間の猶予をもらい、サウルの住むギブアに使者をおくって援軍を求めました。ここでサウルが登場します。

サウルの行動を見ると、彼は三つの点において戦いに備えたことがわかります。まず第一に、神の霊が彼の上に下ったことです。これはサムエルが油を注いだ結果で、神からの特別の賜物、最善の準備と言えます。第二に、彼はイスラエル中に使者を遣わして共に戦うように要請したことです。彼がミツパで王とされたことは、その時に集まっていた十二部族の代表によって国中に知らされていたからでしょう。南部のユダ族からは三万人、ユダ以外の部族からは三十万人の人々が集まってきました。そして第三に、彼は明確な戦略をもっていたことも忘れてはなりません。七日間の猶予があったことを利用して、敵が油断している夜中に襲いかかり、しかも三つの部隊で波状攻撃を加えたのです。大勝利でした。

12節からの後半部分には、この戦いの結果、イスラエルの民の大部分がサウルを王とすることに同意したことが記されています。民はサウルを軽蔑していた人々を殺そうとしますが、サウルはそれをとどめました。そして一同は、カナンに最初に足を踏み入れた記念の地であるギルガルで主の前にいけにえをささげ、サウル王の即位を祝ったのです。

この章に見られるサウルは、まさに理想的な王の姿です。主の霊が授けられ、イスラエルの民を一つにまとめ、見事な戦略を駆使して戦うサウルを、皆が王にふさわしい者と認めたのは当然でしょう。しかもこの時のサウルは、「今日、主がイスラエルにおいて勝利をもたらしてくださった」と謙遜に告白しています。どんなにすばらしい業績をあげても、主に栄光を帰すことこそ、最も大切な生き方なのです。

主よ。私は今日も与えられた仕事に全力を尽くします。良い結果が出ても、その栄光はあなたのものです。

12章

第一サムエル12章は、サウルが王として立派にふるまっているのを見たサムエルが、自分の様々な責任を民に訴えている箇所です。6節と17節で区切ってみましょう。

第一の部分では、自分が士師としての責任を果たしてきたことを自信をもって民に述べています。問題を起こしていた自分の息子たちを罷免し、有能な王を立てたサムエルは、自分が主と主に油注がれたサウル王の前で、何ら不正なことをしてこなかったことを主張するのです。民の全てがそれを認めざるをえないほど、彼は立派な士師でした。

さらに7節からの第二の部分でサムエルは、自分が預言者としての責任も果たしてきたことを明言します。彼はイスラエルの歴史をひもときながら、出エジプトの時代も士師時代も、民の苦しみの叫びに答えて、主は彼らを助けてこられたことを教えるのです。しかるに今回アンモン人が攻めてきたとき、民は主を求めず、王を求めたことを指摘します。憐れみに満ちた主は、その求めにも答えて、王を与えてくださいました。でも今後大切なことは、民も王も主の御声に聞き従うことであると、彼は声を大にして叫びます。そして主の恐るべきことを証明するために、五、六月頃の小麦の刈り入れ時には普通ありえない雷雨が下ることを予告しました。

18節以降の第三部分では、サムエルの祭司としての責任が描かれています。その直後、実際におこった雷雨に恐れをなした民は、サムエルにとりなしの祈りをしてくれるように要請しました。彼は、民が偶像の神ではなく主に従う限り、主は民を捨てられないことを宣言して、「私もまた、あなたがたのために祈るのをやめ、主の前に罪ある者となることなど、とてもできない」と今後の自分の責任を語ります。民と王の両者が主に仕えるように祈るのが、祭司の責任だからです。

士師であり、預言者であり、祭司であったサムエルは、そのような自分の大きな責任を自覚していました。だからこそ白髪となったこのときも、民と王に対して厳しく忠告できたのです。現代私たちがもっている聖書は、まさに士師と預言者と祭司の働きをしています。聖書を読むことにより、私たちは警告と励ましを与えられることを忘れてはなりません。今日も聖書に従い、主に仕えて生活しましょう。

主よ。私は聖書をあなたのことばとして受け取ります。そして今日もそれに従って生きていきます。

13章

第一サムエル13章と次の14章には、サウル王がペリシテ人と戦った時の出来事が記されています。ここで王は大きな失敗をしました。7節と15節で分けてみましょう。

第一の部分は戦いの発端です。三十歳頃に王になったベニヤミン族出身のサウルは、この地域にとどまって親衛隊を組織し、息子のヨナタンとともにペリシテ人ににらみをきかしていました。ところがこの地域のゲバの町にペリシテ人の守備隊長が侵入したからでしょう。ヨナタンが彼を打ち殺したのです。この事件から事態は風雲急を告げ、サウルはイスラエル人を召集してヨルダン河畔のギルガルに陣を敷きました。でもはるかに強そうなペリシテ人の大軍を見てイスラエル人は恐怖を感じ、多数の兵が逃げだし始めたのです。

8節からの第二部分は、この時のサウルの愚かな行動を描いています。彼は戦いの前にサムエルを招き、主にいけにえをささげて勝利を祈ってもらおうとしたのですが、約束の日になってもサムエルは来ません。それに兵士たちはどんどん逃げていくので、彼はついにしびれを切らし、自分が全焼のささげ物を献げたのです。ちょうどその時、サムエルが到着しました。サムエルはサウルのこの越権行為を厳しく責め、サウルの王国が永続しないことを宣言します。戦いに勝つために主を利用しようとした彼の態度が問題だったのです。

16節からの第三部分は、サムエルがギブアに帰った後の戦況を述べています。サウルとヨナタンの軍は、ペリシテ人の陣地に近いゲバに移動しました。それを見たペリシテ人は三つの部隊に分かれて、ゲバの町を包囲する作戦に出ます。ペリシテ人の勢力の強い地方では、イスラエル人は鍛冶屋をもつことができなかったので、武器を持っていたのはサウルとヨナタンだけでした。明らかに形勢は不利です。

サウルはペリシテの軍事力を知っていたゆえに、主の力が必要だと考え、あせったのでしょう。しかし、だからこそ、サムエルを待つべきだったのです。主の力は自分で獲得するものでなく、与えられるものだからです。現在でもこの原則は変わりません。一日の最初に主の前に静まって祈り、主の力を求めましょう。自分一人で何でもできると思ってはなりません。弱さを自覚して祈り求めることが大切なのです。

主よ。今日も私はあなたに拠り頼みます。あなたの力と知恵によって、一日を歩ませてください。

14章

第一サムエル14章は、サウルの息子ヨナタンの活躍がペリシテ人との戦いに勝利をもたらしたことを述べています。15節、23節、35節、46節で区切ってみましょう。

第一の部分は、イスラエル軍とペリシテ軍が谷を隔ててにらみあっているとき、ヨナタンとその部下が敵の陣地に乗り込んでいったという武勇伝です。ヨナタンは、「主がわれわれに味方してくださる」ことを確信して戦ったため、約二十人の敵を一気に打ち破り、敵に非常な恐怖を与えました。

16節からの第二部分は、ヨナタンの先制攻撃によっておこった敵軍の混乱に乗じて、イスラエル軍が敵を打ち破ったことを記録しています。勝利の原因は、敵軍の同士討ち、敵軍内部にいたヘブル人の寝返り、隠れていたイスラエル人の蜂起などでした。主の助けがあったことは明らかです。

24節から、話はサウル王の身勝手な言動を描く第三部分にはいります。王はこの戦いに勝利するために、断食の誓いをしていました。でも敵を追撃する民は飢えに苦しみ、血のついたままの肉を食べるという律法違反を犯します。王の誓いを知らなかったヨナタンも蜜をなめました。王はあわてて祭壇を築き、主の怒りが下らないようにしたのです。

36節からの第四部分には、祭司と民がサウル王の誤りを指摘したことが記されています。さらに追撃しようとする王に、祭司は主の御旨を聞くよう勧めました。しかし主は何も答えなさいません。その理由を知るためにくじをひくと、ヨナタンにあたりました。それゆえ彼を殺そうとした王を、民は穏やかにいさめて、ヨナタンを救い出したのです。

47節以降の最後の部分は、その後のサウル王が周辺諸国と勇敢に戦い、王国の基礎を築いたことを述べています。確かにサウル王は、戦争には強い力を発揮したのでしょう。

しかし、サウル王の最大の問題点は、自分の都合の良いように神を用いようとしていることです。勝利のために身勝手な誓いをしたり、最初に築いた祭壇は神の怒りを逃れるためであったり、追撃命令を出すために主に伺ったり、一見信仰深く見えますが、どこかに神を利用しようとする思いが感じられます。現在の私たちも、自分の利益のために神を利用しようとしてはいないか、点検する必要があるでしょう。

主よ。身勝手な祈りをしがちな私であることを悔い改めます。どうか主を第一にするものとさせてください。

15章

第一サムエル15章は、アマレク人との戦いの後に、またしてもサウル王が犯した重大な罪について記しています。9節と23節で三つの部分に分けて学んでみましょう。

第一の部分は、この戦いの概況です。アマレク人が荒野を旅するイスラエル人に戦いを仕掛けてきたことは、出エジプト記17章に書かれています。その後も罪を犯し続けた彼らを聖絶するように、主はサムエルを通してサウル王に命じられました。そこで王が呼び掛けると、二十一万人もの兵士が集まったのです。前の章の戦いでは数百人の兵しかいなかったので、王は大喜びしたことでしょう。でもそれが王を高慢にしたのか、王はアマレク人を聖絶しませんでした。

10節からの第二部分で、サムエルはこの罪を鋭く指摘しています。主のことばでこの事実を知ったサムエルは非常に心を痛め、すぐに王に会いに行くのです。でも王はすでに自分のために戦勝記念碑を立てており、勝利で上機嫌でした。サムエルは、王が主のことばに従わなかったことを責めますが、王は「主に、いけにえを献げるために、羊と牛の最も良いものを惜しんだのです」と平気です。これが罪であることに気づいていなかったのでしょうか。そこでサムエルは、「聞き従うことは、いけにえにまさる」と明確に告げました。

24節以降の最後の部分は、その後のサウル王の姿を描いています。王はサムエルのことばでやっと自分の罪に気づきました。でも民の前における自分の面目を保つために、自分と一緒に帰ってほしいとサムエルに願い出ます。サムエルはそれを一旦断りますが、王国がサウルから引き裂かれることを予告した上で、あえて彼と一緒に帰るのです。それ以後、サムエルは面子にこだわるサウル王に二度と会うことはありませんでした。主も彼を王としたことを悔やまれました。

13章で先走っていけにえを献げ、14章で身勝手な誓いをなしたサウル王は、この章では明白に主のことばに背いています。たとい民が「いけにえのために家畜を残しておこう」と言ったとしても、断固それを退ける責任が王にはあったのです。私たちは、サウルの過ちを繰り返してはなりません。日々聖書を読むことによって、罪を罪と認める心と、それを素直に悔い改める心とを与えられましょう。

主よ。私はみことばによって罪を示されたなら、それをすぐに悔い改めるように生きていきます。

16章

第一サムエルは、16章から後半部の主人公であるダビデが登場しますが、正式に王になるのはサムエル記第二になってからです。この章は13節で二分できるでしょう。

前半には、サムエルがダビデに油をそそぐことになった経緯が記されています。サウル王が主に捨てられたことを悲しんでいたサムエルに、主は「エッサイの息子たちの中に、わたしのために王を見出した」と仰せられました。そこで彼は、喜び勇んでエッサイの住むベツレヘムに行きます。サムエルは、しばしばイスラエルの各地を回って人々を教え、いけにえをささげていたからでしょう。町の長老たちへのあいさつもそこそこに、彼はエッサイの一家をその場に招いたのです。

いけにえをささげる場にそろった七人の息子たち一人一人を見ながら、サムエルは「この人こそ」と思うのですが、主は「人はうわべを見るが、主は心を見る」と彼に語られました。そして、羊の番をしていてその場には来ていなかった末息子のダビデが選ばれ、油を注がれたのです。父親や兄弟たちは、ダビデがサムエルの弟子になるために油を注がれたと思ったでしょう。その日以来、主の霊がダビデに下り、彼はだれの目にもとまる立派な青年に成長していきます。

14節からの後半部分は、このダビデがサウル王に召し抱えられるようになった事情を説明しています。サムエルから厳しく戒められて以降、サウル王は主からの「わざわいの霊」によっておびえるようになりました。いつ主が自分の王位を奪われるのかと、極度の神経過敏症になったのでしょう。その時、家来たちの推薦によって選ばれたのが、弦を上手に奏でるダビデでした。彼は、王が精神的に不安になるたびに穏やかに竪琴を弾き、王の心を静めるのでした。でも王は、彼が次の王になるなどとは夢にも思っていなかったのです。

うわべしか見ることのできない人間は、ことの背後に用意されている主のご計画を悟ることができません。サムエルでもだれが次の王になるかわかりませんでしたし、サウル王を恐れてさえいました。現代の私たちも、主のご計画を見通すことなど、とてもできないことです。しかし、主の愛のご計画があることを信じて、平安に過ごすことはできます。あなたはこのご計画を信じなさるでしょうか。

主よ。不安なことがおこるたびに、その背後にある愛のご計画を信じることのできる者とさせてください。

17章

第一サムエル17章は、青年ダビデとペリシテ人からの代表戦士である巨人ゴリヤテとの戦いを記録しています。11節、30節、40節、54節で区切ってみましょう。

第一の部分は背景の描写です。古代には時々、代表戦士の一騎打ちによって、戦いの勝敗を決めていました。この時も身長が三メートル近くあるペリシテ軍のゴリヤテが、イスラエル軍に挑戦状をつきつけたのです。でも、彼に立ち向かおうとする勇士は、イスラエル軍の中にいませんでした。

12節からの第二部分には、その戦場にダビデがやってきたことが述べられています。当時ダビデは、王の調子が悪い時にだけ宮廷に召され、普段は羊飼いをしていたようです。父親の命令で戦場に来た彼は、ゴリヤテが神の陣営であるイスラエルをそしる姿を見て、大きな怒りを覚えました。

そこで31節からの第三部分で、ダビデはサウル王にゴリヤテとの一騎打ちを申し出るのです。心配する王に、彼は主が自分を守られることを伝え、王のよろいではなく普段から使い慣れている石投げを手にもって出ていきました。

41節からの第四部分は、その戦いの状況です。ゴリヤテは、出てきた代表戦士が紅顔の美少年だったので、自分が馬鹿にされたと思ったのでしょう。ダビデに罵詈雑言をあびせるのです。でもダビデは「主は、おまえたちをわれわれの手に渡される」と宣言し、武具で覆われていない彼の額に一個の石を命中させました。そしてゴリヤテの剣でその首をはねたのです。当然、その後のペリシテ軍は総崩れでした。

55節以降の最後の部分で、サウル王はダビデを召して、父親の名を尋ねます。精神的に落ち着いて彼と会うことは、この時が初めてだったからでしょう。また25節で約束した褒美をダビデと彼の父に与えるためでもありました。

一度も人間相手に戦ったことのないダビデが、百戦錬磨のゴリヤテを倒せたのは、主が彼とともにおられたからにほかなりません。彼はこれが主の戦いであることを承知していました。そして、現代に生きる私たちにとっても、毎日が主とともにサタンにたち向かう日々なのです。サタンがどんなに強くても、主が私たちとともにおられるなら、祈りという石で彼を倒せることを知ってください。

主よ。弱い私ですが、あなたが私とともにおられるゆえに、祈りによってサタンに立ち向かっていきます。

18章

第一サムエル18章は、ダビデの人気が高まるにつれ、サウル王の心にねたみが増してきたことを記しています。ダビデがサウル王の周囲にいた多くの人々に愛されたことは、5節と16節で三つの部分に区切るとよくわかるでしょう。

第一にダビデに暖かい友情を示したのは、王の息子のヨナタンでした。14章に述べられていたように、ヨナタンも主の力を信じてペリシテ人と勇敢に戦った信仰深い勇士だったので、ダビデと心が通じたのでしょう。彼は自分の命にも等しいよろいや武具をダビデに与えました。貧しくて何の武器ももっていなかったダビデはその友情に感激し、ヨナタンとその父サウルのためにさらに勇敢に戦ったのです。

6節からの第二部分は、多くのイスラエル人がダビデを愛したことを描いています。彼が巨人ゴリヤテを倒したことは大評判となり、彼はサウル王をしのぐ勇士と歌われるようになりました。いつかは王位を失うことをサムエルから予告されていたサウルが、猜疑心をつのらせたのも無理はありません。例の病気で精神錯乱状態となったとき、王はダビデを殺そうとさえします。それに失敗すると、彼を危険な戦争に遣わすのですが、かえってダビデは大勝利を収めました。

17節以降の最後の部分からは、サウル王の娘もダビデを愛するようになったことがわかります。ゴリヤテ討伐の褒美として、王は最初長女のメラブをダビデに嫁がせるつもりでしたが、何かの理由でそれがだめになりました。ところがうまい具合に、次女のミカルがダビデに恋心を抱いていることがわかったのです。ダビデが花嫁料を払えるほど金持ちではないことを知っていたサウルは、ダビデを戦死させようとして、ペリシテ人百人を殺すことを花嫁料の代わりに求めます。でもその考えに反し、ダビデは二百人を殺したのです。

この章からわかるのは、サウル王の計画はことごとく失敗するのですが、ダビデにとってはすべてがうまくいくことです。それは、「主がダビデとともにおられた」からに他なりません。この原則は、現在でもあてはまります。たとい自分には損と思えることであっても、主がともにおられるなら、それはかえって益とされるのです。あなたは、この原則を信じることができるでしょうか。

主よ。あなたはこんな弱い私とともにいてくださり、すべてを益としてくださることを信じます。

19章

第一サムエル19章には、色々な人々の好意によって、ダビデはサウル王の殺害計画から救われたことが述べられています。7節と17節で、三つに区切ってみましょう。

第一にダビデを助けたのは、サウルの息子のヨナタンでした。父サウルがダビデを殺すことを公言したとき、彼はどれほど心を痛めたでしょうか。そこでダビデを野原に逃げさせた上で、ダビデが誠実な人物であることを話して、ダビデ殺害の罪を犯さないよう、父親を説得したのです。幸いにも父サウル王は理解してくれたので、ダビデは再び宮廷に戻ることができました。本当に真実なヨナタンです。

8節からの第二部分では、妻となったサウルの娘ミカルによってダビデは救われたことがわかります。サウル王との和解の後、ダビデは再度ペリシテとの戦いで大成果をあげました。このことがサウル王のねたみを引き起こしたのか、王はまたしてもダビデを殺そうとします。やっとのことで自宅に戻ったダビデを、妻ミカルは城壁の窓から降ろし、王の家来に気づかれないよう、夜の間に町の外に逃がしました。また見事な偽装工作をして、家に来た王の使者を欺き、ダビデが逃げる時間をかせぎます。偽装がばれて父親から叱られても、ことば巧みに父親に忠実な様子を示しました。

さて、18節以降の最後の部分では、サムエルもダビデを守ったことが記されています。ダビデは、ラマで預言者の養成をしていたサムエルの所に逃げ込みました。それをサウル王に密告する人がいたので、王はすぐに使者を遣わします。とところがサムエルの祈りがあったからでしょう。使者たちも預言をするようになり、しかもそれが三度も繰り返されたのです。最後にサウル王自身が来たのですが、彼も預言をし、着物を脱いで一昼夜倒れるという事態になりました。

息子ヨナタンも、娘ミカルも、そして預言者サムエルも、サウル王の行動が正しくないことを知っていたゆえに、ダビデを守りました。その背後で主ご自身が働いておられたことは明白でしょう。同じ主が、今も働いておられます。私たちの信仰の歩みが誤解されるときもあるかもしれません。でも主はすべてをご存じです。色々な人々を通して、必ずあなたを守ってくださることを信じましょう。

主よ。あなたは私のすべてをご存じの上で、すべての災いから守ってくださることを、私は堅く信じます。

20章

第一サムエル20章は、ダビデとヨナタンの間にあった暖かい友情を描いています。23節と34節で分けましょう。

第一の部分でダビデは、自分の命が危ういことをヨナタンに訴えます。サムエルのもとに逃げたダビデですが、サウル王の義理の息子であるゆえに、月に一度開かれていた新月祭の宴席に出ないわけにはいきません。王が本気でダビデを殺そうとしているとは思っていなかったヨナタンに、ダビデはその席で王の真意を確かめてくれるよう願ったのです。

信仰深いヨナタンは、すでに主がダビデを次の王にしようとしておられることに気づいていました。だからこそ14節以降で、ダビデに王権が移ったとしても、自分の子孫に恵みを施してくれるようにダビデと契約を結んだのでしょう。その後、野原に隠れ続けるダビデと新月祭の後に再会することを約束して、ヨナタンは宮廷に帰っていきました。

24節からの第二部分は、新月祭におけるヨナタンとサウル王とのやりとりです。第一日目には、王はダビデが欠席していることについて何も言いませんでしたが、二日目には不審に思います。ヨナタンが好意的にその理由を説明したとたんに、王は怒りを爆発させました。王はヨナタンを自分の後継者にしたいと願っているのに、彼がダビデに特別な好意をもっていることに腹を立てたのでしょう。王が自分をも殺そうとしたので、ヨナタンは王の真意を悟りました。

35節以降の第三部分では、ヨナタンが痛む心を引きずりながらダビデの所に行き、ことの次第を説明します。サウル王の家来に気づかれないよう、狩りをするふりをして彼はダビデと会いました。ダビデはヨナタンの気持ちを十分察して地にひれ伏し、三度も礼をします。その後二人は抱き合って泣き、互いに契約を守ることを誓って別れるのでした。

ヨナタンは実に立派な人物です。自分を次の王にしたいと願う父親の気持ちがわからないわけではなかったでしょう。でも主の御旨は、親友のダビデが王となることだと悟っていました。そのジレンマの中にあって、彼は主の御旨に潔く従ったのです。私たちは、そういう選択ができるでしょうか。人間の情愛に惑わされることなく、主の御旨に従っていくことこそ、本当のクリスチャンの歩むべき道なのです。

主よ。肉親の愛情を感謝すると同時に、それにも勝る主の御旨がある場合には、私は主の御旨に従います。

21章

第一サムエル21章から始まる六つの章は、サウル王のもとから逃げ回るダビデの姿を描いています。まず今日の21章でダビデは、二つの場所に難を避けているのです。

9節までの前半部分を見ましょう。最初の逃げ場所は祭司の町であるノブでした。次の章でわかるのですが、ダビデは祭司アヒメレクに主の御旨を伺ってもらおうとしたのです。こんな危急の時でも最初に主の御旨を求めたダビデは、確かに立派でした。でも彼が祭司に真実を話さなかったことは、次の章で大きな悲劇を引き起こす原因となります。

着のみ着のままで逃げてきたダビデには、何よりも食料が必要でした。一人で来たことを不審に思う祭司に彼は嘘をつき、主の前に聖別されていたパンをもらったのです。これは普通、祭司しか食べられないものでした。マルコ福音書2章でも引用されているこの事件は、ダビデがこの逃避行を「聖別されたもの」と確信していたことを示しています。

さらに彼は、祭司に武器を求めました。サウルのしもべであるドエグという荒武者がそこにいたので、身の危険を感じたからでしょう。ちょうどそこにあったゴリヤテの剣を手に入れるのですが、結局それは用いられませんでした。

10節からの後半部分は、ダビデがその後ペリシテ人の町であるガテに逃げたことを記しています。敵の町に、しかも王であるアキシュのところに行ったとは驚きです。ダビデは27章でも再度アキシュのもとに逃げ込んでいますから、サウル王から身を守るためには、敵の側につくことが一番安全だと思ったのでしょう。しかし敵はダビデをイスラエルの王と考えており、かえって殺されると判断したダビデは、気が変になったふりをします。この策は効を奏して、彼はアキシュのもとから逃げ出すことができたのです。

あの偉大な勇士ダビデでも、命からがら逃げる姿は哀れなものです。「これでも信仰者か」というような行動さえしています。でもそれが人間の真実の姿でしょう。もし彼と同じ境遇になったら、私たちもきっと同じようなことをするに違いありません。しかし、この時にダビデが作った詩篇34篇と56篇を読むなら、どんなに哀れに見えても、彼は信仰を失っていなかったことがわかるでしょう。

主よ。たとい命の危険のあるときでも、主に叫ぶことを忘れることのないように、私を導いてください。

22章

第一サムエル22章は、ダビデの行動とサウルの行動を対照的に描いています。5節と19節で分けてみましょう。

第一の部分は、ダビデのもとに多くの人々が集まってきたことを報告しています。彼は、サウル王の住むギブアから南西に二十五キロほど離れた所にあるアドラムの洞穴に身を隠していました。そこに、彼の家族や、サウル王のもとで不満を覚えている人々が集まってきたのです。その数およそ四百人。ダビデは彼らを率いてモアブの地へ行き、そこの王に両親を委ねました。ダビデの先祖のルツはこのモアブ出身だったことを思い出してください。でもその後しばらくして、預言者ガドの助言により、ダビデの一行はユダに戻りました。

6節からの第二部分には、その頃のサウル王の行動が記されています。王は、ヨナタンとダビデの契約について、だれも自分に知らせなかったことに相当怒っていたのでしょう。「ダビデの情報を知らせない家来たちはみな、謀反を企てている」と、無茶なことを言います。その時、ダビデが祭司アヒメレクの所を訪問したことを目撃していたドエグは、このことを王に告げました。王はすぐにアヒメレクを呼び寄せます。彼が筋の通った釈明をしたにもかかわらず、王はアヒメレクとその全家族、さらにノブの町の祭司も家畜もみな殺しにしたのです。15章では主の命令にそむいてアマレク人を聖絶しなかったのに、何と自分勝手なことでしょうか。

さて20節以降の最後の部分は、再びダビデの行動を述べています。ノブの町の大虐殺から、アヒメレクの息子のエブヤタルが一人だけ逃れ、ダビデの所にやってきました。彼の報告を聞いたダビデはひどく心を痛めます。自分に責任があると思ったからでしょう。その償いのためか、ダビデは彼を自分のそばにおいて守ることにしたのです。

ダビデとサウルの行動の違いは、もはや覆うべくもありません。どちらが王にふさわしいかは、非を見るよりも明らかでしょう。主に捨てられたサウルは人にも捨てられ、主とともに歩むダビデは、人々にも慕われています。私たちはどちらでしょうか。ダビデのように生きられるでしょうか。富も権力もなくていいのです。ただ主があなたとともにおられるなら、すべての祝福はあなたに注がれます。

主よ。こんな弱い私ですが、今日もあなたに祈り、あなたを求め、あなたとともに一日を過ごしていきます。

23章

第一サムエル23章には、ダビデがサウル王から守られるように、主の明確な導きのあったことが記録されています。5節、14節、18節で四つに分けてみましょう。

第一の部分で主は、「ケイラの町をペリシテ人の略奪から救え」とダビデに命じられました。実はサウル王にこそ町を守る責任があり、部下が言う通り、王から命を狙われているダビデにそうする責任は全くありません。しかしダビデは、この主の命令に従順に従ったのです。ダビデは、主の声にも助けを求める人々の声にも、背けない人でした。

6節からの第二部分は、この事件を知ったサウル王の討伐軍の手からも、ダビデは救われたことを述べています。ケイラの人々は、町を救ってくれたダビデに感謝したことでしょうが、サウル王が攻めてくるとなると、王に反抗することまではできません。祭司エブヤタルを通して知らされた主の御旨通り、ダビデはこの町から逃げ出すことにしたのです。

15節からの第三部分は、心暖まる箇所です。この頃のダビデは、自分の出身地のユダ族の町々を転々と逃げ回っていました。でもその居場所を王の息子のヨナタンは苦労して探しあてたのです。そして、ダビデが次の王になることを、父サウルも知っていると告げました。ダビデは、このヨナタンの励ましをどれほど嬉しく思ったことでしょうか。

19節以降の最後の部分からは、ジフの町の人々の密告によってサウル王につかまる寸前で、主はダビデを救われたことがわかります。一時は山の一方をサウル王の軍隊が進み、他の一方をダビデたちが逃げるという危険な状態でした。でもちょうどその時、ペリシテ人が攻撃してくるという知らせがあり、王はダビデ追撃をやめねばならなかったのです。主以外の誰に、こんなすごい芸当ができるでしょうか。

14節に、「サウルは、毎日ダビデを追い続けたが、神はダビデをサウルの手に渡されなかった」と書かれています。まさにその通りです。ケイラの人々やジフの人々から見捨てられることがあっても、主は決してダビデを忘れなさることはありませんでした。現在の私たちもそうです。危機に直面することはあるでしょう。しかし主は、私たちが真剣に助けを求めるならば、必ず救い出してくださるのです。

主よ。私はあなたに呼び求めます。どうか弱い私を、すべての苦しみと悩みから救い出してください。

24章

第一サムエル24章は、サウル王を殺せる千載一遇のチャンスにも、ダビデは王に手をくださなかったことを記しています。7節と15節で三つに分けて学んでみましょう。

第一の部分は事件の発端です。ペリシテ人の攻撃を防ぐためにダビデ追撃を中断したサウル王ですが、ダビデが死海の西側にあるエン・ゲディの荒野にいることを知り、三千人の兵を率いて捕えに行きました。たまたま王が用をたすために一つの洞穴に入ったとき、ダビデの一行がその中に隠れていたのです。「今がチャンスだ」と言う部下のことばを聞いて王の上着の裾を切り取ったものの、ダビデは自責の念にかられます。そして王に手をくだすことを止めたのです。

8節からの第二部分でダビデは、自分がサウル王を害する気持ちのないことを明言します。王が洞穴から出ていった直後、ダビデは王の背後から呼び掛け、ひれ伏して、先程の出来事を説明しました。サウル王は「主に油注がれた方」だから、私は手をくださなかった。私は「死んだ犬」「一匹の蚤」にすぎないのだから、どうかこれ以上私を追うことをしないでほしいと、ダビデはサウル王に願い出たのです。「悪は悪者から出る」とは、復讐は悪者がすることだという意味でしょう。ダビデは主にさばきを委ねていました。

16節以降の最後の部分は、ダビデのことばに感激するサウル王の姿を描写しています。王は自分に語りかけているのが正真正銘のダビデであることを知り、声をあげて泣きました。そして「おまえは私より正しい」と言うのみならず、ダビデが将来王になることも認めたのです。サウル王はまた、王朝が変わったときにもサウル家を根絶やしにしないとの誓いを求めました。これはすでにヨナタンに約束していたことですから、ダビデが受け入れたのは当然でしょう。

主イエスは、「自分の敵を愛し、自分を迫害する者のために祈りなさい」と命じられたとき、ダビデが千年以上も前にこれを実行していたことを考えておられたのでしょうか。現代の私たちの周囲にも、あるいは「敵」と思われる人がいるかもしれません。しかし、その人を愛しましょう。たといその人から害をうけていたとしても、自分で復讐してはなりません。主にすべてのさばきをお委ねすべきなのです。

主よ。私はあなたの仰せに従い、ダビデと同じように、敵と思う人を愛し、その人のために心から祈ります。

25章

第一サムエル25章は、サムエルの死を短く報告した後、逃亡中のダビデが王にふさわしい人物であることを記しています。13節、22節、35節で四つに分けてみましょう。

第一の部分では、ナバルという金持ちの傲慢な態度が描かれています。ダビデの一行は、サムエルの死後もまだユダ族の町を転々としていましたが、いつもペリシテ人の略奪隊から民を守っていたようです。それを感謝する人々は、生活の必要物資を贈っていました。ダビデがナバルに祝いのおすそわけを求めたのには、そのような背景があったのです。

14節からの第二部分は、ナバルの侮辱的な態度に怒って彼を討とうとするダビデの所に、ナバルの妻アビガイルが急いで贈り物を届ける有様です。幸いにも彼女は、出陣した直後のダビデ一行に会うことができました。

23節からの第三部分は、アビガイルの立派な言動を詳しく記しています。彼女はダビデに十四回も「ご主人様」と呼び掛け、自分のことを五回も「はしため」と言うのです。そして夫ナバルの罪を自分の身に負います。さらに、ダビデは主の戦いを戦っているのだから、決して自分で復讐してはならないことを、柔らかく訴えたのです。ダビデは彼女の訴えに素直に従い、討伐計画を中止しました。

36節以降は、この事件の後日談を述べた第四部分です。夫のもとに帰ったアビガイルは、翌日夫が酔いからさめた後にこのことを話しました。それを聞いた夫は突然倒れ、十日後には死んだのです。心筋梗塞になったのかもしれません。この知らせを聞いたダビデは、アビガイルを救う目的もあったと思われますが、彼女を妻としてめとりました。またこの時期に、アヒノアムという妻もめとります。サウル王の意志で、ミカルと離婚させられていたからでしょう。

前の章の最後で、ダビデとサウル王とは和解したように描かれていましたが、実際にはまだ問題は解決されていませんでした。しかし、ダビデは実質的にユダの地で民を守る王としての働きをしていたのです。ナバルはそれを認めようとしませんでしたが、賢明なアビガイルはちゃんと気づいていました。私たちも、このアビガイルのように神の計画を悟り、人の罪を自分が負うまでになりたいものです。

主よ。あなたのみ心を知る賢さと、人の罪のためにとりなす本当の愛とを、私に与えてください。

26章

第一サムエル26章には、24章のエン・ゲディでの出来事と似た事件が記されています。しかし場所は、23章後半に出てきたジフ人の住むハキラの丘で、死海の湖畔にあるエン・ゲディから二十キロほど西に入った所でした。12節、16節、20節で四つの部分に分けてみましょう。

第一の部分は、ジフ人の密告でダビデを追ってきたサウル王の部隊に、ダビデと部下アビシャイが潜入したことを述べています。主がサウル王とその部隊を深い眠りに陥れられたので、二人は王の枕もとにまで行くことができました。ダビデはこの時も部下を戒め、主が油注がれた王を殺しませんでした。主がサウル王をさばかれることを確信していたからです。ただ槍と水差しとを取ってその場を去りました。

13節からの第二部分でダビデは、無用な争いを避けるために遠く離れた山に行き、大声でサウル王の部隊に呼び掛けます。特に王の護衛役のアブネルに対しては、主に油注がれた王をちゃんと見張っていなかったことを、厳しく批判するのです。そして槍と水差しに注意を向けました。

17節からの第三部分は、サウル王に対することばです。ダビデの声だとわかった王に、彼は自分が王に何も悪いことを企んでいないことを告げ、自分をこれ以上追い回さないように願い出ます。王の部下の誰かが、ダビデをイスラエルの地から追い払うように進言していたのかもしれません。

21節以降の最後の部分で、サウル王は自分が間違っていたことを告白しますが、ダビデはあえて王のもとに帰りませんでした。エン・ゲディで涙を流して悔い改めながらも、ダビデの妻ミカルを他の男性に嫁がせ、まだダビデを追い続ける王への不信感があったからでしょう。でもダビデは、主が自分を救い出してくださると信じていました。

実は、これがダビデとサウル王との最後の出会いの場となります。義理の親子でありながら、何と不幸な別れ方だったでしょうか。サウル王が主の御心を悟って、すんなりとダビデに王位を譲っていれば、こんなことにはならなかったのにと、残念でなりません。現在の私たちの生涯でも、悔い改めが徹底していなければ、同じ過ちが繰り返されるのです。あなたの悔い改めはいかがでしょうか。

主よ。罪を認めながらでも、それを徹底して悔い改められない愚かな私です。どうか憐れんでください。

27章

第一サムエルは27章から、ダビデがサウル王の追跡を逃れるためにペリシテの町へ亡命した時の記事が始まります。今日の27章は、4節と7節で分けられるでしょう。

第一の部分でダビデとその一行は、ガテの王アキシュの所へ逃げ込んでいます。ダビデは、サウル王のもとから逃げ出した最初の時に、この王の所へ行ったことを21章で学びましたね。あの時は気が変になったふりをしたのですが、この時はアキシュに兵隊として雇われたようです。サウル王がダビデの命をねらっていることは、アキシュ王の知るところとなっていたからでしょう。ダビデと六百人の部下、そして家族も含めると千を超す人々が、ガテに住むこととなりました。

5節からの第二部分には、ダビデがガテの町から三十キロほど南西にあるツィクラグに移住することを王に願い出たことが記されています。言語も文化も違う人々と一緒に同じ町に住むことは、無理なことだからです。ダビデは特に、ペリシテ人の異教的な習慣を避けたいと思ったのでしょう。これは、サウル王から身を守りつつ、しかし主のみ心にかなう生き方をするために、ダビデが考えついた苦肉の策でした。

8節以降の第三部分でも、苦肉の策は続きます。アキシュ王に雇われている兵隊ですから、戦いの成果をあげなければなりません。そこで彼らは南方に住む民族を襲って、そこからの分捕物をガテに住むアキシュのもとに献上したのです。しかもダビデは、自分の同族のユダとか、ヨシュア時代の勇士カレブの親戚であるエラフメエル人とか、モーセのしゅうとの一族であるケニ人とかを襲撃したと、王に嘘の報告をしていました。その嘘がばれないように、町の住民を全員殺してさえいたのです。道徳的には大きな問題なのですが、そうせざるをえないダビデの状況を無視してはなりません。

一年四か月に及ぶこの亡命期間は、ダビデにとって非常に苦しい時期だったでしょう。しかし、自分の方からサウル王と戦うことのできないダビデは、異教の地で主のご計画が実現するのをひたすら待っていたのです。現代の私たちにも、同じような時期があると思います。祈りがきかれないと思えるとき、それが忍耐を学ぶ期間なのだと理解して、ひたすら主に信頼し続ける者となろうではありませんか。

主よ。祈りが聞かれないと思えるときにも、必ず主の時があることを信じて、私はあなたを待ち望みます。

28章

第一サムエル28章は、イスラエルとペリシテが全面戦争に突入する直前におこった出来事を記しています。2節、7節、14節、19節で五つの部分に分けてみましょう。

第一の部分の主人公はダビデです。嘘の報告で欺かれていたことを知らないペリシテ人の王アキシュは、出陣に際し、ダビデを自分の護衛に任命します。ダビデはそれを引き受けたものの、同胞と戦わねばならず、窮地に陥っていました。

3節からの第二部分から、サウル王の描写に移ります。ガリラヤ湖の南西三十キロにあるシュネムに進軍したペリシテ軍に対し、サウル王はその南十キロ程の所にあるギルボア山に陣を設けました。そこで敵の大軍を見て恐れた王は、どう戦えば良いかと主に伺ったのです。でも答えがないために、王は自分で禁じていた霊媒に問うことにしました。

8節からの第三部分で、王は変装して敵地を突き切り、約二十キロ北東のエン・ドルに住む霊媒女の所に行きます。王の禁止令を知っていた女は最初断りますが、王が執拗に願うのでサムエルの霊を呼び出しました。こうせねばならないほど、サウル王は窮地に立たされていたのでしょう。

15節からの第四部分は、王に対するサムエルの宣告です。サムエルは、「主は、あなたの手から王位をはぎ取って、あなたの友ダビデに与えられた」と明言します。これは15章において、生前のサムエルが預言していたことにほかなりません。また、サウルと彼の息子たちの戦死も預言されます。

20節以降の最後の部分では、この宣告に打ちのめされたサウル王の姿が描かれています。不安のゆえに食事ができないでいた王は衰弱して倒れ、霊媒女の世話になる始末です。無理矢理食事をして、何とか帰途につきますが、主から見捨てられたサウル王は悲惨としか言いようがありません。

このような事態は、18節に明記されている通り、サウル王が「主の御声に聞き従わなかった」結果でした。何と恐ろしいことでしょう。現在でもそうです。主は聖書を通して、何度も何度も私たちに歩むべき道を語っておられます。それにもかかわらず、御声に聞き従わないなら、主から見捨てられても文句は言えません。今、主イエスのとりなしを信じ、不従順を悔い改める者となろうではありませんか。

主よ。御声に聞き従ってこなかった私の罪をお赦しください。今からは、素直にあなたに従っていきます。

29章

第一サムエル29章では、窮地に陥っていたダビデが、主の不思議な摂理のゆえにそこから救われたことが述べられています。5節で前後に分けて学んでみましょう。

前半は、アキシュが率いる軍団に加わっていたダビデの一隊を、他のペリシテ人の首長たちが見咎めたことを記録しています。いよいよ情勢は緊迫してきて、主要な五つの都市国家の同盟によって編成されたペリシテの軍隊は、首長たちの見ている前を行進することになりました。ヘブル人の服装をしたダビデの一隊はすぐに目につき、首長たちは驚きます。アキシュはダビデが信頼のおける人物であることを説明しますが、他の首長たちはとても信じられません。すでに14章で、ヨナタンが活躍した戦いのときに、ヘブル人の裏切りを経験していたからでしょう。彼らは、ダビデを戦列から外して、ツィクラグの町に帰らせるように主張したのです。

6節からの後半部で、アキシュはこの旨をダビデに伝え、ツィクラグに帰るように説得します。彼は、ダビデが嘘の報告をしていたのを知らず、「あなたに何の悪いところも見つけなかった」とさえ言うのです。ダビデは、「王様の敵と戦うために私が出陣できないとは」と残念がりますが、その「王様」がアキシュを指すのか、サウルを指すのかは明確にしていません。そのような点で、ダビデは「悪賢い」と言われても仕方がないでしょう。ともかくダビデは、サウル王の軍隊と戦うという窮地から脱することができました。

以上の出来事は、ダビデが仕組んだのではないことに注意してください。ダビデはイスラエル軍と戦わねばならないのならどうしたらよいか、真剣に悩んだ時もあったでしょう。でもそれが杞憂となるように、主ご自身がすべてを備えられていたのです。これらはすべて、主の摂理でした。

窮地に追い込まれ、八方ふさがりと思えるような時が、私たちの人生にも時々おこります。しかし知ってください。八方がふさがっても、天は開いているのです。主の摂理に委ねるとき、この章のダビデのように、「悪賢い」とも思えるほど冷静に歩むことができます。ローマ書8章に記されているように、「すべてのことがともに働いて益となる」ことを知っている者は、どれほど幸いでしょうか。

主よ。あなたの全能の御手に、私のすべてをお委ねします。この信仰によって、日々を歩ませてください。

30章

第一サムエル30章には、ダビデの留守中にツィクラグの町を襲っていたアマレク人から、民と財産を奪い返した事件が記されています。6節と20節で分けてみましょう。

第一の部分は事件の発端です。同胞のイスラエル人と戦わずにすんだことを喜びながら戦地を離れたダビデの一行でしたが、喜びも束の間、帰って来たツィクラグの町は焦土と化していました。家族を失った戦士たちは、失望のどん底に突き落とされたことでしょう。もはや指導者であるダビデを信頼することができず、彼を石で打ち殺そうとしたのです。

しかし7節からの第二部分は、そんな緊急事態の中でも主の御旨を伺い、奮い立って略奪隊を追撃するダビデの姿を描いています。「必ず救い出すことができる」との主のことばを信じたダビデは、疲れて動けない二百人をベソル川に残し、四百人で追撃を続けました。主は、略奪隊に見捨てられた一人の病気のエジプト人に会わせてくださり、彼の案内によってアマレク人の略奪隊の位置を知ることができたのです。そこですぐに攻撃をしかけて、その家族と財産とを取り戻すことができました。一時はダビデを打ち殺そうとした者も、「これはダビデの戦勝品だ」と言うまでに変えられたのです。

そして21節以降の最後の部分では、その分捕り物をダビデが愛をもって分け与えたことが述べられています。疲れてベソル川にとどまっていた二百人にも、分捕り物を同じように分けました。よこしまな者たちが文句を言おうとも、ダビデは、分捕り物は「主が私たちにくださった物」だからという理由で、公平に分けたのです。ツィクラグに帰った後には、自分の同胞のユダの長老たちにも、その分捕り物を贈り物としています。彼がさまよい歩いていた時に受け入れてくれた人々に、感謝をこめて贈ったのでしょう。

このようなダビデの歩みによって、主がともにおられる者の行動はどんなものかが教えられるのではないでしょうか。彼は常に主の御旨を伺って行動していました。どんな業績をあげても、それが主の賜物であることを自覚していました。主がともにいてくださるなら、人々への行動も愛に満ちたものとなるのですね。私たちも今日一日、主とともに歩みましょう。そして神と人とに喜ばれる一日としましょう。

主よ。目には見えなくても、あなたは私とともにいてくださることを信じ、神と人とに仕えて生きていきます。

31章

第一サムエル31章は、サウル王とその息子たちの最期を記録しています。多分、前の章でダビデが略奪隊を討伐していた頃の出来事でしょう。

7節で前後に区切ってみます。

前半は戦いの様子です。29章の冒頭に記されていたように、ペリシテ軍は戦車での戦いに有利な平地に集結していましたが、イスラエル軍はその南にあるギルボア山に陣を敷いていました。しかしペリシテの軍勢は強く、山にまで攻め上ってきたので、ヨナタンをはじめ、サウル王の三人の息子たちを含む多くの兵士が戦死したのです。剣では誰にも負けないサウル王も、弓矢で集中的に攻撃されたらどうしようもありません。ひどい傷を負った王は、ペリシテ人のなぶり殺しを恐れて自害しました。本当に悲惨な最期です。

王を失ったイスラエル軍は、ヨルダン川のほうまで敗走しました。それを見た住民たちも町を捨てて、同じように逃げ出しました。神の箱が奪われた時の敗戦のことが4章に書かれていましたが、それ以来の大敗北を経験したのです。

8節以降の後半部分は、サウル王とその息子たちの死体がどう取り扱われたかを述べています。ペリシテ人は王の死体から武具をはぎ取って彼らの神アシュタロテの神殿に奉納し、また彼の死体を約二十キロ南東にあるベテ・シャンの町の城壁にさらしました。それを聞いたヤベシュ・ギルアデの住民は、危険を覚悟の上で、十五キロほどの道を夜通し歩いて死体を奪い返し、自分たちの町に持ち帰ったのです。サウル王が、残虐なアンモン人から自分たちを救い出してくれたあの11章の出来事を、彼らは決して忘れませんでした。

サウル王は、確かに外見もよく、武勇にすぐれた立派な王でした。もし、彼が主のみことばにさえ従っていたならば、こんな最期ではなかったのにと思うと、非常に残念です。

かくしてサムエル記は、サウル王の死で前半を終えます。主が王であることを受け入れなかったイスラエルの民でしたが、主はそれでも彼らを憐れんで王を与えてくださいました。でもサウル王の生涯を通して、彼らは王制の持つ問題を学んだことでしょう。主に従わない王なら、民に不幸をもたらすだけなのです。同様に私たちも主に従わないなら、自分だけでなく周囲にも害が広がることを忘れてはなりません。

主よ。サウルを通して、主に従うことがどれほど大切かを学びました。だからこそ、私はあなたに従います。

サムエル記 第二

1章

今日から、ダビデの王としての活動記録をその中心テーマとするサムエル記第二に入ります。まず1章には、サウルとヨナタンの死を知り、それを心から嘆くダビデの心情がくわしく描写されています。16節で前後に分けてみましょう。

前半でダビデは、「サウルを殺した」と報告してきたアマレク人の男を処刑しています。ダビデが略奪隊の討伐から帰ってきて三日目、一人の男がペリシテ軍とイスラエル軍の戦いの現場から駆けつけてきました。彼は王冠と腕輪を手に持っています。そして、瀕死の重傷を負っていたサウル王の求めに従って王を殺したと証言したのです。これは、昨日学んだ記事と違っていますね。きっとこの男は、ダビデが王から命をねらわれていることを知っていて、このように報告をしたら、ダビデから褒美をもらえるのではないかと思っていたのでしょう。けれど、彼の予想は大外れでした。

この報告を聞いて、ダビデも家来も非常に悲しみます。そして平気で主に油注がれた王を殺したと言うこのアマレク人を処刑したのです。主に従わなかったサウル王は、主にさばかれたのですが、それでもダビデの心は痛みました。

17節からの後半部分は、サウル王とその息子ヨナタンの死を悼むために作られたダビデの哀歌です。二つのことに注目してください。第一に、彼はここで三度も「ああ、勇士たちは倒れた」と歌い、彼らがイスラエルのために勇敢に戦ってきたことをたたえています。自分を殺そうとしたサウル王に対してもそう言えるとは、何と立派なことでしょう。

第二に、ヨナタンに対する特別な愛情です。ヨナタンは父が憎んだダビデの潔白を主張し、またそのままなら自分が王となることを知っていながら、ダビデこそ次の王になる人物だと認めていました。彼こそダビデの本当の友でした。

ダビデは、サウルに追い回されていた数年間、非常につらい経験をしたことでしょう。しかし、その試練の期間がダビデを成長させたことを見落としてはなりません。彼は、この期間に詩篇に含まれている多くの歌を作りました。この期間に主に信頼することを学びました。この期間に本当の友を得ることができました。試練の期間こそ、あなたをすばらしい信仰者に育てることを、ぜひ知ってください。

主よ。試練の中にある時こそ、私はあなたにより頼みます。どうか苦しみを通して、私を成長させてください。

2章

第二サムエル2章は、サウル王死後のイスラエルの状態を率直に記しています。11節で前後に分けてみましょう。

まず前半には、イスラエルに二つの支配体制ができたことが記録されています。ダビデは主に伺って後、自分の出身部族であるユダ族の中心都市、ヘブロンに移住しました。そこでダビデの勇敢な働きをよく知っていたユダの人々は、彼こそ王位を継承すべき人と考え、彼に油を注いでユダ族の王としたのです。ダビデは即位後すぐ、サウルを尊敬していたヤベシュ・ギルアデに使いを送り、自分もサウルを敬っているので、今後は自分に真実を尽くすように願い出ました。

一方、サウル家の将軍であったアブネルは、サウルの息子で唯一戦死しなかったイシュ・ボシェテを、ヤベシュ・ギルアデからほんの十五キロ東にあるマハナイムに連れて行き、そこで彼がイスラエル全土の王であることを宣言したのです。しかし、アブネルは主に伺うことなど全くしませんでした。

12節からの後半部分は、以上の二つのグループの間におこった不幸な争いを描いています。アブネルは、イシュ・ボシェテ王やその家来とともに、王の出身地であるベニヤミンの地の中心都市ギブオンに帰りました。しかし町の近くの池のそばで、ダビデ王の将軍ヨアブの家来と出会います。初めは代表選手による力比べのつもりだったのでしょうが、それが次第に本格的な殺し合いになってしまったのです。

不利な立場に立たされたアブネルとその家来たちは、そこから逃げ出しました。しかしヨアブの弟アサエルはアブネルを深追いしたために殺される結果となります。そこで、それ以上の犠牲者を出さないために、アブネルとヨアブは停戦することに合意しました。その後、アブネルたちは北のマハナイムに、ヨアブたちは南のヘブロンに戻ったのです。

もしアブネルやイシュ・ボシェテが主の御旨を伺っていたなら、このような無益な殺し合いはなかったことでしょう。しかし彼らは、王としての権力を維持したかったので、サウル王朝を存続させることを重要視したのです。現代の私たちはどうでしょうか。主の御旨に従わないで、自分の考えや自分の利益を通そうとしていないでしょうか。いつも謙遜に主の御旨を求めるよう、努めねばなりません。

主よ。自分の考えに固執しやすい愚かな私です。どうかあなたの御旨を伺い、それに従う者にさせてください。

3章

第二サムエル3章には、サウル家とダビデ家との間に複雑にからみあっていた醜い権力闘争が、赤裸々に描かれています。5節、11節、21節、30節で五つに分けてみましょう。

第一の部分はダビデ家の事情を記しています。彼はヘブロンで六人の息子を得ましたが、みな違う母親です。当時の風習とはいえ、王だからできたことでした。特にアブシャロムの母親はイスラエル北東の外国の王女であり、政略結婚の匂いがします。これが後にダビデに不幸をもたらすのです。

6節からの第二部分はサウル家の内部抗争です。サウル王の継承者となった息子イシュ・ボシェテは、将軍アブネルが父王のそばめと関係を持ったことを批判します。アブネルが王位をねらっていると感じたからでしょう。するとアブネルは居直って、ダビデ家の側につくことを宣言しました。

12節からの第三部分でアブネルはそれを実行し、ダビデのもとに使いをおくります。そこでダビデ家での重要なポストを約束されたからでしょうか。彼は、サウルの娘ミカルをダビデに返し、イスラエルの指導者をダビデ家に仕えさせるために画策します。ダビデも祝宴を張って彼を歓待しました。

22節からの第四部分には、それを快く思わないダビデ家の将軍ヨアブがアブネルを暗殺したことが記されています。きっとヨアブは、自分の立場が弱くなることを恐れ、また彼に弟アサエルを殺されたゆえに憎しみを抱いていたのでしょう。しかしダビデは、ヨアブの行動に心を痛めました。

さて31節以降の最後の部分です。ダビデがアブネルの葬儀を丁重に行なったために、イスラエルの人々はダビデがアブネルを殺したのではないことを知りました。しかし、39節でわかるように、ヨアブが次第に力をもってきたことは、ダビデに難しい問題を投げ掛けています。

このように見てくると、ダビデもアブネルもヨアブも、自分の権力を強固にしようと、様々な手段を用いていることがわかります。王政の危険はこのようなところにも表れているのではないでしょうか。神を王としないで、自分が王となろうとするとき、必ず問題がおこってきます。私たちはどうでしょうか。この世での富や名誉や権力を、神よりも優先することは、自分を王とすることだと知ってください。

主よ。権力を求める愚かさを知りました。きょう私は、人々に仕える道を選びとることに心を決めます。

４章

第二サムエル4章には、イシュ・ボシェテの悲惨な最期が記録されています。7節で前後に区切ってみましょう。

前半部分は、イシュ・ボシェテが暗殺される経緯です。父親のサウル王ほどに有能ではなかったイシュ・ボシェテは、彼を支えていた将軍アブネルが殺されたことを聞いたとき、「もはや自分の王国は立ち行かない」と観念したと思われます。彼だけでなく、彼の家来もイスラエルの人々も、みな同じような思いをもっていました。その中に、略奪隊の隊長をしていたバアナとレカブという兄弟がおり、彼らは小麦の運搬者のふりをして王宮に忍びこんで、イシュ・ボシェテを暗殺したのです。彼らは、サウル家と同じベニヤミン族に属していたのに、このような卑劣な行動をとりました。

かくして、サウルの王位を継ぐ可能性をもつ者は、ヨナタンの息子で足の不自由なメフィボシェテひとりになってしまいました。サウル家の没落ぶりは誰にも明らかでしょう。

8節からの後半部分は、さらに卑劣なことに、バアナとレカブの二人がイシュ・ボシェテの首をダビデのもとに持って来たことを述べています。彼らは、ダビデが自分たちに褒美をくれ、さらにダビデ王国で高い地位につけてくれると考えていたのでしょう。しかし、ダビデは彼らとまったく違った考えをもっていました。以前、1章においてサウル王を殺したという知らせをもってきたアマレク人の若者を処刑したように、ダビデはこの兄弟も厳格に処罰したのです。

ダビデは、イシュ・ボシェテが「正しい人」であったと述べています。彼は自分で王位を求めたわけでもなく、ダビデを追い回したわけでもありません。アブネルたち有力者によって王に祭りあげられただけです。そういう人物を自分の出世のために殺した罪は大きい、と判断したのでしょう。

3章と4章の暗殺事件は、ダビデが企んだのではないことに留意してください。彼は悪者を処罰したにすぎません。人々の悪巧みが、結果としてダビデの王権を確立する方向に働いたのです。これこそ主がなされるわざでしょう。主は、今でも悪者をさばかれ、従う者を守られます。ただ純粋に主の御心に従って歩んでいるなら、「すべてのことがともに働いて益となる」ことを信じる者となりましょう。

主よ。私は、あなたの御心に従って歩んでいきます。そのときこそ、すべてのことが益になることを信じます。

5章

第二サムエル5章は、ダビデの王国が次第に確立していく様子を描いています。王国の確立のためには、三つの基盤が必要でした。5節と16節で三つに分けてみましょう。

第一の基盤は、イスラエルの民全体の同意があったことです。2章で学んだ通り、すでに南部のユダ部族の人々はダビデに油を注いで彼らの王としていましたが、今度は北の諸部族の長老たちがやってきて、彼に油を注いだのです。それから後三十三年間、彼はイスラエル全土を治めました。

6節からの第二部分には、第二の基盤が書かれています。それは都をエルサレムに定めたことです。この町は三方を谷で囲まれており、天然の要害でした。エブス人が長く支配していた町ですが、そこをダビデが攻め取ったのです。サウル王の出身部族のベニヤミン族とダビデのユダ族の境界にあったうえに、交通の便も良く、東に下ってヨルダン川にそって北上すれば、右岸のガド族やルベン族のみならず、ガリラヤ湖周辺の諸部族にも容易に通達が出せる位置でした。

彼はこの町に自分の住居を建て、また多くの息子たちも与えられました。でもそれらはみな、「万軍の神、主が彼とともにおられた」ゆえであることを忘れてはなりません。

このことは、17節以降の第三の部分からよりはっきりわかります。王国確立の第三の基盤は、主の導きがあったことです。ダビデが即位したことを聞いたペリシテ人は、彼が思慮深い勇士であることを知っていたので、早いうちに決着をつけようとしたのでしょう。即位後すぐに攻めてきました。この時もダビデはどうすべきかを主に伺い、そのことばに従って、最初は敵の正面から、次には背後から攻撃し、ペリシテ軍に大打撃を与えたのです。神の時を常に伺い、謙遜にそれに従うことこそ、王国確立の大切な基盤でした。

日本にも、「天の時、地の利、人の和」という表現がありますが、ダビデはこれら三つの基盤を熟知していたように思えます。しかしそれら三つのうちで最も大切なのは、天の時です。今でもこの原則はあてはまるでしょう。私たちとともにいてくださる主に従うとき、人々の心は一つとなり、最善の環境が整えられることを知ってください。今日も、主のみことばに従い、確信をもって歩んでいきましょう。

主よ。あなたに従ってさえいれば大丈夫だ、ということをもう一度確認します。惑いやすい私を助けてください。

6章

第二サムエル6章は、ペリシテ戦に勝利した後、ダビデは主の箱をダビデの町に運び入れたことを記しています。彼はこのことによって、自分の王国の宗教的基盤を強くしようとしたのでしょう。11節と19節で区切ってみます。

第一の部分には、不敬虔な態度で主の箱を扱ったウザが、主に打たれたことが述べられています。ウザはアビナダブの息子で、彼の家に七十年間も主の箱が置かれていたので、あるいは馴々しくなっていたのかも知れません。また、民数記4章で命じられている担ぎ棒を用いた正しい方法でなく、ペリシテ人が行った車で運ぶ方法をとったことも、主の御心にそわなかったとも考えられます。しかしこの事件によって、ダビデは主を恐れることを学びました。自分の利己的な目的のために主の箱を利用すべきではないと悟ったのです。

12節からの第二部分は、三か月後のことです。ウザの事件によって、主の箱は近くのオベデ・エドムの家に預けられたのですが、主は彼の家を祝福されました。この間にダビデも律法を読んで、正しい方法を知ったのでしょう。今度は恐れをもって主の箱を自分の町に運び入れたのです。主が自分の町に来てくださったという嬉しさの余り、彼ははねたり踊ったりして、その喜びを表わします。また喜びのゆえにいけにえを主に献げ、民にパンと菓子を配りました。

20節以降の最後の部分には、ダビデと彼の妻ミカルとの対話が記されています。ミカルは、ダビデがきらびやかな王の衣を脱いで、素朴な亜麻布のエポデを着て踊ったことを批判しました。サウル王の娘だったミカルは、自分たちは庶民とは違うのだという思いがあったからでしょう。しかしダビデは、主の前で喜ぶ点においては、女奴隷のような低い身分の者にも敬われる者でありたいと告げたのです。

この章は、主への正しい態度は何かを私たちに教えているように思います。まず主を利用するのではなく恐れること、次に主の臨在を喜ぶこと、そして主の前に謙遜になることです。たとえば主日礼拝のとき、私たちはこのような態度で主の前に出ているでしょうか。恐れをもって開始時刻を守り、喜びをもって賛美し、謙遜にみことばを聞いているでしょうか。祈りつつ自問自答してみましょう。

主よ。私は、恐れと喜びと謙遜をもって主に仕える者となりたく思います。どうか弱い私を助けてください。

7章

第二サムエル7章は、ダビデが主の家である神殿を造ることを思いついたときに、主が語られたことばとダビデの応答を記しています。17節で前後に分けてみましょう。

まず前半です。主はダビデの王権を確立されたゆえ、ダビデはエルサレムにある立派な王宮で平安な日々をおくるようになりました。しかし神の箱は天幕にとどまったままです。それを心苦しく思ったダビデは、預言者ナタンに相談しました。その夜、主はナタンに三つのことを示されたのです。

第一に、主は出エジプト以来、ずっと幕屋にいて民とともに歩み、「家を建てよ」とは一度も仰せられなかった。第二に、主がダビデをイスラエルの君主とされ、またダビデのために一つの家、つまり王国を立てられた。第三に、主はサウルの家から恵みを取り去られたが、ダビデの家についてはそうでない。かえって、ダビデの王国はとこしえまでも堅く立つ。以上の三つは、ダビデが主の家を建てるのではなく、主がダビデの家、つまり王国を立ててくださるのだということを明確に示しています。そしてこれは約千年後、主イエスがダビデの子孫として誕生されたときに、完全に成就したのです。

18節からの後半部では、以上のような恵み深い主のことばに応答して、ダビデが心からの祈りをしています。この部分も三つの点にまとめられるでしょう。第一に、しもべにすぎない自分に、このような約束が与えられたことへの感謝。第二に、自分が治めるべき国民は、主がエジプトから贖ってくださった神の民であることの告白。そして第三に、主が約束してくださった通りに、ダビデの家がとこしえに祝福されるようにとの願いです。この箇所で、ダビデは自分のことを十回も「しもべ」と言っていることに注意してください。王である彼がそう言えるのは、すばらしいことですね。

この時ダビデは、「自分が主の家を建てることよりも、主が自分の家を立ててくださるという約束のほうがずっと重要だ」と気づいたに違いありません。この約束のとおり、ダビデの王国はずっと続き、そして主イエスの誕生によって、新しい意味の「神の王国」が打ち立てられるのです。私たちも、主がどんなに大きな恵みを私たちに与えてくださったかを確認し、感謝の日々を過ごす者となりましょう。

主よ。私はあなたのしもべに過ぎません。こんな者に与えられた、あなたの大きな祝福を心から感謝します。

8章

第二サムエル8章には、王権を確立したダビデ王が近隣諸国を征服していくようすが記されています。六つの地域が扱われていますので、記されている順番に見ていきましょう。

1節には、ダビデ王国の西の海岸地域に住んでいたペリシテ人を屈服させたことが述べられています。メテグ・ハ・アンマとは、ガテとその周辺の町々をさしているのでしょう。

2節は、死海の東にいたモアブ征服の記事です。ユダヤの伝承では、ダビデが彼らを信じて委ねていた両親が彼らに殺されたので、この出来事がおこったと言われています。

3節と4節は、王国の北にあるダマスコ以北を支配していたツォバの王ハダドエゼルを打った記録です。ダビデは、当時の強力な武器だった戦車用の馬を使えなくしました。

5節以降でダビデは、ダマスコを首都としてツォバと軍事同盟を結んでいたアラムの国も征服しています。彼はここに守備隊をおき、貢ぎ物を納めさせました。また、ツォバからは金の小盾や青銅の武器などを奪い取ったのです。

9節からは、ツォバの北にあるハマテを支配していた王トイから、ダビデ王のもとに、多数の金、銀、青銅の器が届いたことを述べます。ツォバを破ってくれたことの感謝の表明でした。ダビデは、その他の国々から取った貴金属もみな聖別して、主の宮の建設のために備えていたようです。

13節と14節は、王国の南で勢力をもっていたエドム人の征服の記録です。ダビデはここにも守備隊をおき、エドムを支配下におさめます。主が与えられた勝利でした。

最後の15節以降には、ダビデを支えた人々の名が列挙されています。軍事面のみならず、行政面では王の命令を民に伝える史官、宗教面での祭司、法律面での書記に、有能な人々を活用しました。ダビデの息子は祭司と言われています。

6節と14節に、「主は、ダビデの行く先々で、彼に勝利を与えられた」と書かれていることに注目してください。本章に述べられているダビデ王国の発展は、すべて主が与えられたことでした。それを忘れずに謙遜に歩んでいる限り王国は安泰ですが、もし高慢になるなら恐ろしい結果が待ち受けています。私たちも、今の幸いは主が与えてくださったものだと、はっきり認めることが大切なのです。

主よ。私が自分の能力や才能で今の生活を築きあげたと思うことがないよう、常に謙遜に歩ませてください。

9章

第二サムエルは、この9章からどろどろとした王位継承の問題を描き始めます。王国が確立するとすぐにこの問題が出てくるところに、王政の重大な危険性が潜んでいるのです。今日の章には、ヨナタンとの約束を守るという美しい面が見られると同時に、その背後にただよう権力争いの臭いも感じとれることに注意ください。8節で前後に分けてみましょう。

前半部分では、ヨナタンにメフィボシェテという足の不自由な息子がいたことが、サウル家のしもべだったツィバという人物によって明らかにされています。この当時、メフィボシェテにはミカという小さな子どもがいたので、年令は二十歳代だったでしょう。ヨナタンの戦死時、メフィボシェテは五歳だったことが4章に記されていますから、二十年ほどたって初めて、ダビデはヨナタンとの約束を思い出したのです。

メフィボシェテは、サウル王家の本拠地だったと思われるマハナイムの近くのロ・デバルという町で、マキルという人にかくまわれていました。ダビデ王はメフィボシェテを王宮に招き、サウル王の地所を返した上で、彼の生活を生涯支えたいと申し出たのです。彼は非常に感動しました。

9節からの後半部では、ダビデがツィバに、メフィボシェテを支えるよう命じたことが記されています。サウル王に属していた地所はエルサレムの北数キロのギブアの町にあったので、そこに大家族だったツィバの一家を移住させ、自分たち一家とメフィボシェテ一族の生活を守らせようとしたのです。ただしメフィボシェテは、王宮に住ませました。

これは、批判的に考えると、サウル王家の封じこみ作戦ともとれます。恩を与えると同時に、ダビデの目の届くところに彼らを置いたのです。彼らの態度は、16章以降でダビデが王宮から追放されるときに、微妙に変化します。

王の権力というものは、一度それを手に入れると、なかなか放しがたいものです。ダビデでさえそうでした。そのような権力欲というものが、これからのダビデの方向を誤らせる原因の一つとなったことを忘れてはなりません。現代の私たちにも同じ問題があります。自分の今の生活や名誉や立場を守ろうとする心は、主の御旨を理解する妨げとなるのです。どうか十分に注意してください。

主よ。網を捨てて主イエスに従ったあの弟子たちのように、あなたを第一とする者とさせてください。

10章

　第二サムエル10章は、8章の続きと言えます。ダビデ王国の東側にあったもう一つの国、アンモンとの戦いが記されているからです。5節と14節で区切ってみましょう。

　第一の部分は、この戦いのきっかけとなった事件です。アンモンの国の前の王ナハシュは、ダビデと友好関係にありました。でも王位を継承した息子のハヌンは、部下の愚かな助言によって、その友好関係をぶちこわすような行動をとったのです。父王ナハシュが死んだとき、悔やみを言うためにダビデが遣わした使者をスパイと断定し、彼らを辱めたうえで送り返すという愚行でした。使者は余りに恥ずかしくて、王のもとにも帰れません。ダビデ王が怒ったのは当然です。

　6節からの第二部分には、戦いの様子が詳しく記されています。アンモン人はダビデ軍が強いことを知っていました。そこで、すでにダビデ軍との戦闘経験があるアラムの国から兵隊を三万三千人も雇い、ダビデ軍をはさみ打ちにする戦略をたてたのです。しかしダビデ軍の指揮者、ヨアブとアビシャイの兄弟は軍を二手に分け、「主が、御目にかなうことをされる」と信じ、全力を尽くして戦いました。雇われ兵にすぎないアラム軍はすぐに逃げ出します。それを見たアンモン人もおじけづいてラバの町に逃げ込んだのです。持久戦の準備がなかったためか、ダビデ軍はいったん引き上げました。

　15節以降の第三部分は、アラム人がツォバの王ハダドエゼルと連合して、再度ダビデ軍に戦いを挑んできたことを述べています。ハダドエゼルは8章でダビデ軍に負けているのですが、雪辱を果たそうとしたのでしょう。しかし全イスラエルを結集したダビデ軍には、とても歯がたちません。多数の戦車兵と騎兵を殺された彼らは、イスラエルと和を講じ、それ以後アンモン人を助けることをやめました。

　8章でも、また今日の10章でも、ダビデ軍は向かうところ敵なしの強さを発揮しています。ダビデも勇敢でしたが、ヨアブとアビシャイという有能な指揮官が軍を率いていたからでもあるでしょう。でも、物事が順調に進んでいるときこそ、サタンのつけこむすきが生まれてきます。私たちも注意しましょう。順調な時こそ、主のみこころを真剣に求めて、みことばに従う毎日をおくることが大切なのです。

　主よ。サタンにつけこまれないように、私を守ってください。私はひたすら、みことばに従って歩みます。

11章

第二サムエル11章は、ダビデ王の三つの罪を赤裸々に描いています。5節と13節で区切ってみましょう。

第一は「安楽を求める罪」です。前の章で述べられていたアンモン人との戦いは持久戦になり、装備を整えたイスラエル軍は再びラバに向かって出陣しました。ところがダビデは王宮に残り、昼寝までした上に、一人の女性が水浴びをしている姿を見てしまいます。王は多くの妻やそばめを持っていたにもかかわらず、この女性バテ・シェバを王宮に召し寄せ、一晩をともに過ごすのです。ここには、勇敢に敵と戦う昔のダビデの姿はもはやありません。そして数か月後、この女性から「子を宿しました」という知らせを受け取りました。

第二は「偽善を行う罪」です。ダビデはこの姦淫の事実を隠すため、バテ・シェバの夫ウリヤの功労にほうびを与えるという口実で、彼を戦場から呼び戻します。そして部下のことをよく考えている寛大な王のような顔をして、彼を自分の家に帰らせ、妻と寝させようとたくらんだのです。しかしウリヤは、どんなに強く家に帰るように勧めても、決してそうしようとはしませんでした。ウリヤはダビデよりずっと忠実に、神と人との前を歩んでいたのです。

第三は「殺人を計る罪」です。先の計画が失敗におわったため、ダビデは次の計画に着手します。「戦いの時、ウリヤ一人を残して退却せよ」と将軍ヨアブに命じる手紙を、ウリヤ自身に持たせたのです。何と残酷なことでしょうか。ヨアブは指揮官として到底このようなことはできません。でも王の命令は無視できないので、激戦地にウリヤを送り込み、彼が名誉の戦死を遂げるようにしました。ダビデはこの報告を聞き、ほくそえんだことでしょう。そして戦争未亡人を引き取るという名目で、バテ・シェバを妻としたのです。

新約聖書のヤコブ書には、「欲がはらんで罪を生み、罪が熟して死を生みます」と記されていますが、まさにその通りのことをダビデはしました。権力を握ったダビデ王は、ここで自分が神であるかのように勝手にふるまっています。現代の私たちも気をつけねばなりません。罪の誘惑が来ることは避けられないでしょう。しかし早い内にそれを悔い改めないなら、恐ろしい結果になってしまうのです。

主よ。みことばによって罪を示された時に、素直に悔い改めて罪から離れる従順な者とさせてください。

12章

第二サムエル12章は、25節で前後に分けられます。

まず前半には、前の章でダビデが犯した姦淫罪と殺人罪に対して、主なる神が正当なさばきをくだされたことが記されています。14節と23節で区切って学んでみましょう。

第一の部分は、7章でも登場した預言者ナタンが、ダビデ王のところにやってきて、たとえ話をするところから始まっています。多くの羊を持っている金持ちが、貧しい人のたった一匹の羊を奪い取ったたとえ話を聞いて、ダビデは激怒しました。するとナタンは、「あなたがその男です」と真正面から指摘し、今後ダビデの家から剣が離れないことと、彼の妻たちが辱められることを告げたのです。でもダビデは自分の罪を正直に認めたゆえに、赦罪の宣告も受けました。

15節からの第二部分は、主のさばきとして、バテ・シェバの産んだ男の子が病気で死んだことが述べられています。姦淫の結果として生まれた子とはいえ、ダビデにとっては愛らしい息子でした。ですからその子が病気になったとき、彼は断食して主のあわれみを祈り求めたのです。この祈りは聞きとげられませんでしたが、息子が死んだと告げられたダビデは、それを主のさばきとして冷静に受け入れました。

24節からの第三部分は、主のあわれみを示しています。主はバテ・シェバに次の子ソロモンを授けられ、彼はナタンによって「主に愛された者」と名づけられたのです。

さて、26節からの後半部には、11章の冒頭に記されていたアンモン人との戦いの結果が述べられています。ここでも主は大いなるあわれみを示され、将軍ヨアブはラバの町を攻め取ることができました。しかも彼はその勝利の栄光をダビデ王に帰するために、王を戦場に招いたのです。王は多くの分捕り物と有能な人々をエルサレムに持ち帰りました。

あれだけ大きな罪を犯したダビデさえも赦し、これだけの祝福を与えてくださる主は、何と寛大な方なのでしょうか。しかし、ダビデはこれ以後、自分のまいたものを刈り取らねばならないことは、次第に明らかになってきます。今でも同じことが言えるでしょう。心から悔い改めるなら、確かに罪は赦され、祝福も与えられます。しかし罪を犯さないで毎日過ごすことのほうが、もっともっと幸いなのです。

主よ。私が罪を犯さないように守ってください。しかし万が一罪を犯したなら、私はそれをすぐに悔い改めます。

13章

第二サムエル13章は、ダビデの長男アムノンが暗殺された事件を述べています。22節で前後に分けましょう。

前半は、この暗殺事件を引き起こす背景となった三つの出来事です。最初は、アムノンが腹違いの妹のタマルに恋心を抱いたところから始まります。彼は、これがイスラエルの律法では許されないことを知って、あきらめるべきでした。

しかし、彼はいとこのヨナダブの悪知恵を聞きいれ、無理矢理にタマルと関係をもってしまいます。しかもその直後には、彼女を部屋から追い出したのです。タマルのほうから誘惑したかのように見せ掛けるためだったのでしょうか。

このことは当然の結果を生みます。彼女本人が深く傷ついたのみならず、彼女の実の兄であるダビデの三男アブサロムにも、アムノンに対する激しい憎しみが生じたのです。この憎しみの背後には、王位継承の第一番目になっている長男アムノンに対するねたみもあったことでしょう。

23節からの後半部分には、暗殺事件の経緯が三つの場面によって描かれています。タマル事件から二年後、暗殺計画を実行する機会が来ました。アブサロムは羊の毛の刈り取りをする祝いの席に王子たちを招き、部下にアムノン暗殺を命じたのです。彼の計画はまんまと成功しました。

次の場面は、その知らせを聞いたダビデの描写です。王子みなが殺されたとの誤報がはいったとき、悪知恵を吹き込んだあのヨナダブは冷静にそれを訂正します。それに比べて、ダビデは感情的にこの悲惨な出来事を嘆くだけでした。

最後に、当然予想される場面が述べられています。アブサロムは、自分の母が生まれた家に逃げ込みました。３章で記されていたように、アブサロムの母親は、イスラエルの北東にある外国の王女であったことを思い出してください。

アブサロムがこのような殺人事件をおこしたことは、タマルの事件が直接の引き金になったとはいえ、ある程度予想できることでした。母親の違う多くの息子たちがいる以上、王位継承の争いは避けて通れない問題だからです。「ダビデの家に剣が離れない」というナタンの預言は、もうすでにここに成就しています。「罪の報酬は死です」というみことばを、私たちは決して忘れてはなりません。

主よ。罪の結果の恐ろしさを知らされます。どうか、どんな罪にも陥ることがないよう、私を守ってください。

14章

第二サムエル14章以下の六つの章には、アブサロムが父のダビデ王に対しておこした反乱事件が記されています。14章は、ゲシュルに逃亡していたアブサロムが帰国することになった経緯です。24節で前後に分けましょう。

まず前半で、ダビデ王はアブサロムの帰国を許す決断をしますが、この決断の背後には、将軍ヨアブの指図がありました。彼は、故郷の近くの町テコアに住む知恵ある女性に頼み込み、ダビデ王のもとに架空の事件を持ってこさせます。彼女は「自分の息子たちがけんかをして、一人が他の一人を殺したために、生き残った息子も処罰されようとしている。このままだと、自分の家は断絶してしまう。何とかしてほしい」と願い出ました。ヨアブは、12章で預言者ナタンが用いた同じ方法で、ダビデ王を説得しようとしたのです。

王はヨアブの助言に従いましたが、本心ではアブサロムを赦せず、彼に会おうとはしませんでした。実に中途半端です。もし、自分の罪が赦された時のように、アブサロムを真の悔い改めに導き、神からの明確な赦しの宣言を与えていたなら、これ以後の悲劇は防げたのかもしれません。

25節からの後半部には、帰国したアブサロムの心に不満が鬱積していく有様を描いています。彼は有能でハンサムな活動家で、立派な家庭もありました。でも自分の家から一歩も外に出ることは許されていませんでした。それが二年間も続いたのですから、彼のストレスは相当なものだったでしょう。将軍ヨアブと今後のことを話したいと思っても、彼自身は外に出ることはできません。そこでヨアブの畑に火を放つという異常な行動までして、ヨアブを彼の家に来させます。ヨアブと話し合った結果、ダビデ王に会見はできましたが、形式的なあいさつだけで終わってしまったのです。

13章で、アブサロムがアムノンを殺したとき、ダビデ王は父親として、それぞれの罪を明確に認めさせることが必要でした。しかしアブサロムは、その時もまた今日の32節でも、まだ自分の咎を認めていません。自分の咎や罪を認めないなら、事態は悪化する一方です。今日の私たちも、罪を認めて悔い改めることこそ、本当の解決の道であることを知らなければなりません。

主よ。私は自分の罪を認め、それを悔い改めます。そして赦された喜びをもって日々を歩んでいきます。

15章

第二サムエル15章は、いよいよアブサロムが反乱をおこす場面です。6節と12節で区切ってみましょう。

自由を得たアブサロムは、第一の部分で、ダビデ王の政治に不満を持つ人々の心を自分になびかせています。王の住むエルサレムはイスラエルの国の南部にありましたから、交通の便が良かったとはいえ、北方の諸部族の意見は無視されがちだったようです。アブサロムは四年の間、不満を持つ人々の意見を聞いて、自分の方に心を向けさせました。

7節からの第二部分は、時満ちたと判断したアブサロムが口実をもうけてヘブロンへ行き、そこで王になる宣言をしたことを記しています。ヘブロンは昔の首都でしたが、エルサレム遷都以降はさびれる一方だったので、アブサロムはそこの回復を約束していたのかもしれません。各部族の有力者二百名も、詳細を知らずにその場に招かれていました。

13節からの第三部分には、この知らせを聞いたダビデ王がすぐにエルサレムを退却したことが述べられます。王がこれほど簡単に退却したのには三つ程の理由がありました。

一つ目は、エルサレムを戦場にしたくなかったからです。人々が内乱の犠牲となるのを防ぎたかったのでしょう。

二つ目は、この反乱は長くは続かないことを予知していたからだと思われます。ダビデは十人のそばめを王宮に残し、また一旦かつぎ出された神の箱をもとに戻しました。ダビデには、「主は、私を連れ戻してくださる」という確信があったからです。ダビデは、主にすべてを委ねていました。

三つ目は、強力な味方がいたからです。昔からの親衛隊、亡命中のガテ人イタイとその兵隊、また祭司たちが、王と行動を共にしました。王は、祭司や長老のフシャイに、その職にとどまって情報を流すように依頼できたほどです。

この時、ダビデ王は「今や剣は、とこしえまでもあなたの家から離れない」というナタンの預言を思い出していたに違いありません。自分の犯した罪のゆえに、このような事態になったことを、王は十分承知していました。そして、すべてを主の手に委ねたのです。私たちにも、このような信仰が必要ではないでしょうか。どんな試練の中でも主を信じる姿勢があるなら、助けは必ず与えられます。

主よ。自分の罪のゆえに苦難があったとしても、主を信じ続けるなら、主の助けがあることを私は確信します。

16章

第二サムエル16章は、都落ちしていく哀れなダビデ王の周辺と、都でふんぞりかえるアブサロムの周辺が対照的に描かれています。14節で前後に区切ってみましょう。

まず前半部分には、ダビデ王に対して正反対の態度をとった二人の人物が登場しています。一人はツィバです。すでに9章で学んだように、彼は昔サウルのしもべでしたが、このときはダビデに召し抱えられて、サウルの孫メフィボシェテの世話をしていました。彼は、都落ちするダビデの一行のために、多くの食糧と二頭のろばを持ってきました。誠実に見えますね。でも、メフィボシェテが「父の王国を私に返してくれる」と言ったという話は、注意深く聞かねばなりません。もしこれがうそなら、彼の誠実さが疑われます。

もう一人の登場人物はシムイです。彼もサウル王の関係者でした。彼はダビデとその一行に激しいのろいのことばを吐きながら、彼らのそばを歩いていたのです。でもダビデは、主が彼にのろわせられているのだと受けとめ、主がのろいに代えてしあわせを与えてくださることを祈り求めました。

さて15節からの後半部には、アブサロムの回りにいた二人の人物が登場しています。一人は長老フシャイで、ダビデの助言者でした。アブサロムの動静をダビデに知らせる役目を果たすために、あえて王宮に残っていたのです。アブサロムは少し不審に思ったのですが、王の子に仕えるのは当然だという言葉にうなずいて、彼を相談役にしました。

もう一人の相談役がアヒトフェルでした。彼も昔はダビデの相談役でしたが、反乱計画の最初からアブサロムに味方していたのです。彼は、ダビデの残した十人のそばめと関係をもつように進言しました。これは、ダビデ王に代わって王となったことを人々に公言する行為だったからです。

かくして、12章でナタンが預言したもう一つのダビデへのさばきが実現しました。彼は密かに姦淫の罪を犯しましたが、彼のそばめは白昼公然とはずかしめを受けることになったのです。ダビデの罪は確かに赦されました。でも、罪の償いはしなければなりませんでした。私たちも、罪を犯さないように警戒せねばなりません。罪を犯すことは、結局自分も回りの人々も苦しめることになるからです。

主よ。罪を犯しやすい愚かな私です。どうかあなたが共にいて、罪を犯すことのないように私を守ってください。

17章

第二サムエル17章には、ダビデ王の一行を追撃しようとするアブサロムの戦略決定の経緯が記録されています。４節、15節、23節で四つに区切って学んでみましょう。

第一の部分はアヒトフェルの戦略です。彼自ら一万二千人の兵を率いて出陣し、まだ戦闘準備が整っていないダビデの一行を襲って、王を殺すという計画でした。アブサロムも彼を支持する長老たちも、最初はこれに賛成しました。

しかし5節からの第二部分には、フシャイの考えも求められています。彼は、皆に気づかれないようにダビデを助ける戦略を示さねばなりません。そこでダビデの軍隊の強さを彼らに思い出させ、三つの点でアブサロムの自尊心をくすぐる大計画を示したのです。一つ目は全イスラエルから大軍勢を編成すること、二つ目はアブサロム自身がその頂点に立って指揮をすること、三つ目はダビデ軍を一網打尽にすることです。自己顕示欲の強かったアブサロムは、すぐにこの戦略に乗り換えます。これは主の計画されたとおりでした。

15節からの第三部分は、フシャイがダビデに使者を遣わす場面です。これはアブサロム側に知られてはならないことなので注意深く進められましたが、それでも秘密がもれ、使者は危うく捕えられそうになります。けれど、名もない一人の婦人の機転によって使者は無事にダビデの陣営に着き、ダビデの一行に急いでヨルダン川を渡るように告げます。一方、アヒトフェルはアブサロムの余りの愚かさに失望したのでしょうか。自分の家に帰って自殺してしまいました。

24節以降の最後の部分は、ダビデ軍とアブサロム軍の戦闘準備について述べています。マハナイムに陣営を置いたダビデ軍のもとには、その近辺の有力者たちから好意に満ちた食糧が届けられ、万全の体制が整えられたのです。

このように見てくると、たとい数は少なくても主が味方しておられるダビデ軍と、主の御心にかなわないアブサロム軍の違いは明らかです。次の章を読まなくても、戦いの結果は容易に推測できるでしょう。「神が私たちの味方であるなら、だれが私たちに敵対できるでしょう」とのみことばを思い出します。私たちは今日、主が味方であることを確信し、勇気をもって困難に向かっていこうではありませんか。

主よ。あなたが私の味方であることを感謝します。今日も私はあなたとともに歩んでいきます。

18章

第二サムエル18章は、ダビデとアブサロムとの戦いを記録しています。5節と18節で区切ってみましょう。

第一の部分でダビデ王は、この戦いに臨んで、幾つかの指示を出します。まず軍を三つに分けて三人の指揮官に委ね、その下に千人隊の長、百人隊の長を置きました。ここから、ダビデの軍勢は少なくとも三千人はいたと推測できますね。次に、自分も戦いに出たいと願いますが、これは部下によって諌められました。最後に王は出陣する兵たちに、「アブサロムをゆるやかに扱ってくれ」と命じたのです。

6節からの第二部分には、戦いの経緯が詳しく描かれています。戦場は「エフライムの森」と6節にありますが、きっとヨルダン川の東のギレアデ地方がそう呼ばれていたのでしょう。アブサロム軍は、経験豊富なダビデ軍に打ち負かされ、二万人の戦死者がでました。アブサロム自身もダビデの家来に囲まれ、あわてて逃げようとしたときに、自慢の長い髪の毛が木の枝にひっかかって、宙づりになってしまったのです。でもダビデ王の命令を知っている兵隊は彼に手をかけずに、将軍ヨアブに連絡します。ヨアブは躊躇なく彼を殺し、その死体を森にあった穴に葬りました。アブサロムが生きている限り、国は安定しないと思ったのでしょう。

19節以降の第三部分は、この知らせがダビデ王にもたらされたときの状況です。ヨアブは足の速いクシュ人の兵を王に遣わしますが、祭司ツァドクの子アヒアマツも、ヨアブに止められたにもかかわらず、近道を走って王のもとに駆けつけました。アブサロム戦死の報を聞いた王がどうなるか、心配だったからでしょう。案の定、ダビデはひどく嘆き悲しみます。それは、アブサロムを深く愛するゆえなのでしょうが、王であるならもう少し冷静に対処すべきでした。

アブサロムが自慢の髪の毛で一命を失ったことは、非常に象徴的です。「神は高ぶる者には敵対し、へりくだった者には恵みを与える」という聖句は、古今東西共通の真理でしょう。アブサロムを滅ぼされたのは、神ご自身でした。ダビデも、そして現在の私たちも、この真理を忘れてはなりません。そして常にへりくだって歩むことが大切なのです。あなたは、何かを誇りとはしていないでしょうか。

主よ。自分の能力を誇りに思いがちな私を赦してください。今日私は、謙遜に神と人に仕えて生きていきます。

19章

第二サムエル19章は、アブサロムの反乱が鎮圧された後の出来事を淡々と述べています。8節、15節、23節、30節、41節で六つの部分に分けてみましょう。

第一の部分で将軍ヨアブは、反乱軍と戦った家来たちの気持ちを代弁して、ダビデ王に進言しています。「いつまでもアブサロムの死を悲しんでいるなら、家来たちの気持ちが離れますよ」と聞いて、ダビデは気を取り直しました。

9節からの第二部分は、アブサロム側に立っていた民がダビデ王を迎える気持ちになってきたことを述べています。王も、自分の出身地であるユダ部族の人々や、反乱軍の将軍のアマサを自分の味方にしようと、画策していますね。

16節からの第三部分には、ダビデ王の都落ちの時に王をのろったシムイが、手のひらを返すように、王を迎えに出たことが記されています。彼がベニヤミン族千人を引き連れてきたことは、再統一を願うダビデの望むところでした。

24節からの第四部分で、メフィボシェテも王を迎えに出ています。そして王の都落ちの時に家来のツィバが言ったことはうそであり、自分は王の無事を祈っていたと弁明するのです。ダビデもそれを理解し、土地の半分を返しました。

31節からは第五部分です。ここは、マハナイムに逃げていたダビデ王を支えたバルジライについて述べています。王は彼を王宮に迎えたいと申し出ましたが、老齢の彼はそれを断り、息子のキムハムを自分の代わりとしたのです。

以上の部分だけを読むと、ダビデの王権が順調に復活してきたように見えます。でも41節以降の最後の部分は、シメオン族を含むユダ部族とその他の十の部族の間に、主導権争いがあったことを記しています。ユダ族が、他の十部族を差し置いて、先に王を迎えたことがきっかけでした。

この章には、反乱は一応おさまったものの、登場する多くの人々が自分たちの利益を追い求めている醜い姿が、赤裸々に記されています。信仰深いはずのダビデ王も、ここでは祈り一つしていません。ただ28節で、メフィボシェテが王の憐れみを感謝している姿は、一条の光のように思われます。私たちはどうでしょうか。自分の利益を追い求めているか、主の憐れみを感謝しているか。これは大きな違いです。

主よ。自分の利益を求める祈りではなく、あなたの恵みを感謝する祈りができるように、私を育ててください。

20章

第二サムエル20章は、シェバという人物の反乱を描いています。3節、13節、22節で区切ってみましょう。

第一の部分は反乱の背景です。前の章の事件でもわかるように、ヘブロンでダビデが即位して以来、ユダ部族とその他の十部族との間には意見の食違いが目立つようになってきました。今回の反乱も、前の王サウルと同じベニヤミン部族出身のシェバが、エッサイの子ダビデの属するユダ族が主導権を握るのを嫌って起こしたと言えるでしょう。また、アブサロムに辱められた十人のそばめを冷遇するほど、王の行動が独善的になってきたことも、大きな問題でした。

4節からの第二部分は、シェバと戦うべきダビデの軍隊の中にも、大きな混乱があったことを述べています。この時、ダビデ王はアブサロムを殺したヨアブを罷免し、アブサロム軍の指揮官だったアマサを将軍にしていました。でもアマサは、ユダ族さえも掌握できなかったのです。事態を憂えたヨアブはアマサを暗殺し、王に信任されていた兄弟のアビシャイと一緒にシェバを追撃することになりました。

14節からの第三部分は、シェバが逃げ込んだイスラエル北方のアベル・ベテ・マアカという町での出来事を記しています。シェバは自分の正当性を説明しながら国を縦断し、賛同者を率いてこの町にたてこもったのです。しかし一人の知恵ある女の助言によって、ヨアブは一般住民に害を与えることなくシェバの首を手に入れることができました。権力争いにより多くの犠牲者が出る中で、これは不幸中の幸いでした。

23節以降の最後の部分は、この時期のダビデを支えた人々の名前の一覧です。8章にある初期の一覧と比べると、役務長官という役職が新設されています。王権は、人民を強制労働に駆り立てるほど強大になっていたのでしょうか。

サムエルによって預言されていたように、王政は次々と大きな問題を生み出してきました。イスラエルの歴史に残るあの信仰深いダビデが王であった時でさえ、このような状態なのですから、将来はいったいどうなることでしょうか。現代もそうです。神が王であることを認めないなら、どんな政治体制も腐敗してしまいます。私たち個人も、主イエスを王として心に迎えないなら、すぐ罪を犯してしまうのです。

主よ。自分が王になりやすい私です。どうか主イエスを常に見上げ、御心を悟って歩む者とさせてください。

21章

第二サムエル21章から巻末までの四つの章は、いわば付録の部分で、ダビデの時代におこった六つの出来事を記録しています。今日の21章は14節で二分できるでしょう。

前半は、サウルの子孫が処刑された事件です。ある時、三年間連続してききんがおこりました。主はダビデの祈りに答えて、「サウルがギブオン人を殺戮した罪のゆえだ」と仰せられたというのです。ヨシュア記9章に書かれているように、イスラエル人はカナンの先住民のギブオン人を保護する契約を結んでいたのに、なぜかわかりませんが、サウルは彼らの多くを殺していました。そこでサウルの子孫七人が生き残ったギブオン人に引き渡され、彼らは処刑されたのです。

処刑された者の母の一人であったリツパは、七人の遺体が鳥や獣によって害されないように、昼も夜もそのそばで守っていました。それを聞いたダビデはいたく感動し、七人の遺骨をサウルとその子ヨナタンの骨と一緒に、先祖の墓に葬ったのです。サウルの子孫を引き渡すことは、ダビデにとって非常につらい決断だったでしょう。特にヨナタンの子メフィボシェテの引き渡しは、どうしてもできませんでした。

さて15節からの後半部は、ダビデを助けた四人の家来の武勇伝です。まず今までも何度か登場したアビシャイは、ペリシテ人との戦いで疲れていたダビデを助けて、巨人イシュビ・ベノブを殺しました。これがきっかけで、彼や他の家来たちは、ダビデが戦争に出ないように進言したのです。

このアビシャイ以外にも、二人目としてシベカイ、三人目はエルハナン、四人目はダビデのおいにあたるヨナタンの名前が挙げられています。彼らはみんな、「ラファ」と呼ばれていたペリシテ人の巨人を打ち倒しました。このような勇敢な家来をもったダビデは、何と幸せな王でしょうか。

この章には、サウル一家の不幸とダビデの幸福とが対照的に描かれています。これは結局、主のことばに従ったか、従わなかったかの違いと言えるでしょう。ダビデも罪を犯しましたが、ナタンの指摘によってその罪を心から悔い改めました。その後の様々な試練の中でも主のみこころを伺い、それに従ったのです。現代の私たちも、みことばに従う時こそ、本当の幸福が与えられることを忘れてはなりません。

主よ。私は、全力を尽くしてあなたのみことばに従って生きていきます。弱い私を助けてください。

22章

第二サムエル22章は、ダビデの作った「喜びの歌」で、詩篇18篇にもほとんど同じ形で収録されています。4節、20節、31節、46節で五つに分けてみましょう。

第一の部分から、この歌の主題は明らかですね。それは、自分を敵から救ってくださった偉大な主への賛美です。

5節からの第二部分は、まず主の偉大さを様々な比喩的表現で描いています。ダビデが死に直面したとき、主は天を押し曲げて降りて来られ、出エジプトの時になされたような驚くべき方法で彼を敵の手から救ってくださいました。これは、文字通りの出来事がおこったことを意味してはいません。あくまでも詩的表現です。重要なのは、偉大な主がダビデを喜びとされ、救ってくださったという事実です。

21節からの第三部分は、この偉大な主とダビデとの親しい関係の記述です。ダビデ自身がきよく生きたゆえに、主は報いてくださったことが歌われています。彼は、バテ・シェバ事件を見てもわかるように、決して罪がなかったわけではありません。しかし主は彼の心の闇を照らし、純粋な主のみことばによって彼を導かれました。高ぶった彼が低くされ、謙遜に求める者となったゆえに祝福されたのです。

32節からは第四部分で、ダビデが敵に打ち勝つことができたのは主の力のゆえであることを、力強く歌っています。主はダビデに力を帯びさせ、敵が彼に背を見せるようにされました。敵が叫んでも主は彼らを救われません。周辺諸国との戦いにおいてもダビデを助け出し、彼らがダビデに仕えるようにされました。これらはすべて主のみわざです。

47節以降は、この歌をまとめる感謝と頌栄の部分です。ダビデは主が生きておられることを証しし、国々の中で主をほめ歌います。主はとこしえにダビデを恵まれるのです。

ダビデの生涯を描く本書の末尾にこの歌が置かれているのは、決して偶然ではありません。ダビデの表も裏もありのまま記した後に、主がどれほど憐れみ深い方かを、ダビデ自身の口を通して語らせるのです。私たちの生涯も同じではないでしょうか。過去には、主のみことばに従わなかった時もあったでしょう。それでも主は私たちを愛しておられます。この偉大な主を、私たちもほめ歌おうではありませんか。

主よ。こんな罪深い私でさえ愛し、祝福をもって導いてくださっていることを、心より感謝します。

23章

第二サムエル23章は、7節で前後に分けられます。

前半はダビデの遺言の歌と言えるものです。すでにヤコブは創世記49章で、モーセは申命記33章で、遺言的な歌を残しており、その内容は将来の預言でした。ダビデの歌にも二つのことが預言されています。その一つは、「義をもって人を治める者」が朝の光のように来られることです。これはメシアである救い主のことを意味していると、多くの学者は解釈しています。もう一つは、主との契約のゆえに自分の子孫は守られるが、よこしまな者は焼き尽くされることです。ダビデは、最後まで主の約束を信じ続けた人でした。

8節からの後半部には、21章よりもっと詳しくダビデ軍の勇士が紹介されています。まず、「三勇士」と呼ばれていたヨシェブ・バシェベテとエルアザルとシャンマが挙げられ、彼らの武勇伝が述べられます。特に、彼らがダビデの望みをかなえようと、ペリシテ人の陣営を突き抜けてベツレヘムの井戸から水を汲んできた物語は、彼らの忠誠心を示す美談としてイスラエル人の間で語り伝えられていたのでしょう。

ヨアブの兄弟アビシャイは三十人の兵士のかしらでした。彼も有名でしたが、あの三勇士には及びませんでした。

ベナヤは、8章と20章でダビデを支えた人々の一覧の中にもあったように、ダビデを護衛する親衛隊の長でした。

24節以降には、さらに三十人の勇士の名前が列挙されています。「何々人」とは出身地を表しているので、前半に挙げられているのは、ダビデと同じユダ部族の人々が多いことがわかるでしょう。でも後半になれば外国出身の人々も出てきます。最後に挙げられているウリヤは、ダビデが策略によって殺した人物でした。後の時代の人々は、この一覧を読むたびにダビデ王の罪を思い出したに違いありません。

この章を読むと、ダビデ王はイスラエル王国の基礎を築いた偉大な人物でしたが、国は彼一人の力でできたものでなかったことがわかります。それは何よりも、主の約束に基づくものでした。さらに、多くの勇士たちが彼を支えたことも明らかです。私たちもこの事実を忘れてはなりません。私たちの毎日は主の恵みのゆえであり、また多くの人々に支えられていることを知るなら、感謝があふれてくるでしょう。

主よ。あなたの恵みと多くの人々の好意が、この弱い私を支えていることを覚え、心から感謝します。

24章

第二サムエル24章には、王が罪を犯した結果、イスラエルの民が災いにあう事件が書かれています。21章前半の記事とよく似ていますね。9節と17節で分けましょう。

第一の部分で、ダビデ王は将軍ヨアブに人口調査をするよう命じます。王は、国を強くするために兵隊や税金を取り立てようと、この調査を思い立ったのでしょう。これは、以前サムエルが心配していたことでした。後に学ぶ歴代誌は、サタンが働いてダビデ王にこの罪を犯させたと述べています。でもすべての背後に主のご計画がありました。ヨアブは、部下の将校とともに全土を行き巡り、十か月近くを費やして、北方イスラエルの十部族には八十万人、また南方ユダの二部族には五十万人の兵士がいることを調べあげたのです。

10節からの第二部分には、この罪に対する神のさばきが記されています。暫くの後、ダビデは自分のしたことが主の御心にかなわなかった事に気づき、すぐに悔い改めて主に祈ります。でも罪の償いはしなければなりません。主が遣わされた預言者ガドは三種類のさばきを示し、どれを選択するかを王に委ねます。王は疫病を選んだのですが、七万人もの罪なき民が死ぬのを見て、自分の身勝手さを悔い改めました。主も民を憐れみ、そのさばきを途中で終えられたのです。

18節以降の第三部分は、神の罰がこれ以上民に及ぶことがないように、ダビデ王が祭壇を築く記事です。王は、ガドの指示によって、アラウナという人が所有する脱穀のための打ち場を自費で買い求めました。ここは民を滅ぼす御使いが現れた場所で、エルサレムの一番高い所にあり、後に神殿が建てられることになる場所です。王はここに主のために祭壇を築き、いけにえをささげます。主は、この国のための王の祈りに心を動かされ、主の罰は終わりました。

この章からも、ダビデ王の弱さがわかります。人口調査は彼が高慢になった結果でした。でもそれを罪と認めたとき、すぐに悔い改めたことは、彼の本当の強さでした。さらに、民の苦しむ姿を見て再び悔い改めて主に祈り、犠牲を払って祭壇を築いたことも、彼の信仰を示しています。私たちも罪を犯す場合があるでしょう。しかしその時、このダビデのように単純に悔い改めることこそが、一番大切なのです。

主よ。私はすぐに罪を犯してしまう弱い者です。でも、罪に気がついたなら、私は素直に悔い改めます。

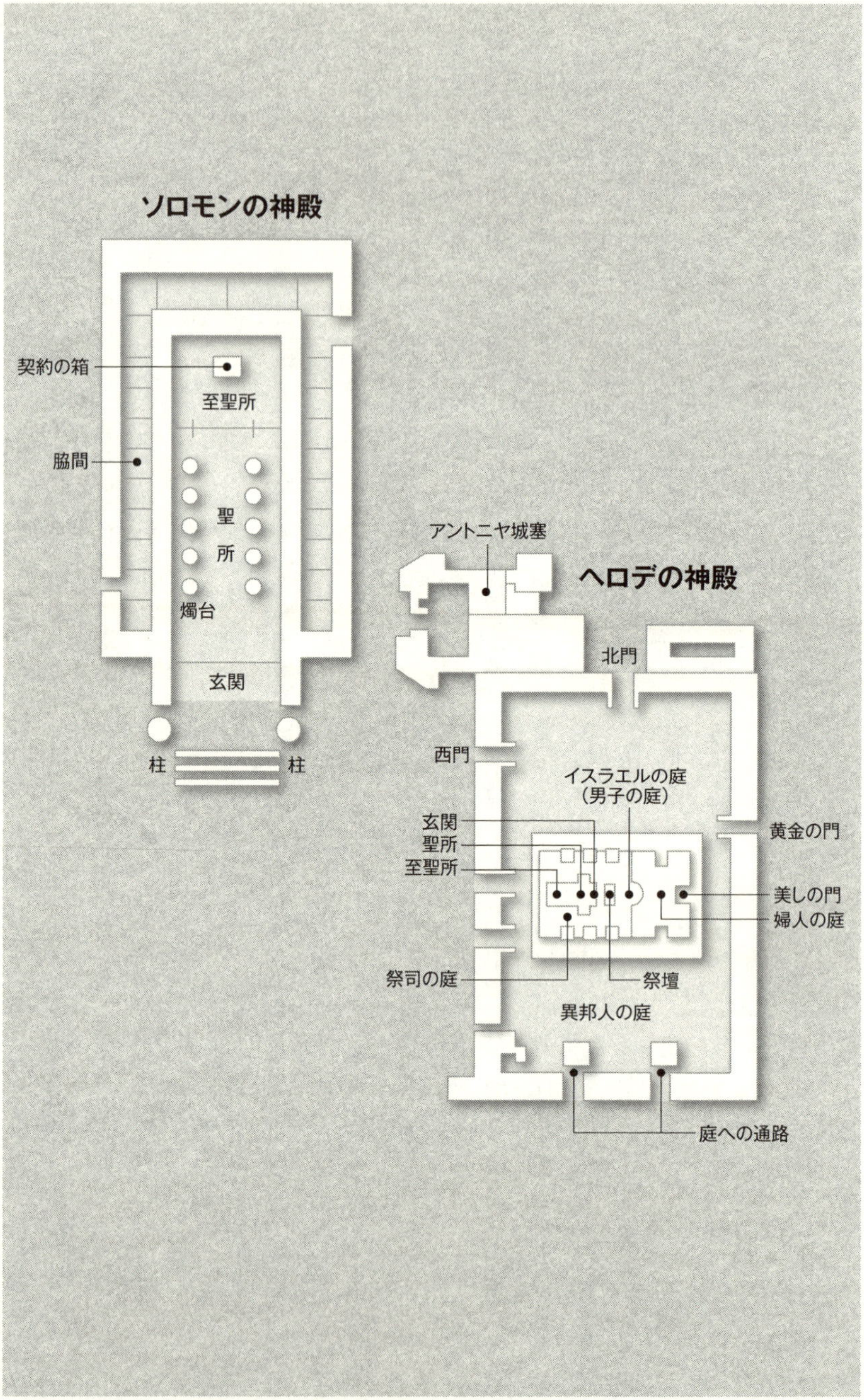
ソロモンの神殿
契約の箱
至聖所
脇間
聖
所
燭台
玄関
柱
柱
アントニヤ城塞
ヘロデの神殿
北門
西門
イスラエルの庭
（男子の庭）
黄金の門
玄関
聖所
至聖所
美しの門
婦人の庭
祭司の庭
祭壇
異邦人の庭
庭への通路

列王記 第一・第二 解説

サムエル記で紹介しましたリビング・バイブルは、この書を「王国衰亡記」と名付けています。ダビデ王の後継者、ソロモン王の時代には最も繁栄した王国が、時がたつにつれて衰えていき、ついに滅亡に至る歴史が描かれているからです。その根本の原因は王が神のことばに従わなかったからだと、列王記は手厳しく王を批判しています。

王権が強大だった時代にこのような批判ができ、またそれが記録されていることは、イスラエルが普通の国ではなかったことを示しています。列王記という名のこの書の主人公は、実は王ではなく、王に神のことばを語った預言者なのです。

＊　　＊

第一問　どんな預言者が登場するのですか。

有名なのはナタン、エリヤ、エリシャの三人です。特にエリヤとエリシャは、列王記第一と第二に含まれる全四十七章の三分の一以上となる十七の章に登場しています。

第二問　列王記の梗概を教えてください。

まず第一巻では、最初の十一の章にソロモン王の即位の経緯とその政治手腕が描かれています。12章からはソロモン王死後の王国分裂と、その後数代の南北両王国の王について述べ、17章からはエリヤが活躍した時代の出来事を記録しています。

第二巻になるとエリヤの死とその後継者エリシャの活動が10章までに書かれた後、南北両王国の状況と北王国の滅亡が17章までに記されます。18章からは、南王国の滅亡に至る経過が赤裸々に述べられています。

第三問　どのような時代に、南北両王国は滅亡したのでしょうか。

ダビデがエルサレムで即位したのが紀元前千年頃、そしてソロモンの死後におこった王国分裂は九三一年、北王国の滅亡は七二三年、南王国の滅亡は五八六年と推測されています。でも学者によって数年の違いがあります。

第四問　分裂後、両国には何人の王が即位しましたか。

北王国には約二百年間に十九人の王が出ましたが皆悪王で、その内八人が暗殺されました。南王国では三百五十年間に二十人の王が登場し、十二人が悪王でした。しかし八人の善王がいたことは、せめてもの慰めです。168頁の王名と治世期間の一覧表は、読み進むときに助けになると思います。

第五問　重要な王を何人かあげて説明してください。

まずソロモンについて見てみましょう。列王記は、ダビデの後継者争いの記事から始まっていますが、預言者ナタンの活躍によってソロモンが次の王になりました。彼はダビデのできなかった神殿建築を成し遂げます。神殿が完成した時の彼の祈りは、自分を低くし神に栄光を帰する立派なものでした（10章まで）。しかし、彼がめとった外国人の妻たちが彼の心を迷わし、偶像礼拝の罪を犯させました。神は、この罪のゆえに国を分裂に導かれたのです（11章）。

ソロモンの跡を継いだレハブアムは悪王第一号でした。彼は民の困窮を知りながら酷税を課し、その結果、ヤロブアムを王とする北部の十部族が独立しました。ヤロブアムは、南にあった神殿に対抗するため、北に金の子牛の偶像を造りました。彼以降の北王国の王は、みなこの偶像を礼拝したのです（12章）。

北王国の諸王の中で、最悪の王はアハブです。彼の時代に神は預言者エリヤを遣わされましたが、王は神に従おうとはしませんでした（17～21章）。

第二巻で活躍するエリシャも、神に背く北王国の諸王に遣わされたことを銘記しましょう。そして彼の死後七十年のうちに、北王国はアッシリア帝国に滅ぼされたのでした（第二の17章）。

南王国の善王は、アサ・ヨシャファテ・ヨアシュ・アマツヤ・ウジヤ・ヨタム・ヒゼキヤ・ヨシヤですが、その中でも特に良い王がヒゼキヤとヨシヤです。

ヒゼキヤは、アッシリヤが南王国を攻撃した時の王でした。彼は預言者イザヤのことばに従い、武力にも他国にも頼らず、主にのみ信頼しました。その結果、国は奇跡的に守られたのです（第二の19章）。

ヨシヤ王は、神殿で律法の書を発見し、それを読んで宗教改革を行いました。また女預言者フルダの助言があったことも記録されています（第二の22章）。しかし彼の後の王はこの律法に従わず、ヨシヤの死後二十年余りで、南王国はバビロニア帝国に滅ぼされてしまいました。

本書は善王について、「父祖ダビデのすべての道に歩み」と何度も書いています。サムエル記第二の7章で、主はダビデと契約を結び、「あなたの王座はとこしえまでも堅く立つ」と約束されたのは、ダビデの模範に従って歩むように、彼の後の王たちに教えるためだったのです。

現代の私たちも、主のことばに従うか否かが決定的に重要です。悪王にではなく、善王に倣う者となりましょう。

1章

今日から始まる列王記には、サムエル記に続いて、イスラエル王国の歴史が記されています。ソロモン王から始まり、王国分裂を経て、両王国が滅亡に至るまでの約四百年の歴史です。まず1章は、ソロモン王即位の背景を描いています。4節、10節、31節、40節で区切ってみましょう。

第一の部分からは、ダビデ王の衰弱ぶりがわかります。若い女性アビシャグが王の世話にあたりますが、王位継承の時が近づいていることを、だれもが感じていたでしょう。

5節からの第二部分は、このとき、ダビデ王の四男にあたるアドニヤが王になろうとしたことを記しています。彼は生存中の王子たちの中で最年長だったので、ダビデ王に不満を抱いていた前の将軍ヨアブと祭司エブヤタルの支援を得て、エルサレムのすぐ南にあるエン・ロゲルという泉のそばに多くの人々を招き、自分勝手に即位式を行なったのです。

11節からの第三部分では、それを聞いた預言者ナタンがバテ・シェバをダビデ王のもとに行かせ、「ソロモンに王位を継がせる」と王が誓ったことを確認させます。ナタンも王にアドニヤ即位事件を知らせて、王の決断を促しました。

32節からは、ソロモンの即位式を描く第四の部分です。祭司ツァドク、預言者ナタン、そして軍隊の長ベナヤらは、ソロモンを王の雌ろばに乗せ、エルサレムのすぐ東のギホンの泉のそばでソロモンに油を注ぎ、正式の即位式をします。集まった民は角笛を吹き、大声で歌って喜びました。

41節以降の最後の部分は、アドニヤたちの戸惑う様子を述べています。アドニヤに招かれていた人々も、どちらが正式な即位式かすぐわかり、帰途につきました。アドニヤも反乱罪のかどで処刑されないよう、あわてて祭壇の角につかまります。でもソロモンは寛容にも彼を帰宅させました。

以前のアブサロムも、この章のアドニヤも、外見が良くて人気があったようです。しかしそれで傲慢になり、自分こそ王になる資格があると考えて反乱をおこしました。主が王であることを忘れるなら、このような無益な争いがおこることを知らねばなりません。現在の私たちの回りでも、様々な権力争いがおこっているのではないでしょうか。謙遜になりましょう。そして主を本当の王としましょう。

主よ。権力を求めやすい愚かな私をお赦しください。私は仕えられる者にではなく、仕える者になります。

2章

第一列王2章には、ダビデの遺言に従って、ソロモンは王国を揺るがす可能性のある人々を処刑したことが記されています。12節と25節で三つの部分に分けてみましょう。

第一の部分はダビデの遺言です。彼はまず、昔モーセが後継者ヨシュアに命じたのと同じように、主の命令をしっかりと守るようソロモンに厳命しています。でもそれと同時に、ヨアブとシムイの犯した罪に対して正当な処罰を下し、苦難の時に自分を助けてくれたバルジライに報いるよう、政治的な指示も与えるのです。どちらも、主が建てられたダビデの王国が永続するために不可欠なことでした。かくしてダビデは、その四十年の治世を終えて息を引き取りました。

13節からの第二部分には、いまだに王位をねらっているようなそぶりを見せるソロモンの腹違いの兄アドニヤが処刑されたことが記されています。彼は、ソロモンの母であるバテ・シェバのところに来て、父ダビデの妻だったアビシャグを自分の妻にしてほしいと願い出ました。バテ・シェバは、このことの重大性を知らなかったのでしょうか、あっさり引き受けてソロモンに上奏します。でも実はこれは王権を脅かすことでした。だから王はアドニヤを処刑したのです。

26節以降の第三部分は、他にも王権を脅かす人々に対してとられた処置の記録です。まず王は、昨日の1章でアドニヤに味方したエブヤタルを祭司職から罷免しています。彼はエリの子孫だったので、これは第一サムエル2章の預言の成就と言えるでしょう。続いて将軍ヨアブも処刑されました。ダビデの遺言にあったように、彼は有能な同僚二人を殺したからです。さらに、都落ちするダビデ王をのろったシムイも処刑されます。ダビデは憐れみのゆえに彼を生かしておいたのですが、王国の確立のためには危険な人物でした。

かくして王国は揺るぎないものになっていきました。でも何か釈然としないものを感じます。王位継承のたびに、このような流血事件がおこるとするなら、何のための王国でしょうか。これは「主の命令を守る」ことでしょうか。現在の世界にも似たような権力争いがあります。でも私たちは、世の権力よりも神からの報いを求めるべきです。主の命令に従うことは、権力を得ることよりもはるかに重要なのです。

主よ。私はこの世の権力を求めません。ただ主の命令に従うことのみを求めて、生きていきます。

3章

第一列王3章は、ソロモン王の治世の冒頭におこった出来事を記しています。2節と15節で分けてみましょう。

第一の部分は、当時の政治的、宗教的背景の記録です。まずソロモンは大国エジプトと同盟を結び、ファラオの娘をめとりました。国際的にも認められる立場になったのです。また宗教的には、いけにえはあちこちの小高い所で主にささげられており、契約の箱はエルサレムに置かれていました。

3節からの第二部分は、主が夢の中でソロモン王に現われた時のことを述べています。王はある日、エルサレムの北方十キロほどの所にあるギブオンで、多くのいけにえをささげました。その夜、主は夢の中で「あなたに何を与えようか。願え」と言われたのです。王は、民を正しくさばくための知恵を求めました。この願い事は主の御心にかない、知恵だけでなく、長寿も富も誉れも彼に与えられたのです。

7節でソロモンは、自分のことを「小さな子どもで、出入りする術を知りません」と告白しています。このような謙遜さこそ、主の御心にかなうものでした。もしソロモンが、一生涯この謙遜さを持ち続けたなら、後におこる様々な不幸な出来事はなかったでしょう。本当に残念です。

16節からの第三部分は、ソロモン王の知恵を示す具体的な例が記されています。ある日、二人の遊女が王の前に連れ出されました。二人とも同じ時期に出産したのですが、どちらかの赤ん坊が死んだのです。二人とも、死んだのは相手の赤ん坊だと主張したので、王は生きている赤ん坊を二つに断ち切れと命じます。でもそうしないように申し出た方こそ、本当の母親でした。王の知恵は、たとい遊女であろうとも、母性愛があることを前提としたところに現れています。本当のさばきは、法律の冷たい解釈ではありません。

ソロモンが王であった時代は、イスラエル王国が最も繁栄した時でした。主が王に知恵ばかりか、すべてのものを与えられたからです。しかし、ソロモンは次第に自分の力によってこれらを得たと思うようになりました。その背後には、異邦人の妻の悪影響もあったでしょう。私たちも注意せねばなりません。私たちを傲慢にさせ、主なる神様から離れさせようとする悪の力は、今も変わらず働いています。

主よ。私は幼子のようにあなたに拠り頼みます。私を傲慢にさせるサタンを、どうか追い払ってください。

4章

第一列王4章は、ソロモンが整えた政治の基盤について述べています。6節、19節、28節で分けましょう。

第一の部分は、人事的な面です。サムエル記にあるダビデ時代の一覧と比べるなら、五人が重要な働きを継続しています。またダビデの罪を指摘した預言者ナタンの二人の子も、政務長官と王の友という立場で、ソロモンを支えているのです。彼らがダビデ王の時代と同じように、忠実にその責任を果たしたからこそ、この王国は繁栄していきました。

7節からの第二部分は、行政的な面が記録されています。ヨシュアの時代に定められた十二部族による自治は、この頃にはあまりうまく機能していなかったのでしょうか。ソロモンはそれまでの伝統を尊重しながら、十二の地域を新たに定め、それぞれの地域に守護を置きました。また、それぞれの地域からの食糧が年に一か月分、ソロモン王とその一族に納められていました。人民も王国を支えていたのです。

20節からは第三部分で、ここには軍事的、経済的な面が描かれています。領土も地中海からユーフラテス川近辺まで広がり、人々は安心して生活し、多種多様の貢《みつ》ぎ物が周辺諸国から持ってこられました。また、エジプトから輸入したと思われる多くの戦車や馬が配備され、さらには騎兵も整えられました。十二の地域の守護たちは、政治家や軍人の食糧だけでなく、馬のえさも用意したのです。

29節以降の第四部分には、文化的な面も述べられています。ソロモンは、2章で学んだように、非常に豊かな知恵を主から授けられていました。旧約聖書の中の、詩篇、箴言、伝道者の書、雅歌などに、彼の作ったものが多数含まれています。それで彼の名声は周辺諸国にも広がり、多くの人々が知恵に満ちた彼の話を聞くためにやって来たのです。

ソロモンは確かに偉大な王でした。しかし、彼の知恵も富も権力も、すべて主なる神から与えられたものであることを知る必要があります。また、彼を支えている多くの人々がいたことも忘れてはなりません。残念なことに、晩年のソロモン王はこのことを忘れてしまったようです。しかし今の私たちは、主の豊かな恵みと多くの人々の支えによって生かされていることを、決して忘れてはならないのです。

主よ。あなたの恵みと人々の愛を決して忘れることがないように、この愚かな私を導いてください。

5章

第一列王5章からの五つの章は、ソロモンが始めた神殿建築の記事です。これはダビデの果たし得なかった大事業でした。今日の5章は、6節と12節で分けてみましょう。

第一の部分では、都市国家ツロの王ヒラムとソロモンの交流が述べられています。ツロは、イスラエルの北西五十キロほどにある地中海沿岸の港町で、貿易で非常に繁栄していました。ここの王ヒラムはダビデと親しくしていたので、ソロモン王が即位したことを祝う使いを出したのです。そのお礼も兼ねて、ソロモンは父ダビデの遺志をついで神殿を建てることを伝え、そのためレバノン地方で産出する良質な杉の木を手に入れるために協力してくれるよう願い出ました。

7節からの第二部分は、その結果ヒラムとソロモンの間に契約が結ばれたことを記録しています。ヒラムはソロモンの申し出を大変喜び、ソロモンの望むとおりの木材を用意することを約束します。でもその代価として、王の一族のための食糧を求めました。そこでソロモンは、神殿を建てている期間、毎年小麦を五千トン、上質のオリーブ油を五千リットル送ることにしました。文字通り解釈すると、すごい量です。戦いではなく、話し合いの結果として、このような取引が成立したことはまさにソロモンの知恵でした。

さて13節以降の第三部分は、建築計画がさっそく実行されたことを述べています。まずイスラエルの国から役務者が三万人徴用され、一万人が一か月交替でレバノンに送られて木を伐採する働きに従事しました。一か月働くと二か月は自分の家に戻るというパターンです。さらに、山で石を切り出す者が八万人、木や石を運ぶ荷役人夫が七万人、それらの工事を監督する者の長が三千三百人もいました。ソロモンにはこれだけ多数の人々を管理する知恵があったのです。

ダビデは、周辺諸国との戦争のために多くのイスラエル人を用いました。その結果イスラエルの国は安定し、ダビデの王位を継承したソロモンは、神殿建築のために多くのイスラエル人を用いることができました。戦いのためではなく、平和のために働けることは、何と幸いなことでしょうか。私たちも、毎日毎日を、争いのためではなく、平和のために、人の徳をたてるために用いる者となりたいですね。

主よ。私はこの一日を、だれかを非難するのではなく、だれかを励ますために用いるように努めます。

6章

第一列王6章は、ソロモン王が建てた神殿について述べています。10節と13節で三つに分けましょう。

最初は全体の説明です。建てられた時代は、紀元前九六〇年頃、出エジプトから四百八十年後のことで、この神殿建築こそが約束の地カナン定住の完成と考えられました。大きさは、長さ二十七メートル、幅九メートル、高さ十三メートルほどです。長さと幅は、荒野で造られた幕屋の二倍でした。しかし幕屋と違うのは、前方に四メートルほど突き出た玄関があり、両側と後方にやはり四メートルほどの幅の脇間が設けられたことです。この脇間は三階建てで、各階の高さは二メートルほどありました。この神殿と、後に建てられたヘロデ神殿の基礎図が118頁にあるので、参照ください。建築方法は、正確な大きさに切り出された石や木を現場で組み立てるという、今で言うプレハブ工法でした。

11節からの三つの節では、主がソロモンにこの神殿の目的を明確に語っておられます。神殿は、主がイスラエルの中に住んでおられることを示すものです。でも、「あなたがわたしの掟によって歩むなら」という条件があります。神殿の存在が、主の臨在の保証ではないことを知りましょう。

14節以降の第三部分は、神殿の内装を記しています。神殿の内側の奥には、幕屋と同様、内殿といわれる至聖所があり、手前に本殿といわれる聖所がありました。そして床はもみの板で、壁と天井は杉の板で覆われ、彫刻がほどこされ、純金で覆われていました。至聖所の正面には、ケルビムといわれる御使いが翼を広げた彫刻がほどこされていたようです。聖所と至聖所の間には、オリーブ材の扉が、また聖所の入口には、もみの木で折り畳み戸が設けられ、切り石と杉の角材で仕切られた内庭も造られました。

かくて七年半の歳月の後、ついに神殿は完成します。それほど大きな規模ではありませんが、ソロモンの知恵と財力によって、すばらしいものができあがったのです。現在の私たちも、ソロモンが彼のできる最高のものを主《しゅ》にささげたことを見習うべきでしょう。彼は、主から与えられたゆえに、主にお返ししたのです。私たちには、主から与えられておきながら、主にお返ししないで、自分のものにしていることはないでしょうか。

主よ。私はあなたの与えてくださった豊かなものを心から感謝し、またそれをあなたにお返しします。

7章

第一列王7章は、12節で前後に分けられます。

前半は、ソロモン王が建築した宮殿についての記録です。神殿の四倍の面積でレバノン産の杉を豊富に使った「レバノンの森の宮殿」、神殿より少し大きい「柱の広間」と「王座の広間」、それとほぼ同じ大きさの住居とパロの娘の住居などを造りました。そのために十三年費やしていますが、その大きさから考えると、神殿の工事ほど手はかかっていないようです。これらは神殿のすぐそばに建てられました。主の住まいの近くに自分も住めるのは、何と幸いなことでしょうか。

13節からの後半部分は、再び神殿の内装について記しています。神殿の装飾を担当したのは、ナフタリ部族出身のヒラムという人でした。彼は、繁栄していたツロの町で青銅の細工師をしていた父親から、高度な技術を譲り受けていたようです。彼は以下の四種のものを設計監督しました。

第一に、玄関に二本の柱を建てました。それが「ヤキン」と「ボアズ」と名付けられたのは、「主が力をもってこの神殿を設立された」ことを証しするためだったのでしょう。

第二は、神殿の南東に置かれた鋳物の「海」です。これは祭司が身をきよめるために用いる水の入った水盤のことで、直径が四メートル半もある大きな器でした。

第三に造ったのは、十個の台とその上に置く洗盤です。これは縦横が約二メートルで、いけにえの動物を洗いきよめるためのものでした。普段は神殿の北と南に五つずつ置かれていましたが、自由に動かせるよう車輪がついていました。

第四に、祭壇にささげたものを始末するための灰壺、十能、鉢などが造られました。以上のすべては、青銅の鋳物製であり、そのために大量の青銅が用いられたのです。

ソロモン王は、これらものの他に、神殿に置く祭壇や机や燭台、さらに様々な小物を純金で作ります。また、ダビデ王が主の前に聖別していた貴金属の器具類も、神殿の脇間の宝物倉に入れました。このときのソロモン王は、心から喜んでこの事業にあたったのではないでしょうか。私たちもそうありたいものです。会堂建築のときだけでなく、毎週の礼拝や教会奉仕においても、心からの喜びをもって、自分は主の前に何が献げられるかを考えて歩みましょう。

主よ。私は自分の最善をもって、あなたに仕えたいと願っています。この思いをいつまでも持たせてください。

8章

第一列王8章には、神殿が完成した後の出来事が描かれています。11節、21節、61節で区切りましょう。

第一の部分でソロモン王は、神殿完成の約一年後に、契約の箱をはじめ、会見の天幕にあったすべての聖なる用具を神殿に運び入れています。そして、民が神殿の前に集まったとき、主の臨在を象徴する雲が主の宮に満ちたのです。

12節からの第二部分は、民に対する王の演説です。ソロモン王は、父ダビデが願いながらできなかった神殿建築を、主のことばに従って実行したことを民に表明します。

そして22節から、主の宮の正面にある祭壇の前で、両手を天に伸べ広げて、長い祈りをささげました。王は五つのことを主に祈っています。最初に、契約と愛を守られる偉大な主は、この神殿に住まわれるような小さなお方ではないが、ここでささげる祈りを聞いてくださいと願うのです。次に、イスラエルの民が罪を犯したゆえに災いがおこったとき、ここで祈るならその罪を赦してくださいと祈ります。三つ目は、たとい外国人でもここに来て主に祈るなら、それをかなえてくださいとの祈りです。ソロモン王は、主が全世界を支配しておられる唯一の神であることを知っていました。四つ目は預言的で、戦いの時や、敵国に捕囚とされた時でも、その地からこの宮に向かって祈るなら、民の罪を赦してあわれみ、出エジプトの時の如くに連れ戻してくださいと祈ります。そして最後に、集まっていた民の方を振り返り、彼らを祝福した上で、主の命令を守るべきことを強く命じたのです。

さて62節からの第四部分では、この時に多くのいけにえとささげ物があったことが述べられています。イスラエル全土から集まった民は、十四日間の祭りを行い、王の祝福のことばに励まされて、喜びのうちに帰宅したのです。

当時の神殿は、現在の会堂と考えられるでしょう。それがどんな立派な建物でも、そこに主が住まわれるわけではありません。でもそこで主の契約の書である聖書を学び、そこで真剣に祈るとき、主は耳を傾けてくださいます。しかも、それは異邦人である未信者にも開かれているのです。会堂がみことばと祈りと伝道の場であることを自覚し、恐れと喜びをもって会堂に集う者となろうではありませんか。

主よ。毎週の礼拝が、単なる形式ではなく、真実にあなたの臨在にふれる機会となるようにしてください。

9章

第一列王9章は、9節で前後に分けられるでしょう。

前半には、主が再びソロモン王に現われなさったことが述べられています。主はすでに3章で即位直後の王に現われ、知恵とともに富と誉れも与えると約束しておられました。しかし今回は、主の宮と王宮の完成直後に、主が祝福を与え続けてくださるための条件を示されたのです。その条件とは、父王のダビデが歩んだように、全き心と正直さをもって主の前を歩むことでした。でも、もしソロモンや彼の子孫が主の命令を守らず、ほかの神々に仕えるなら、この立派な宮も廃墟となると警告されます。それを見た異邦人は、「あの人たちは、主を捨てたためにこうなったのだ」と正しい判断をくだすようになるとさえ、主は厳しく仰せられました。

さて10節からの後半部には、その後のソロモンが実行した三つの政策が描かれています。まず第一は、北部で国境を接しているツロの王ヒラムとの和平政策です。彼は多くの木材を用立ててくれたり、多量の金を贈ってくれたりした友好的な王だったので、ガリラヤ湖の北部にある二十の町を与えました。でもヒラム王はそれでは満足しなかったようです。

第二の政策は、重要な軍事拠点を建設することでした。ガリラヤ湖北部のハツォル、中部平野の通商路にあるメギド、エルサレム近辺のゲゼルなどの町を強固にし、戦車や騎兵を駐留させるための町をあちこちに建設しました。そのため、国内にいた異邦人を奴隷の苦役に徴用したのです。

第三は経済政策です。死海の南部百六十キロ、アカバ湾の先端にあった港町エツヨン・ゲベルに船団を設け、経験豊かなツロの王ヒラムの協力を得て海外貿易に乗り出しました。紅海の南端にあったと思われるオフィルから、十五トンにものぼる金を輸入したことも特別に記録されています。

つまりソロモンは、富国強兵をめざしたのです。これは、普通の国のたどる道でした。主の命令を守って生きることをおろそかにするつもりはなかったでしょうが、富国強兵こそが人民を幸福にする道だと考えたことも確かでしょう。私たちも注意せねばなりません。経済的な安定を求めることが、主を疎かにすることになりかねないからです。礼拝よりも仕事を重んじるようになると、危険信号がともります。

主よ。弱い私ですが、富の誘惑に負けず、あなたを第一として歩んでいきます。どうか導いてください。

10章

第一列王10章は、主がソロモン王に与えられた祝福について記しています。13節と25節で分けましょう。

まず第一の祝福は、豊かな知恵です。その知恵は、シェバの女王が遠い国からわざわざ聞きに来るほど、深遠なものでした。シェバがどこかについては、今のイラクとか、サウジアラビアとかエチオピアとかの諸説があります。彼女がもってきた難問とは、政治的、経済的、哲学的な質問を含めた広い範囲のものだったでしょう。ソロモンはそれらの質問に、「箴言」や「伝道者の書」に書かれているような明快な答えを出したと思われます。女王は、自分の質問に的確に答えたソロモン王を、最大の賛辞をもって賞賛しました。

14節からは第二の祝福が述べられています。それは豊かな富でした。シェバの女王も多くの贈り物をもってやってきたのですが、同じような例がその他にもたくさんあったことが24節からわかるでしょう。毎年、そのような贈り物があったようですから、ソロモン王の富はどんどん増えていきました。また前の章で始めた海外貿易によって、多くの金銀や種々の宝物を得たことも記されています。その結果、金の盾を作ったり、象牙の王座を設けたり、日常用いる器を金で造ったり、贅沢の限りを尽くすようになったのです。

しかし26節からの最後の部分を読むと、暗い影を感じてしまいます。まず銀や杉の木のような高価なものが、必要でもない所で用いられるようになりました。またソロモンは、主の祝福のゆえに与えられた多くの富で、たくさんの戦車や馬をエジプトなどから輸入しました。その当時の繁栄を維持するためには、軍備の増強が必要だったからでしょう。さらに恐ろしいことに、その武器を他の国に売り始めました。富国強兵策が、人々の心を蝕みはじめていたのです。

ソロモン王は、これらのすべての知恵と富が主から与えられたものであることを、忘れてきたのではないでしょうか。そして自分の力で、国の繁栄を守ろうとしたのです。主が本当の王であることを見失ったからでしょう。現在の私たちも注意せねばなりません。豊かになればなるほど、主を忘れやすくなるからです。私たちのすべては、主から与えられたものであることを、今日もはっきりと確認しましょう。

主よ。私のすべてはあなたのものです。だから私は、あなたの望まれるように、私のすべてを用います。

11章

第一列王11章は、ソロモン王の晩年の出来事を記録しています。8節、13節、40節で区切りましょう。

第一の部分には、外国人の妻たちが、唯一の神を信じる王の心を転じたことが述べられています。王は最初、彼女たちが自分の国の神々を礼拝するのを禁じていたのでしょうが、晩年になるとそれらを認めただけでなく、オリブ山の山頂付近に、それらを祭る場所を築くまでになったのです。

その結果、9節からの第二部分で、主はソロモンに対して厳しいさばきを宣告されました。彼の死後、主は王国を引き裂き、多くの部分を彼の家来に与えなさるというのです。

そして14節からの第三部分は、ソロモンに敵対した三人の人物を描きます。最初の敵対者は、南隣りのエドムの国の王子ハダドでした。彼の父はダビデの時代に将軍ヨアブに殺されたので、ハダドはいつかその復讐をしようと亡命先のエジプトで機会をうかがっていました。ダビデもヨアブも死んだので彼は母国に帰り、攻撃準備を整えていたのです。

次の敵対者は、北隣りのアラムの国のレゾンという人物です。彼の国もダビデに打ち負かされていたので、やはり復讐の思いを抱いて、ダマスコの町で戦いに備えていました。

第三のそして最も強力な敵対者は、ソロモン王が信頼していた家来の一人ヤロブアムでした。彼は、エルサレムのすぐ北にあった要塞の町ミロの建設に手腕を発揮したので、王は彼を出身地エフライムの管理者に任命したのです。ある日、彼は預言者アヒヤに会い、主が彼に十の部族を与えようとしておられることを聞きました。このことが王の耳にも入ったため、彼はエジプトに逃亡せざるをえなくなったのです。

41節からの最後の部分はソロモンの死の記録です。そして彼の後に、息子レハブアムが王となりました。

この章を読むと、神から知恵と富と誉れを与えられたあの偉大なソロモン王でも、その晩年は何と悲しいものだったのかと思わざるをえません。その最大の原因は、彼の妻たちの偶像崇拝の悪影響でした。現代でも同じ問題があります。特に物質中心主義という偶像は、私たちの純粋な神信仰をまたたくまに駄目にしてしまいます。この偶像に欺かれないように、私たちは十分注意せねばなりません。

主よ。あなたではなく、お金や物に信頼しそうになる弱い私です。どうかこの偶像を私から取り除いてください。

12章

列王記第一は、今日の12章から南北に分裂した王国の記録となります。本章は20節で二分できるでしょう。

前半には、分裂に至った経緯が述べられています。ソロモンの子レハブアムは、イスラエル全土のちょうど真ん中にあるシェケムの町で、王位継承の儀式を行ないました。すでに何度か示唆されていたように、ダビデ王の出身地である南方のユダ部族と北方の十部族の間には、様々な溝があったようです。その溝を埋めるために、南方にある首都イスラエルではなく、より北にあるシェケムを用いたのでしょう。

その時、北方の最大部族であるエフライム部族出身のヤロブアムが亡命先のエジプトから帰国して、北方の十部族の指導者とともに、即位直後のレハブアム王に請願に来ました。それは、ソロモン王時代の建設ラッシュと贅沢な生活を支えるために徴収されていた重い税金を、少しでも軽くしてほしいというものでした。しかしレハブアム王は、長老たちの知恵ある意見を聞かず、若者たちの強攻策を採用します。その結果、北方の諸部族はレハブアムをシェケムから追い出し、ヤロブアムを王としたのです。彼らの怒りは、この反乱を鎮圧するために遣わされたアドラムを殺害するほどでした。

21節からの後半部には、分裂後の両王国の歩みが対照的に記されています。まずユダ族とベニヤミン族の二部族でなる南王国は、大軍を集めて北王国を攻撃しようとしますが、神の人シェマヤのことばに従って、それをやめました。南王国には、まだ神のことばに従う謙遜さがあったのです。

それに対して北王国の王ヤロブアムは、民をエルサレムの神殿で礼拝させないため、金の子牛を造って国の南と北の町に安置し、子牛に仕える祭司を勝手に任命しました。また、この偶像に犠牲をささげる日も、勝手に定めたのです。

王国の南北分裂という事態は、この章でも明確に記されているように、ソロモンの罪に対する主のさばきの結果であることを忘れてはなりません。歴史上で実際に動いたのは、レハブアムでありヤロブアムでしたが、すべての背後に主の手がありました。今でも同じです。この日本の国の歴史を動かしているのも主なる神です。私たちはこれを信じ、この国においても主のみことばに従っていく者となりましょう。

主よ。経済的繁栄を追求しているこの国において、私はあなたのみことばに謙遜に従って歩んでいきます。

13章

第一列王13章は、主が分裂後の北王国に与えられた警告を記しています。10節と32節で分けましょう。

第一の部分は、ヤロブアム王への警告です。王は子牛の偶像を造ったのみならず、傲慢にも祭司しかできない香をたく儀式をしようとしました。ところが、一人の神の人が主の命令によって王に警告を与え、将来、ヨシヤという人物がこの祭壇を人の骨で汚すと預言したのです。怒った王はこの神の人を捕えようとしますが、王の手は伸ばしたまま戻すことができなくなりました。やっと自分の悪に気がついた王は、悔い改めて、手を元に戻してもらいます。でも心底から主に立ち返らなかったため、神の人の預言は約三百年後に成就したことが、第二列王23章を見ればわかるでしょう。

11節からの第二部分は、預言者への警告です。王に警告した神の人は、別の道を通って帰途につきました。この時、北王国に住む老預言者が、自分の言いたかったことを言ってくれたこの神の人をもてなすつもりで、うそをついて彼を自分の家に招いたのです。しかしこれは、神の人に与えられた神の命令に背くことでした。神の人は帰り道に獅子に襲われて死んでしまいます。老預言者は、好意とは言え自分のうそによってこの神の人がさばかれたことに責任を感じて、丁寧に自分の墓に彼を葬りました。この事件は、神の人や預言者は、どんな事情があろうと神の命令に忠実に従わねばならないことを示すために、ここに書かれたのでしょう。

さて33節以降の最後の部分は、祭司に対する警告と言えるでしょう。本当の祭司なら、ヤロブアム王が一般の民の中から祭司を任命することに反対すべきでした。王が宗教を政治に利用したために、北王国は大地の面から根絶やしにされると預言されたのです。これは確かに二百年後に成就しました。

この章は、神を自分の都合のために利用する人に警告を与え、人は神に絶対的に従うべきことを明確に教えています。現在の私たちはどうでしょうか。自分が幸福になるために、神を利用しているのであってはなりません。神のみことばに従うならば、結果として、本当の幸福が与えられるのです。王も預言者も祭司も、神のことばに従わなければ厳しくさばかれることを知って、牧師のためにも祈ってください。

主よ。自分に都合の良いときにだけ、あなたを利用するような勝手な私を、どうかお赦しください。

14章

第一列王14章は、南北両王国の王の不信仰な歩みを赤裸々に記しています。20節で前後に分けてみましょう。

前半には、まず北王国の王ヤロブアムが扱われています。そのころ、彼の息子のアビヤが病気になりました。何とか元気になってほしいと願った王は、妻を変装させて預言者アヒヤのところに遣わします。アヒヤは、ヤロブアムが十部族の王になることを預言した人物でした。王は、子牛の偶像を神としながら、その偶像に祈ってもききめがないことを知っていたのです。しかし預言者アヒヤは、王が主に背いていることを指摘し、そのさばきとして息子が死ぬことを厳粛に宣言します。さらに、北王国自体も主のさばきの結果、「水に揺らぐ葦」のように次々と王朝が代わり、国民はユーフラテス川の向こうに散らされるようになると預言しました。

王の息子アビヤは、この預言通り死にます。王は失意の内にその二十二年の治世を終え、別の息子ナダブが代わって王となりました。主に従わない王も国も、本当に不幸です。

さて21節からの後半部には、南王国のレハブアム王の生涯が描かれています。彼は、ヤロブアムより五年短い十七年の間南王国を治めましたが、晩年のソロモンと同様に偶像崇拝の罪を犯しました。アンモン人である彼の母親が、アシェラという女神を信じていた影響でしょう。もし、ソロモンが偶像を信奉している異邦人の女性と結婚してなかったら、息子がこんなに早く、真の神から離れることはなかったかもしれません。この罪の結果、レハブアムが即位して五年後に、南王国はエジプト軍に侵略され、主の宮の財宝も王宮の財宝も奪い去られてしまいます。金の盾の代わりに安物の青銅の盾を造らざるをえない状況となったのです。やがてレハブアム王も死に、彼の息子アビヤムが代わって王となりました。

真の神から離れて偶像を信じるようになるとき、王であろうと国であろうと、あっと言う間に堕落してしまいます。さらに国と国の間にも戦争が続くことにもなるのです。何と恐ろしいことでしょうか。現代の私たちは、このような過ちに陥らないように注意せねばなりません。お金や名誉を偶像にしてはならないのです。主のみを信じて従うところにこそ、本当の幸せがあることを知ってください。

主よ。私は、あなた以外のものを神とすることがないように、日々注意して歩んでいきます。

15章

第一列王15章は、南北それぞれ二人の王たちの歩みを述べています。8節、24節、32節で分けましょう。

まず、ソロモンの子レハブアムの後に南王国の王となったのは、アビヤムでした。彼の母はアブサロムの孫娘にあたるマアカで、彼女はアシェラという偶像を崇拝していたようです。その悪影響もあったのでしょう。アビヤムの心は、主と一つになってはいませんでした。でも主は、ダビデのゆえに南王国を憐れみ、彼に良い息子を与えられました。

9節からの第二部分には、アビヤムの三年間の短い治世の後に、彼の子アサが主の目にかなうすばらしい政治を四十一年間も行なったことが記されています。彼の時代にも、アシェラを崇拝するマアカは生きていたようですが、彼は祖母にあたるマアカをきっぱり退け、アシェラ像を焼き捨てました。その他の偶像もすべて取り除き、また神殿男娼も追放したのです。ただ、北王国の脅威から自国を守るために、北王国のさらに北にあったアラムの国と軍事同盟を結んだことは残念でした。本当は人にではなく、主にこそ頼るべきだからです。

25節からの第三部分には、前の章の20節に言及されていた北王国のヤロブアムの後継者ナダブの歩みが書かれています。彼は父ヤロブアムと同様、罪の道を歩みました。それゆえにイッサカル部族出身のバアシャは、即位後二年目のナダブを暗殺したのです。そればかりかナダブ一家の復讐を防ぐため、ヤロブアムに属する者たちを皆殺しにしました。14章で預言者アヒヤが言った通りのことが実現したのです。

33節以降の短い第四部分は、そのバアシャの歩みを述べています。彼は二十四年間も北王国を治めましたが、やはり北王国の初代の王ヤロブアムと同じく、主の目の前に悪を行ないました。そして南王国のアサ王と争い続けたのです。

このように学んでくると、主のみに従い、正しく政治を行なうことは非常に難しいことがわかります。この章に登場する四人の王のうち、ただアサ王だけがかろうじて合格点を取れるようです。現代でも、主に従うことは決して容易なことではありません。しかし主は、ダビデに優る御子イエスの贖いの恵みのゆえに、弱い私たちが合格点を取れるように導いてくださっていることを決して忘れないでください。

主よ。こんな弱い私でも、主の目にかなって歩めるように、御子イエスを遣わしてくださったことを感謝します。

16章

第一列王16章は、北王国の五人の王たちについて記します。7節、14節、20節、28節で分けましょう。

最初に、前の章の末尾で登場したバアシャが取り上げられています。彼は低い身分だったようですが、前の王ナダブを暗殺して王となります。しかしナダブと同様、主の目の前に悪を行なっていました。そこで主は預言者エフーを通して、彼がナダブと同じ悲惨な結果になると仰せられたのです。

8節からの第二部分は、バアシャの子エラの二年の治世を述べています。バアシャは二十四年間も王だったのですが、多くの部下が不満をもっていたようです。その一人のジムリが謀反を企て、エラを暗殺しました。そしてバアシャの一族と友人たちを皆殺しにします。エフーが預言した通りでした。

15節からが第三部分です。ジムリが王だったのは、たったの七日間だけでした。それは、ジムリの謀反を戦いの最中に聞いた北王国の軍隊が、その将軍だったオムリを王としたからです。この軍隊がジムリのいた王宮を包囲したとき、ジムリは自殺してしまいます。あっけない最期でした。

21節からの第四部分は、オムリの十二年間の治世を記しています。最初の数年間はティブニという人物と主導権を争っていました。でもティブニの死後は政権が安定し、首都をサマリアに移して国力をかなり強めたようです。これは第二歴代3章からわかりますが、列王記の著者は、オムリが「彼以前のだれよりも悪いことをした」と厳しく指摘します。

29節以降の最後の部分は、オムリの子であるアハブの悪政を描いています。彼は父よりさらに悪く、シドンの王女イゼベルを妻にした上で、彼女のもってきたバアルという偶像のために神殿と祭壇を築くことさえしました。さらにアシェラ像も造り、主の怒りを引き起こしたのです。

以上五人の王は、みな北王国の初代の王ヤロブアムのように、主の目の前に悪を行いました。いえ、その悪は彼よりもっとひどくなっていったのです。しかし主は悪を正しくさばかれます。血で血を洗うようなこの国の歴史が、それを証明しているでしょう。私たちも、もし主に背くなら、結局自分が一番苦しむようになることを忘れてはなりません。主に従ってこそ、本当の平安と繁栄が与えられるのです。

主よ。あなた以外のものに頼る愚かさを知りました。私は生涯、あなたのみに従って生きていきます。

17章

第一列王17章から、有名な預言者エリヤが登場します。彼はヨルダン川中流の東側にある田舎町ティシュベ出身で、罪深いアハブ王に真の神を示すため、主が北王国に遣わされた人物でした。7節と16節で区切ってみましょう。

第一の部分は、主は罪を厳格にさばかれることを教えています。エリヤは大胆にも悪王アハブの前に立ち、彼の罪ゆえに主は旱魃《かんばつ》を与えられることを預言しました。しかし、旱魃《かんばつ》は正しい人をも苦しめます。だれよりもまず、エリヤ自身の生活が脅かされましたが、主は烏が運ぶパンと肉で彼を養われました。主は罪を示すために苦難を与えられます。けれど逃れる道をも必ず用意してくださるのです。

8節からの第二部分では、主は従う者を養われることが示されています。旱魃《かんばつ》がひどくなったとき、主はエリヤを百キロ以上も北西にある地中海沿岸の町ツァレファテに導かれたのです。しかもそこで異邦人の貧しいやもめに会わせられました。エリヤは、彼女のもっているわずかな食物を自分にくれるように頼みます。彼女は決死の覚悟で彼のことばに従いました。でもその後に、「そのかめの粉は尽きず、その壺の油はなくならない」という奇跡がおこったのです。主はみことばに従う者を祝福される、という明確な証しでしょう。

17節以降の第三部分からは、主は苦難を通して人を成長させてくださることがわかります。主のことばに従ったこのやもめに、息子が一人がいました。この息子が急に死んでしまったのです。悲しみのどん底にある彼女は、エリヤを非難します。でもエリヤが必死で祈ったとき、主はこの息子を生き返らせてくださいました。そして彼女は、エリヤの口にある主のことばが真実であることを悟ったのです。やもめもエリヤも、この苦難を通して大きく成長したと言えます。

現代の私たちにも、苦難はいろいろな形でやってきます。自分とか家族の病気や事故、経済的な困難、あるいは友人とのいざこざなどです。でも主は、それらの苦難を通して、私たちを成長させようとしておられることを忘れないでください。その時こそ、自分の思いではなく、主のみことばに従うことが必要なのです。主に従うなら、驚くような解決が与えられることを経験してみてください。

主よ。どんな苦難がやってきても、私はあなたのことばに従って歩んでいきます。主よ。助けてください。

18章

第一列王18章には、エリヤがアハブ王の拝む偶像の神々の預言者八百五十人と対決した様子が記されています。19節と40節で大きく三つの部分に分けてみましょう。

第一の部分は、対決に至るまでの経緯です。前の章から足掛け三年がたった頃でした。旱魃で苦しむ北王国の家畜のために、アハブ王は重臣のオバデヤと二手に分かれて草のある所を捜し歩きます。エリヤはその時オバデヤの前に現われて、アハブ王に会うことを約束しました。そして、王の信じる神々の預言者との対決を王に申し出たのです。

20節からの第二部分には、地中海沿岸にある標高五百メートル程のカルメル山におけるその対決の情景が、三つの場面によって描かれています。最初の場面で、エリヤはイスラエルの人々を山麓に集め、主なる神とバアルの神のどちらを信じるかを明確にせよと訴えます。天から火を下していけにえの雄牛を焼かれる神を、本当の神とせよと言うのです。

次の場面は、バアルの預言者が必死に祈るところです。彼らは朝から午後三時頃まで、自分たちの身を傷つけるまでしてバアルの名を呼びましたが、何の応答もありません。

最後は、エリヤが主の名を呼ぶ場面です。彼はいけにえとたきぎの上にあえて貴重な水をかけ、人間が火をつけられない状態にします。そして、イスラエルの民が主こそ神であることを知るように祈ると、主の火が下って、いけにえもあふれた水も、みななめ尽くしてしまいました。民は主が神であることを認め、バアルの預言者を処刑したのです。

さて41節以降の第三の部分は、対決後の様子です。カルメル山頂から地中海に雲がわきおこってくるのが見え、激しい雨が降ってきました。そこでエリヤとアハブ王は、約三十キロほど南東にあるイズレエルの王宮に戻りました。

現代でも、主なる神を信じるか、その他の偶像の神々を信じるか、迷っている人々がいます。でも祈りに答えてくださるのはどちらかがわかると、はっきりするでしょう。エリヤは、「雨を降らしてください」ではなく、「主が神であることを示してください」と祈りました。私たちもこのような祈りをしましょう。私たちが主に祈るとき、偶然とは思えないことが私たちの回りにおこるのです。

主よ。あなたは私の祈りに答えてくださる方であることを信じます。聖書や人を通して私に答えてください。

19章

第一列王19章は、前の章で大勝利を得たエリヤが、一転して失望のどん底に陥っている姿を述べています。アハブ王の妻の女王イゼベルが彼を脅迫したからです。しかし主は、そんなエリヤを三つの方法で励ましてくださいました。8節と14節で区切ると、それが良くわかるでしょう。

第一に主は、御使いによってエリヤを励まされました。アハブよりさらに熱狂的にバアルを崇拝していたイゼベルは、バアルの預言者が多数殺されたことを聞いて烈火のごとくに怒り、エリヤを殺そうとしました。そこで彼は、百五十キロほど南のベエル・シェバまで逃れます。そこで「主よ、私のいのちを取ってください」と祈る彼に、主は御使いを遣わし、食物を与えて肉体を強められたのみならず、先祖モーセが主とお会いしたホレブの山にまで導かれたのです。

また9節からの第二部分で主は、御言葉によって彼を励まされています。主はホレブ山麓の洞穴で一夜を過ごしたエリヤに、「何をしているのか」と尋ねられました。彼は「私は主に熱心に仕えているのに、民は主を捨て、私だけが残っている」と答えます。すると主は外に出るように彼に命じ、出エジプト記33章でのモーセのような経験をさせられたのです。彼はそこでかすかな細い主の御声を聞きました。

そして15節以降の第三部分です。主は同労者がいることを示して、エリヤを励ましておられます。アラムの国にはハザエルという王を、北王国にはエフーという王を、そしてエリヤの後継者にはエリシャをたて、この三人がアハブ王とイゼベル、またバアル崇拝者たちを滅ぼすことを主は預言されました。さらに、バアルに従わない七千人のイスラエル人がいることも示されたのです。そこでエリヤは北王国に戻り、農夫だったエリシャを召して、彼の弟子としました。

御使いと御言葉と同労者でエリヤを励まされた主は、現在も同じように私たちを励ましてくださいます。私たちにも、どんなに一生懸命に福音を伝えても、だれも見向きしてくれない時があるでしょう。そんな時こそ、主の細い御声を聞きましょう。御使いにまさる聖書の御言葉が、私たちを励ましてくれます。また、同じ主を信じ、同じ労苦をしている兄姉たちがいることも、決して忘れてはなりません。

主よ。こんな弱い私を、御言葉と兄弟姉妹たちによって励ましてくださることを、心より感謝します。

20章

第一列王20章では、エリヤ以外の預言者もアハブ王に三度忠告していたことが明らかにされていますが、三度とも同一人物だったかどうかは明確ではありません。12節、21節、34節で四つの部分に分けて、学んでみましょう。

第一の部分は、当時の危機的な政治状況を描いています。その頃、15章に登場したアラム王ベン・ハダドの子と思われる同じ名の王が、北王国を攻撃してきました。首都サマリアを包囲した王は、最初にアハブ王に従属を命じ、次には略奪を宣言します。最初の命令を受け入れた王も、次の要求は長老たちと相談した上で、きっぱりと拒否しました。

13節からの第二部分では、その時、預言者がアハブ王に主の言葉を伝えています。主は、王に率いられる二百人余りの若い兵士たちによってアラムの大軍を打ち破る、と仰せられました。そこで彼らは七千人の兵隊を従えて、酒盛りをしていたアラム軍を攻撃し、敵に大損害を与えたのです。

22節からの第三部分は、アラム軍が次の年に再攻撃してくることを予告する預言者の言葉から始まっています。その通りに約一年後、敵は平地で有利な戦いをしようと、ガリラヤ湖近辺にあるアフェクという場所に大軍を集めました。しかし預言者はアハブ王に、「大軍を全部あなたの手に渡す」との主の言葉を伝えます。そしてそれは文字通り実現して、敵の王ベン・ハダドを生け捕りにできました。しかしアハブ王は、彼と契約を結んでそのまま国に帰らせました。

35節以降の第四部分には、預言者がアハブ王に伝えた三度目の主の言葉が記されています。この預言者はあえて自分が傷を受け、主が聖絶しようとされたベン・ハダドを逃がした責任によって、アハブ王は主のさばきを受けねばならないことを告げました。王は激しく怒って帰っていきます。

主は、ご自身に背いていたアハブ王に、何度も預言者を遣わされています。何とか主に立ち返ってほしいと願っておられたからです。13節と28節で、二度も「わたしこそ主であることを知る」と仰せられているところからも、それがわかります。しかし王は悟りませんでした。もし私たちが聖書を読んでいても、主こそが本当の神であることを悟らなければ、アハブ王と同じようになってしまいます。

主よ。私は毎日み言葉を読むだけでなく、そのみ言葉に従っていきます。あなたこそ本当の神ですから。

21章

第一列王21章は、王権を乱用するアハブ王とその妻イゼベルをエリヤが厳しく批判したことを述べています。7節、16節、26節で四つの部分に区切ってみましょう。

第一の部分は事件の発端です。アハブ王は首都サマリアだけでなく、肥沃な農耕地帯であるイズレエルにも宮殿を持っていました。そのそばにナボテという人のぶどう畑があったのです。王はこの土地を買収したかったのですが、ナボテは先祖からのゆずりの地を手放そうとはしません。子どものようにふて寝する王に、悪妻イゼベルは「この私が、王権を用いて彼の畑を手に入れてあげましょう」と言いました。

8節からの第二部分には、異教の国シドンから来たイゼベルらしい、王権を振りかざす強引な手口が克明に記録されています。彼女は王の名で町の長老たちに手紙を書き、ナボテに無実の罪を着せて処刑するように命じたのです。この悪辣な方法は見事に成功します。イゼベルの報告を受けたアハブ王は、小躍りしながらぶどう畑に下って行きました。

17節からの第三部分は、主のことばでこの悪事を知ったエリヤが、アハブ王を厳しく糾弾する場面です。19章でイゼベルを恐れて逃げていたエリヤでしたが、彼は主に力づけられて再び悪王に挑戦しました。そして、「アハブもイゼベルも殺され、犬が彼らの血をなめるようになる」という主のさばきのことばを告げたのです。この預言は文字通り実現したことが、次の章と第二列王9章からわかるでしょう。彼らが主の目の前に悪を行なったからにほかなりません。

27節以降の最後の部分は、このことばを聞いたアハブが悔い改めたことを記しています。主はこの姿勢を見て彼を憐れみ、彼の時代にその全家を滅ぼすことを思いとどまられました。でも彼の息子の時代にこの預言は成就するのです。

「王ならどんなことでもできる」と考えていた異邦人イゼベルに比べると、アハブはまだ預言者のことばを聞き、悔い改める心をもっていた点では、イスラエルの民でした。現在の日本の指導者の中にも「権力こそ絶対だ」と考える人々がいることは、本当に悲しむべきことです。私たちはいつでも謙遜にならねばなりません。主は、たといどんな悪人でもへり下るなら、憐れんでくださるお方なのです。

主よ。あなたはこんな罪深い私をも憐れんでくださることを感謝します。私は今日も謙遜に生きていきます。

22章

第一列王最後の22章は、28節と40節で区切れます。第一の部分は、北イスラエル王国の王アハブと南ユダ王国の王ヨシャファテの会談の模様です。まずアハブ王がラモテ・ギルアデを奪回するために、ヨシャファテ王に協力を要請する場面が最初に描かれています。20章で、アハブ王は和平条約を結んでアラムの王を解放したのですが、ラモテ・ギルアデの町はアラムから返還されなかったからでしょう。しかし信仰深いヨシャファテ王は、これが主の御旨かどうかを知るために、預言者に聞こうとします。ゼデキヤを筆頭とする、王の御用聞きのような預言者はみな、勝利を約束しました。

でもヨシャファテ王は不安を感じ、別の預言者ミカヤを召し寄せてもらいます。彼は20章に登場した預言者の一人だったのかもしれません。彼は、先の預言者は偽者であることを明言し、この戦いは敗北に終わることを告げるのです。

29節からの第二部分には、実際の戦いの模様が記されています。アハブ王は謙遜なふりをして兵士の一人に変装し、ヨシャファテ王には王服を着せて戦場に向かわせました。実はこれは危険を避けるずるい方法でした。思った通りアラム軍はヨシャファテ王に集中攻撃しますが、助けを求めるこの王がアハブでないことはすぐわかりました。しかし、ある兵士が何げなく放った矢がアハブ王の下腹部にあたり、王は瀕死の重傷を負います。そして夕方には死んでしまい、前の章の預言通り、その血を犬がなめることになったのです。

41節以降の最後の部分は、二人の王の行動の記録です。最初の王は先ほど登場した南ユダの王ヨシャファテで、彼は善王アサの息子でした。彼も父にならって主に従いました。次に挙げられるのは、北イスラエルの王で、アハブの子アハズヤです。彼は父にならってバアルに従う悪王でした。

列王記をここまで学んできてわかるのは、主は背いてばかりいる北王国の王に何人もの預言者を遣わし、何とか主に立ち返らせようとしておられることです。けれど彼らは預言者に聞かず、自分の意志で悪を選び取り、その結果悲劇的な最後を遂げます。私たちも決して忘れてはなりません。主は、私たちが悪をしりぞけ、主に従う者になるように、いつも聖書から語っておられることを。

主よ。あなたは今日も私に語ってくださいました。私はこの主のことばに従い、あなたを第一として歩みます。

1章

今日から始まる列王記第二は、第一の続きです。まずこの1章は、アハブ王の息子アハズヤの短い治世の記録です。8節と16節で三つの部分に分けてみましょう。

第一の部分では、偶像の神を求めるアハズヤ王に対して、エリヤが厳しいさばきを下しています。アハズヤが北王国の王となった直後に、モアブの国は北王国に背きました。さらに、自分も欄干から落ちてけがをしたアハズヤは、何か不吉なものを感じたのでしょうか。ペリシテ人の町エクロンに祭られている偶像に、自分の病気が直るかどうかを伺うために使者を遣わしたのです。主からこのことを知らされたエリヤはこの使者に会い、アハズヤ王が必ず死ぬことを告げます。そこで使者は王の下に帰りました。王は、この預言をしたのがエリヤだと知って、相当ショックを受けたのでしょう。

9節からの第二部分で、王はエリヤを捕らえるために五十人の兵士をその隊長とともに遣わします。しかし、彼らは天からの火でもって焼き尽くされました。二度目に遣わされた五十人隊も同じ運命に会います。三度目に遣わされた五十人隊の隊長はエリヤの前にひざまずき、謙遜に「いのちをお助けください」と嘆願しました。そこでエリヤは、彼らとともにアハズヤ王のもとに行き、王に直接「あなたは必ず死ぬ」と宣言するのです。それは、王がイスラエルの神である主に問うことをせず、偶像の神バアル・ゼブブに伺いを立てようとしたからでした。偶像崇拝は、最大の罪なのです。

17節以降の最後の部分は、アハズヤ王の生涯の悲惨な結末です。王は、エリヤの預言通り死にました。その治世は足掛け二年という短いものでした。彼には息子もなく、彼の兄弟のヨラムが次の王になります。主に信頼しない人は、たとい王であろうとも、不幸な一生を送らねばなりません。

私たちの人生にも、思いがけない事件がおこります。しかしその時、何に頼るかが問われるのです。「この神様にお参りするとよい」とか、「この民間療法がよくきく」とか、言われるかもしれません。しかし本当に頼るべきお方は、聖書の示す全能の神以外のだれでもないのです。たといどんなことがおころうとも、右往左往しないで、このお方に拠り頼みましょう。主なる神こそ、私たちのすべてをご存じだからです。

主よ。あなたこそ唯一の神であることを、私は堅く信じます。すべての重荷をあなたのもとに持っていきます。

2章

第二列王2章は、エリシャがエリヤの働きを受け継いだ時のことを記しています。エリヤの後継者には三つの資質が必要でした。8節と14節で区切って学んでみましょう。

第一に、従うことです。エリヤの最期が近いことを感じていたエリシャは、何があってもエリヤに従い続けるつもりでした。当時、ギルガルとベテルとエリコには預言者の共同体があったと推測されていますが、エリヤがそれらの町々を訪問するときに、エリシャもついていったのです。エリヤが彼の本心をためすつもりで「ここにとどまっていなさい」と言っても、同胞の預言者がとどめようとしても、エリシャはひるまず、ヨルダン川の向こうまで従っていきました。

第二に、求めることです。エリヤが外套によってヨルダン川の水を二つに分けたことを目撃したエリシャは、エリヤが先祖のモーセやヨシュアにあった賜物を受け継いでいることに気づきました。エリシャはそれを自分も受け継ぎたいと求めたのです。「二倍の分」とは、申命記21章にある長男の受け継ぐべきもので、正式の後継者になることを意味しています。でもこれはエリヤではなく、主がなされることです。エリシャは主がエリヤを天に引き上げられた姿を見たとき、主の全能の力を体験しました。そしてエリヤの残した外套で、エリヤと同じようにヨルダン川を分けたのです。

第三に、自覚することです。エリヤの霊がエリシャにとどまっていることは他の預言者も認めました。またエリシャは水質の悪かったエリコの水を良いものにしました。ベテルの町では、髪の毛の豊かだったエリヤに比べて少ない髪だったエリシャをあざける子どもたちに、主のさばきが下ったことも記されています。これらを通してエリシャは、自分がエリヤの正式な後継者であることを自覚したことでしょう。

主の働きは、いつも次の世代に受け継がれていかねばなりません。主がすべての背後に働いておられますが、私たちもその主の御旨に従い、主の賜物を求め、また自覚していくことが必要です。エリシャは決して有名になることを求めたのではありません。悪い世代に警告するという預言者の働きを絶やしてはならないと思ったのでしょう。今の時代にも、この働きを受け継ぐ人々が不可欠ではないでしょうか。

主よ。もし御心でしたなら、こんな弱い私ですが、預言者の一人として召してください。私は御心に従います。

3章

第二列王3章は、1章で述べられたアハズヤ王の死後、北王国の王となった彼の兄弟ヨラムの治世の記録です。3節、8節、20節で四つの部分に分けて学んでみましょう。

第一の部分は、ヨラム王を紹介しています。彼は両親が崇拝していたバアルの石の柱を取り除きましたが、北王国の初代の王ヤロブアムの造った金の子牛の像は拝み続けました。

4節からの第二部分には、そのヨラム王が、モアブの王と戦うために、南王国のヨシャファテ王と連合したことが記されています。モアブは死海の東側にある国で、以前には北王国にみつぎものを納めていたのに、この頃、反抗し始めたのです。前の王アハブの時にも、南北の連合がありましたね。

9節からは第三部分です。最初の計画では、連合軍は死海の北を回ってモアブに侵入する予定だったのですが、当時南王国の支配下にあったエドムからの軍隊も合流するために、進路を南回りに変更しました。その結果、七日間も余計にかかったので、用意した飲料水がなくなってしまったのです。困った王たちは、主のみこころを知るために、ちょうどその近くにいた預言者エリシャのもとへ行きます。エリシャは善王ヨシャファテのゆえに主のみこころを求めました。すると主は、「モアブを打ち破る」と仰せられたのです。翌朝、多分上流で大雨が降ったからでしょう、死海に注ぐ小さな川に水が満ちあふれるという奇跡がおこりました。

21節以降の最後の部分には、戦闘の有様が描かれています。朝日が反射して水が血のように見えたために、モアブ軍はそれを連合軍の同士打ちと誤解して攻め込みますが、主のことばに励まされた連合軍は、彼らを一網打尽にやっつけました。でも、モアブの王が自分の息子をいけにえとする恐ろしい行為を見たゆえ、連合軍は自国に引き上げたのです。

ヨラム王は、まだ母親のイゼベルが生きていた時代にバアルの偶像を取り除くほど勇気があったのですが、主に全く従うほどではありませんでした。主はそんな彼を、エリシャやヨシャファテなど主に従う人々のゆえに、憐れまれたのです。現代においても、私たちが主のみこころを求めて歩むとき、私たちの周囲にいる神に対して無関心な人々にも、主の恵みが注がれることをぜひ知ってください。

主よ。こんな私でも、回りの人々の益のために用いてくださることを、心から感謝します。

4章

第二列王4章からの三つの章には、エリシャが行なった多くの奇跡が述べられています。今日の4章は、三種類の人々のための奇跡でした。7節と37節で分けてみましょう。

第一に、貧しいやもめのための奇跡です。預言者だった夫を亡くした彼女は、借金のために二人の子どもを奴隷に取られようとしていました。でも彼女がエリシャのことば通りにしたとき、家に唯一あった油の壺から、多くの空の器を満たすほどの油が湧き出たのです。エリヤも同じような奇跡をしましたね。どちらの場合も、まずやもめが自分の持っている小さなものを差し出すことから奇跡は始まりました。

8節からの第二の奇跡は、やもめの場合と対照的に、裕福な女性のための奇跡です。彼女は、子どもがなかったこと以外、本当にしあわせでした。エリシャは、その彼女に子どもが与えられることを預言し、その通りになったのです。

しかしこの子どもが成長したとき、急に死んでしまいました。こんなことなら、最初から子どもが与えられない方が良かったと、母親は思ったことでしょう。彼女は二十五キロほど離れた所にいたエリシャのもとにかけつけ、自分の家に来てくれるように願い出ました。エリシャが急いで行ってその子の死体の上に身を伏せて暖めたとき、その子は生き返ったのです。これも、エリヤがした奇跡と似た所がありますね。主イエスも同じような奇跡をなさいました。

さて38節以降の第三の奇跡は、預言者たちのためのものでした。ききんの時、知らずに食べようとした野性の瓜の毒を、エリシャは麦粉でもって消し去ったのです。また、大麦のパン二十個と一袋の新穀で、百人ほどの預言者を養う奇跡も行いました。特に後の奇跡は、主イエスが五つのパンと二匹の魚で五千人を養った奇跡と似ています。

以上の奇跡は、エリシャが自分の偉大な力を示すために行ったのではありません。主なる神が人間の生と死、そして日々の生活を支配しておられることの証明だったのです。貧しい人でも豊かな人でも、また普通の人でも預言者でも、主は常に心に留めておられます。「まず神の国と神の義を求めなさい。そうすれば、これらのものはすべて、それに加えて与えられます」という約束は、昔も今も、真実なのです。

主よ。あなたは、私の必要のすべてをご存じですから、私のすべてをあなたに委ねて歩んでいきます。

5章

第二列王5章にも、二つの奇跡が記されています。19節が区切りです。

前半は、ツァラアトに冒されていた、異邦の国アラムの軍人ナアマンの癒やしの奇跡です。その病が治るために、彼は三つのことをせねばなりませんでした。まず第一に、治るようにと願い求めることです。ナアマンは軍の長で勇士でしたが、軍服に隠されたからだはひどい状況でした。イスラエル人の娘からエリシャのことを聞いたナアマンは、治りたい一心でそのことを主君に告げ、イスラエルの王に手紙を書いてもらったのです。でもイスラエルの王はこの手紙を誤解したようですね。

第二に、ナアマンはエリシャのことばを信じねばなりませんでした。将軍はエリシャの家まで来たのに、彼は顔も見せずに、「ヨルダン川へ行って、七回あなたの身を洗いなさい」というだけです。将軍は、部下の助言もあったため、自分のプライドを捨て、彼のことばを単純に信じました。

第三に、ナアマンは従い続ける必要がありました。彼がヨルダン川に身を浸しても、六度目までは何の変化もなかったかもしれません。でも従い続けたときに奇跡はおこりました。喜んだナアマンは心からエリシャに感謝をあらわし、異教の地に帰ってからも主に従い続けることを約束したのです。

さて20節からの後半部には、前半部と対照的に、イスラエル人ゲハジがツァラアトになったことが述べられています。贈り物を何一つ受け取らなかったエリシャを見て、そのしもべのゲハジは、「何ともったいない」と思ったのでしょう。ナアマンの後を追いかけていき、ナアマンが差し出した物のごくわずかをもらって帰ってきたのです。でもエリシャはそれを知っていました。罪を告白する機会を与えられながらも罪を認めようとしないゲハジに、ナアマンにあった病が移されます。主は罪に対しては何と厳しいお方でしょうか。

現在でも主は、心から求め、信じ、従う人々に奇跡的なみわざをなされます。病気の癒やしだけでなく、心をきよめるというみわざがなされるのです。しかし、自分の利益を求める人々には、厳しいさばきが下ります。異国人ナアマンが癒やされても、イスラエル人ゲハジは病になったことは象徴的です。クリスチャンであっても、常に謙遜に主のことばを信じて従いましょう。

主よ。私は、ナアマンのように、自分のプライドを捨て、謙遜に主のことばを信じ、従う者となります。

6章

第二列王6章には、エリシャの行った奇跡が三つ描かれています。7節と23節で区切って学んでみましょう。

第一の奇跡は、預言者の共同体のあったエリコ近辺での出来事と思われます。ここで生活を共にする人々が多くなったので、建物を増築しようとした時のこと、一人の人が借り物の斧の頭をヨルダン川に落としてしまったのです。しかしエリシャは一本の枝を川に投げ込むことによって、それを浮かびあがらせました。この奇跡から、日常のささいな出来事においても主の憐れみがあったことがわかるでしょう。

8節からの第二の奇跡も、主の憐れみを示しています。ナアマン将軍の時代に、アラムの国は北王国に友好的だったのですが、この時代になると、侵略を何度か試みたようです。でも主の啓示によって、エリシャはアラム王の作戦をすべて見抜いていました。そこでアラム王は彼を捕まえようと軍隊を遣わしますが、主は彼らの目をくらませられ、エリシャ自身が彼らを首都サマリアの王のもとに連れていったのです。王は、エリシャのことばに従ってこの敵軍を歓待し、彼らを無事に母国へ帰しました。その結果、その後しばらくはアラムの略奪隊は活動を止めます。まさに愛の奇跡です。

24節からは、次の章にまで続く長い物語が始まります。直前の記事から何年か後、再びアラムの王がサマリアの町を攻撃して包囲しました。さらに飢饉も起こったため、食糧は非常に高価になり、自分の子を殺して食べるというような悲劇さえ生まれたのです。しかし北王国の王は、この危機的な状況の原因がエリシャにあるかのように思っていました。そして彼の首をはねるために使者を遣わします。エリシャはこのことを知っていましたが、それが主の御心なら受け入れる覚悟でした。エリシャはあくまでも主に従順でした。

今までの学びでわかるように、エリシャは自分のためには何一つ奇跡を行っていません。彼の奇跡はほとんど、主ご自身がすべての人々を憐れんでおられることを知らせるためでした。私たちは、自分たちの益になるような奇跡を求めることが多いものです。しかし主は、敵のためにも奇跡を行われることを知る必要があります。あなたは「敵を愛し、迫害する者のために祈る」ことができるでしょうか。

主よ。私を良く思っていない人々の上にも主の祝福があるように、私は心から祈ります。

7章

第二列王7章は前章の続きで、アラム軍に包囲されていたサマリアの町が救われたという奇跡を記します。2節と15節で三つに分けてみましょう。

第一に、これは信じがたい出来事でした。次の日にはこの町の包囲が解かれ、食糧が安く手に入ることをエリシャが預言したとき、王が頼みとしていた侍従は「主が天に窓を作られたとしても、そんなことがあるだろうか」と笑いとばします。きっと他の人々も、同じように信じなかったことでしょう。

3節からの第二部分には、この奇跡を最初に知ったのはツァラアトに冒された人たちだったと記されています。彼らはその病のゆえに城壁の外にしかおれず、一番危険な立場にありました。たとい町の中に入っても食物がないのなら、アラム軍に降伏しようと彼らは思ったのです。味方にわからないように夕暮時に敵陣に行ったところが、何と、敵の兵隊は一人もいなくなっていました。主がアラム軍を、北からのヒッタイト軍と南からのエジプト軍に取り囲まれたと錯覚させられたので、彼らは命からがら逃げ出していたからです。

この病人たちは、最初は自分たちだけで敵の残した食糧をたらふく食べていたのですが、それは良くないことだと思って夜中に町に戻り、王の家来に報告します。不審に思った王も、斥候を出して調査させた結果、彼らの報告が本当だとわかりました。王はどれほど驚いたことでしょうか。

さて、16節以降の最後の部分は、この奇跡はエリシャが預言した通りであったことを明らかにしています。まずアラム軍が残していた食糧が預言通りに安く売られました。さらに、飢えていた民衆が町の門に殺到したために、その門を管理していた例の王の侍従は民衆の下敷きになって死んでしまいました。これも預言通りです。主のことばは必ず、その通りに実現するのです。

この奇跡も、主に背いている北王国の王と民のためになされたことを忘れないでください。主は、忍耐強く、彼らが主を本当の神としてあがめるように、導いておられます。そのために、みなから嫌われていた病人を用いられました。たとい北王国がツァラアトの病人のように汚れていても、主は彼らを憐れまれたのです。私たちも罪人ですが、そんな私たちに与えられた救いの奇跡を、黙っていてはなりません。

主よ。こんな私を救ってくださったことを、心から感謝します。どうかこの喜びを伝える勇気を与えてください。

8章

第二列王8章には、主の大きな憐れみが三つの出来事を通して記されています。6節と15節で分けましょう。

第一の部分からは、4章に登場した裕福な女性への憐れみがわかります。いくら裕福でも飢饉《ききん》に見舞われるなら大変です。この時には未亡人となっていたと思われる彼女は、エリシャのことばに従い、生き返らせてもらった息子を連れてペリシテの国に避難しました。でも七年後に帰国してみると、家も畑も人手に渡っています。この時は、ゲハジが病になる前だったと思われますが、王はこの女性の話をゲハジから聞いていたところでした。そこで彼女の所有物はすべてもとに戻ったのです。主のタイミングは完全ですね。

7節からの第二部分には、北王国に対する憐れみが述べられています。いつも北王国と争っていたアラムの国の王が病気になりました。そこで王は重臣のハザエルをエリシャのもとに遣わし、自分の病状のことを知ろうとしたのです。エリシャは、これが第一列王19章でエリヤが預言していたことの成就であることを悟り、ハザエルが王位を奪って北王国を苦しめる時のことを思って泣きだします。主の御旨を十分承知していたからでしょう。エリヤが預言してから十数年がたち、エリシャも繰り返して警告してきたにもかかわらず、いまだに主に立ち返ろうとしない北王国は、裁かれねばならないのです。その後ハザエルは、預言通りアラムの王になりました。

16節以降の第三部分には、南のユダ王国の二人の王に対する憐れみが記されています。ヨシャファテの次にはその子ヨラムが八年間、その後にその子アハズヤが一年間、王となりましたが、彼らは二人とも主の目の前に悪を行ないました。ヨラムの妻アタルヤは北王国の悪王アハブの娘だったからです。でも主はダビデのゆえに南王国を憐れまれました。

主の憐れみは、一人の女性にも、北王国にも、また南王国にも及ぶ大きなものでした。しかし、主の憐れみを心から感謝して受け取り、主の目の前に正しく生きた人は、決して多くはなかったのです。現在の私たちも決して忘れてはなりません。私たちが幸福に暮らせるのは、主の憐れみのゆえであることを。そして、常に喜び、絶えず祈り、すべてのことを感謝する今日一日としようではありませんか。

主よ。罪人の私さえも憐れんでくださるあなたの真実な愛に感謝します。私もその真実に応えて歩みます。

9章

第二列王9章は、北王国の王ヨラムとその母イゼベルがエフーという人物によって暗殺された事件を記しています。これは前の章でハザエルがアラムの王になったのと同様、エリヤが第一列王の19章で預言していたことでした。また、21章で預言されたアハブ家の滅亡の成就でもあります。16節、26節、29節で四つの部分に分けて学んでみましょう。

第一の部分は、エリシャが若い預言者をエフーのもとに遣わし、彼に油を注いで王としたことを述べています。エフーは、アラムの国との戦争の最中だったので、突然の出来事に当惑しました。でも部下たちがそれを認め、兵士を集めて即位の儀式をしたので、すっかりその気になります。そしてすぐに戦車に乗り、戦場から六十キロも西にあるイズレエルに向かいました。そこの宮殿にヨラム王がいたからです。

17節からの第二部分には、ヨラム王暗殺の経緯が詳細に記録されています。狂ったように戦車を御しているエフーの姿を見つけた見張りの報告があっても、王はまさか彼が謀反を企んでいるとは思わず、南王国のアハズヤ王と一緒に彼を迎えに出ました。エフーはここぞとばかり、ヨラム王の心臓を射抜きます。その場所が父アハブが残虐な手口で奪い取ったナボテの畑であったことは、偶然ではありません。

27節からの第三部分には、一緒にいた南王国のアハズヤ王も負傷し、その後死亡したことが書かれています。彼の母が悪王アハブの娘だったことは昨日学んだことでしたね。

30節以降の第四部分は、アハブの妻イゼベルの悲惨な最期の描写です。彼女はこの事態になっても厚化粧をし、宮殿の上からエフーを見下ろしていました。しかしもはや彼女に味方する者はおらず、宮殿から投げ落とされます。その死体が犬に食われることも、エリヤが預言したことでした。

エリヤの預言は、彼が昇天して十数年後に文字通り成就しました。主がご計画なされたことだからです。主に背く者が長く繁栄するはずはありません。私たちも、自分が主に背くことのないように注意するだけでなく、主に背いて繁栄している人々をうらやむことのないようにしましょう。彼らの最後は滅びなのです。たとい貧しくても、主に従順に生きることこそ、本当の幸福だと知ってください。

主よ。私はこの地上で繁栄することではなく、真心をもって神と人とに仕えることを求めて歩んでいきます。

10章

第二列王10章には、エリヤの預言通り、エフーがアハブの家に属する者たちを次々と滅ぼしていく様子が描かれています。11節、14節、27節で区切ってみましょう。

第一に滅ぼしたのは、首都サマリアにいたアハブの七十人の子孫でした。エフーはサマリアの町の有力者に、「アハブの子孫から王をたてて、私に立ち向かってこい」と挑戦状をたたきつけます。しかしそれをする勇気がない彼らは、かえってアハブの子孫の首をイズレエルにいたエフーのもとに持ってきました。エフーはそれらの首を民の前にさらし、これがエリヤの預言の成就であることを宣言したのです。また、イズレエルにいたアハブの関係者もみな殺しました。

12節からの第二の部分でエフーは、南王国の王アハズヤの身内の者たちも殺しています。アハズヤの母親がアハブの娘なので、彼らはアハブ家の人々のことを心配してイズレエルに行く途中だったのです。彼らは、サマリアへ行くところだったエフーと会い、みな殺しにされてしまいました。

15節からの第三部分では、エフーは彼を迎えに来た友人のヨナダブとともにサマリアに行き、そこに住んでいたアハブの一族を滅ぼしています。さらにアハブが拝んでいた偶像バアルの信者もみな殺しにしました。「自分はアハブよりもっと熱心にバアルに仕えるつもりだ」と偽って信者をバアルの宮に集め、近衛兵と侍従の手によって殺したのです。

さて28節以降の最後の部分には、エフーの二十八年の治世がまとめられています。彼はバアル宗教を根絶したのですが、北王国初代の王ヤロブアムが設けた金の子牛の像は、そのままにしていました。その結果、彼の王朝は四代で滅びることになります。また北王国の領土の内、ヨルダン川の東側がアラムの王ハザエルによって奪われ始めたのでした。

エフーがアハブ一家を全滅させたのは、エリヤを通して語られた主の預言が成就するために他なりません。主がアハブの罪をさばかれたのです。しかしエフーも自分の罪によってさばかれることを、列王記の著者は明記しています。私たちも、主は罪を正しくさばかれる方であることを、いつも覚えていましょう。そして罪から離れ、神に近づくように、毎日心して歩もうではありませんか。

主よ。罪を犯しやすい私です。でも私とともにいて、その罪に打ち勝つ力を与えてください。

11章

第二列王11章からの七つの章には、北王国が滅亡に至るまでの南北両王国の歴史が記されています。まず今日の11章は、南王国最悪の人物の一人、女王アタルヤの治世の記録です。3節と12節で三つに区切ってみましょう。

第一の部分は、彼女の即位の時の出来事を述べています。自分の子であるアハズヤ王がエフーの謀反によって殺された直後、彼女は次の王位につくはずの自分の孫たちをことごとく暗殺して、自分が女王となりました。あの恐ろしいイゼベルの娘らしい残虐な女性ですね。しかし当時一歳だったヨアシュだけが祭司エホヤダの妻エホシェバによって救われ、王の子として神殿の中で密かに育てられていたのです。

4節からの第二の部分には、アタルヤの治世の七年目にヨアシュが本当の王として即位したことが記されています。この計画を推進したのは、祭司エホヤダでした。彼は忠実な兵士たちを神殿に集め、護衛の手はずを整えてヨアシュの即位式の準備をします。そして神殿の中で七歳になったヨアシュに王冠をかぶらせ、油を注いで王と宣言したのです。

神殿で騒ぎがおこっているのを不審に思ったアタルヤが出ていってみると、兵士と民が「王様万歳」と叫んでいるではありませんか。やっと謀反に気づきますが、あとの祭り。彼女は王宮まで連れ戻されて処刑されました。

17節以降の最後の部分は、祭司エホヤダを中心として、新たな政治体制が整えられたことを報告しています。まず、王も民も誠実に主に従うという契約と、王は民を公正に治めるという契約がなされたようです。その結果、アタルヤが建てたと思われるバアルの像は砕かれ、逆に主の宮はちゃんと管理されるようになりました。アタルヤの悪政に苦しんでいた民はこの改革を喜び、町も国も平穏になったのです。

この章を見ると、アハブの娘アタルヤと結婚した二代前の王ヨラムは大失敗をしたことがよくわかりますね。それと対照的に、祭司エホヤダの妻エホシェバは、幼いヨアシュの命を救い出し、夫の働きを助けました。男性でも女性でも、どんな人と結婚するかはその人の生涯を決めてしまう大切な決断です。まだ未婚の人は、生涯を通して信仰を共にできる人が与えられるように、熱心に祈りましょう。

主よ。神と人とに真心をもって仕えることができるように、互いに協力しあえる夫婦とならせてください。

12章

第二列王12章は、ヨアシュ王の四十年の治世の二大事件を記録しています。16節と18節で分けましょう。

第一は、百五十年ほど前にソロモンが造った神殿の補修をしたことです。それまでは神殿にささげられたお金を祭司が管理し、補修の費用とすることになっていたのですが、祭司らはそれを実行していませんでした。そこでヨアシュ王は三十歳になったとき、エホヤダをはじめとする祭司たちを召集して、ささげられたお金を受け取らないように命じたのです。

祭司エホヤダが考えた新しい方法は、神殿に入った所にある祭壇の右側に一つの箱を置くことでした。主の宮に納められるお金はみなその箱の中に入れられ、ある程度たまったときに王の書記と大祭司がその金額を計算します。そしてその金はすべて神殿の補修工事をする監督者たちに渡され、彼らがそれを木工や建築師、石工などに払ったり、材料を買ったりしました。この受け渡しは互いの信頼の上でなされたため、残高を勘定することもなかったようです。ただし、代償のささげ物と罪のきよめのささげ物のお金は宮に納められず、祭司の生活のために用いられたことも明記されています。

17節からの第二部分は、もう一つの大事件であるアラムの王ハザエルの来襲について述べています。この時ヨアシュ王は、先祖たちが聖別して主の宮に納めた全ての物をアラム王に渡し、その侵略を防ぎました。神殿補修のため熱心だった王が、敵には易々と神殿の物を渡したのです。

19節以降の第三部分には、ヨアシュ王の最期が描かれています。彼は家来に暗殺されてしまいました。歴代誌第二の24章によれば、エホヤダの子ザカリヤがヨアシュ王の偶像礼拝を批判したため、王が彼を殺害したことが、王暗殺の一因となったようです。悲惨なヨアシュ王の最期でした。

2節に、「ヨアシュは、祭司エホヤダが彼を教えた間、いつも主の目にかなうことを行った」と書かれているところに注意してください。エホヤダが死んだ後に、王は主から離れていったのです。私たちも、信仰深い両親や友人が生きている間だけの信仰ではないかと、自分を点検することが必要ではありませんか。自分が直接に主からみことばを受けていないと、いつかはメッキがはがれてしまうのです。

主よ。親や友人によって保たれるような信仰ではなく、あなたと直接に結びつく信仰を持って私は歩みます。

13章

第二列王13章は、エフーの後を受け継いだ北王国の二人の王の治世についての記述です。主に背き続けていたこの二人の王にも、主は大きな憐れみを示されました。9節、13節、21節で四つに分けて学んでみましょう。

第一の部分は、エフーの息子エホアハズの歩みです。彼は北王国初代の王ヤロブアムが設けた子牛の偶像を拝み続けたため、主は北王国をアラムの国の手に渡されました。この苦しみを経験した王は、へり下って主に願ったゆえに、主は一人の救う者を与えられたのです。でも、子牛の偶像やアシェラの偶像を取り去ることをしなかったため、再びアラムの国の攻撃にあい、北王国の軍隊は大きな被害を受けます。エホアハズの十七年間の治世は、起伏に満ちたものでした。

10節からの第二部分は、エホアハズの息子、ヨアシュの治世を描いています。彼も父親と同じく金の子牛を拝み続けたゆえに、国に戦いが絶えることはありませんでした。

しかし14節からの第三部分で、主はこんな悪い王のためにも預言者エリシャを通して憐れみを示されたのです。エリシャが死の床に伏していたとき、ヨアシュ王は彼を訪問し、彼が自分たちの国のためにどれほど重要な人物であったかを告白しました。そこでエリシャは最後の力を振りしぼって、アラムの国がある東方に矢を放ち、その後、地を打つよう王に命じます。王は三度だけそれをして止めましたが、これは王がアラムを破ることを示す象徴的な行動だったのです。

さて22節以降の最後の部分は、以上二人の王とアラムとの戦いについてのまとめです。主は先祖との契約のゆえに、アラムとの戦いによってはこの国を滅ぼされませんでした。アラムに負けたことがあったものの、ヨアシュは三度彼らを打ち破ったのです。主の憐れみのゆえに他なりません。

21節は、死んだ人がエリシャの骨に触れたときに生き返った奇跡を記しています。これは、たとい死んだような北王国でも、エリシャの語る主のことばを本気で信じるなら生き返ることを示唆する記事だと言えるでしょう。現在の私たちは、主のことばを本気で信じているでしょうか。主は、本気で信じる者たちには、本気で応えてくださる方です。どんな罪人にも、豊かな憐れみを示してくださるのです。

主よ。あなたのみわざを中途半端にしか信じない私を憐れんでください。私は、本気で信じる者となります。

14章

第二列王14章は、南北両王国の三人の王の治世を記しています。14節と22節で三つに区切りましょう。

第一の部分には、前々日学んだ南王国のヨアシュ王の死後に王となったアマツヤに関する二つの出来事が取り扱われています。彼は、自分の政権基盤が確立した時を見計らって、父親を暗殺した二人の指導者を処刑しましたが、申命記24章を守り、彼らの子どもたちを殺すことはしませんでした。でもダビデのように、律法の全てに誠実に従ったのではなく、父ヨアシュのような中途半端な従い方だったようです。

もう一つの出来事は、南王国の南方にあったエドムの国を支配下に置き、その勢いに乗じて同胞である北王国にも戦いを挑んだことです。しかし北王国の王ヨアシュは強敵アラムを打ち破った強者で、アマツヤの無謀な企てを諌めます。でも結局戦争となり、南王国は打ち負かされた上にエルサレムの城壁も百八十メートルにわたって破壊されました。

15節からの第二部分は、この二人の王の治世の終わりを記しています。北王国のヨアシュは、十六年間王位にあった後に死に、息子のヤロブアムが次の王となりました。また南王国のアマツヤは、ヨアシュより十五年長く生きて、二十九年間王でした。彼は父親と同じく暗殺されましたが、王位は無事に息子のアザルヤ、別名ウジヤに継承されます。

23節以降の第三部分は、北王国のヤロブアム王の治世を描いています。彼は、北王国初代の悪王の名前だけでなく、その全ての罪も受け継いで、四十一年間、王国を治めました。国民は彼の悪政に苦しんだのですが、主はこの国を憐れみ、預言者ヨナを通して語られたように繁栄を与えられたのです。ヤロブアムは自分の力で領土を拡大したと思っていたでしょうが、これは主のご計画に他なりませんでした。

この頃は、金の子牛の像を拝む北王国のみならず、ダビデの血統を受け継ぐ南王国さえも、混乱していたことがよくわかります。それでも主は、この両王国を憐れんでおられました。同様に主は今も、失敗ばかりしている私たちを憐れんでおられることを忘れてはなりません。「私たちは滅び失せなかった。主のあわれみが尽きないからだ」との、哀歌で約束されているみ言葉を心に刻みつけて歩みましょう。

主よ。私には誇る所など一つもありません。今日も、あなたの憐れみに拠り頼んで歩んでいきます。

15章

第二列王15章には、南ユダ王国の二人の王と北イスラエル王国の五人の王の治世が記されています。特に北王国の場合は、約二十年の間に五人も王が代わり、その内の四人までが暗殺されるという悲惨な状態でした。時代順に七人の王が描かれていますので、区分はすぐにわかるでしょう。

7節までは、南王国のアザルヤ、別名ウジヤの記録です。五十二年間という長い治世には、父王との共同統治期間や、晩年のツァラアトの病による隔離期間も含まれていたと思われます。第二歴代26章によると、この病は、高慢になった王が、祭司しかできない儀式を行った罪の結果でした。

8節から北王国の王が次々と登場します。まず北王国を大発展させたヤロブアム王の後継者のゼカリヤは、たった半年間で暗殺されました。偶像礼拝を行い続けたエフー王朝は、10章で預言されていた通り、四代で滅びたのです。

13節からは、次の王シャルムもわずか一か月でメナヘムによって暗殺されたことを述べています。日本にも「三日天下」の武将がいましたね。剣を取る者は剣で滅びます。

17節からの部分には、メナヘムの十年の治世が描かれています。彼だけは暗殺されませんでしたが、アッシリア帝国の侵略を大量の貢ぎ物で防いだことが唯一の業績でした。

23節からは、メナヘムの息子ペカフヤの治世です。しかし彼も二年後には侍従のペカによって暗殺されました。

そのペカの二十年の治世が27節から記されています。この時代に、アッシリア帝国は最初の捕囚を連れて行きます。この無能なペカ王を見て、ホセアが謀反をおこしました。

32節以降の部分は南王国に戻り、ウジヤ王の子ヨタムの十六年の治世を描きます。彼は父親と同じ程度の善王でしたが、アラムの国と北王国に攻撃されることになりました。

この章に登場する七人の王を見ると、本当に悲しくなります。北王国の王たちは主に背いたために無残な最期をとげ、南王国の王たちも晩年に高慢になったり、敵国から攻められたりしました。まだ敵国に滅ぼされるには至っていませんが、まさに「風前の灯」でした。私たちの周囲にも、そのような状態の人々がいるのではないでしょうか。私たちは、そんな人々のためにも、痛みをもって祈る責任があります。

主よ。自分の罪のゆえに苦難の中にある人々がいます。どうかその方々を憐れんでください。

16章

第二列王16章は、南王国のアハズ王について記しています。南王国では、この時代まではまだ主の目にかなうことを行った王たちが多くいたのですが、アハズ王はそうではありませんでした。4節、9節、16節で区切ってみましょう。

第一の部分は、アハズ王の十六年の治世の概略です。彼はカナンの偶像神モレクに対する宗教儀式の一つとして、自分の子どもを祭壇で焼くようなことまでしました。また、主に犠牲をささげるためなら許されていた小高い場所で、偶像の神にいけにえを献げたり、香をたいたりもしたのです。

5節からの第二部分には、南王国と周辺諸国との関係が述べられています。北王国の王ペカとアラムの王レツィンとが連合して首都エルサレムを攻めてきました。それは何とか防いだのですが、祖父のウジヤ王が支配下に置いた重要な港町エイラトはアラムに占領されてしまいます。そこでアハズ王は当時の大国アッシリアに貢ぎ物を贈り、アラムの首都ダマスコを攻撃してもらったのです。この戦略は大成功でした。

10節からの第三部分は、アハズ王がさらに主から離れていく姿を描いています。彼はアッシリアの王と会うためにダマスコに行ったとき、立派な異教の祭壇を見ました。驚嘆した彼は母国の祭司ウリヤに手紙を書き、それと同じものを造らせます。そして帰国後、それをエルサレムの神殿に置き、そこでささげ物をするようにしたのです。昔、主の命令によって造られた祭壇は、無視されてしまいました。

さて17節以降の最後の部分です。アハズ王は、昔、ソロモン王が神殿に置いた車輪付きの洗盤から青銅を取り外しました。アッシリアの王に献上するためだと思われます。アハズ王は、もはや主に頼ろうとはせず、ただ圧倒的な軍事力をもつアッシリア王に仕える気持ちを持つだけでした。

南王国に代々続いた善王は、アハズ王に至って途切れてしまいます。しかし不信仰の芽は、すでに先代の王たちの時からあったことを見落としてはなりません。主に徹底して従わないなら、結局純粋な信仰はどこかに消えてしまうのです。現代でも同じことが言えます。私たちが本気になって主に従っていないなら、子どもたちに信仰を継承させることは難しいことを認め、真剣に主を求めて生きていきましょう。

主よ。中途半端な信仰生活を悔い改めます。心から主に寄り頼む本物の信仰を、私と私の家族に与えてください。

17章

第二列王17章は、主に背き続けた北王国の滅亡が述べられています。6節と23節で三つに分けてみましょう。

第一の部分は、北王国最後の王ホセアの九年間の治世の記録です。アッシリア帝国は、南王国から要請されたように北王国を攻めました。そこでホセア王は貢ぎ物を納めて占領を免れたのですが、その後エジプトと同盟を結んで貢ぎ物をやめたことが謀反とみなされ、ついに滅ぼされてしまいます。そして国民の大半がアッシリアの国に捕囚となったのです。

7節からの第二の部分には、北王国が滅んだ理由が二つ書かれています。第一の理由は、主の命令にではなく異邦人の風習に従って歩んだことです。ヤロブアムの造った子牛の像や、アシェラ像、バアル像、天の万象を拝み、人身御供やまじないをしたことが主の怒りを引き起こしました。第二の理由は、主から遣わされた多くの預言者の警告を聞かなかったことです。預言者は「悪の道から立ち返れ」と叫びましたが、出エジプト時代の人々よりも頑なな民は、それを無視しました。以上二つのことは北王国だけでなく、南王国にも言えることです。南王国も同じ運命になる危険性がありました。

24節以降の第三部分には、民の大半が捕囚に連れて行かれた後の、サマリア地方の混乱した状態が描かれています。アッシリアの王は、自国の民をこの地方に移住させました。でも戦争後の荒れた土地で増えた獅子が、この民を襲ったのです。民は「以前の住民が信じていた神についての慣わしを知らないための天罰だ」と考え、王に報告します。そこで捕囚民の一人の祭司がサマリアに戻り、主を礼拝することを教えました。でも民は自分たちの偶像を捨てなかったため、それは混合宗教になってしまうのです。列王記が書かれた時代にもこの状態が続いていることが、厳しく批判されています。

この章は、たとい神の民であろうとも、主のみことばに従わないなら、遅かれ早かれ滅んでしまうことを厳粛に教えていると言えるでしょう。私たちもこの事実を忘れてはなりません。聖書のことばを知っていても、それに従っていないなら、何にもならないのです。聖書は現代の預言者の役目を果たしています。今日も聖書から主のみこころは何かを教えられ、それに素直に従って歩んでいきましょう。

主よ。私を主から離れさせる多くの誘惑から守ってください。私はただあなたのみことばに従って歩みます。

18章

今日読む第二列王18章からは、南王国のみの歴史の記述になりますが、まず三つの章を用いて、アッシリア帝国に攻撃されたときのヒゼキヤ王の言動を描いています。18章は8節と12節で三つの部分に分けられるでしょう。

第一の部分は、ヒゼキヤ王の治世の概略です。彼は悪王アハズの息子でしたが、それまでの南王国のどの王よりも強く主に信頼していた人でした。彼の母アビが信仰深かったのかもしれません。彼は、偶像崇拝の場に陥っていた高き所やアシェラ像、また偶像視されていた青銅の蛇を取り除きます。また主にのみ頼り、アッシリアの王に仕えませんでした。

9節からの第二部分は、昨日学んだ北王国の滅亡を再度短く記しています。南王国と対比するためなのでしょう。

13節以降には、アッシリアが南王国を攻撃したときの様子が述べられています。北王国滅亡の八年後、アッシリアは南王国の首都エルサレムの南西四十五キロにあるラキシュの町まで進軍してきました。ヒゼキヤは貢ぎ物で解決しようとしますが、敵の指揮官ラブ・シャケはエルサレムまでやってきて、全面降伏を要求します。彼は、町の中にいる民にもわかるように、ユダの言葉で三つのことを言うのでした。

最初は、「北王国がしたようにエジプトと同盟を結んでも何の役にもたたない。エジプトに頼んだ二千頭の馬をこっちで用意してやろうか」と嘲ります。次に、「主なる神に信頼しても駄目だ」と傲慢に言い放つのです。「エルサレムだけで拝まれているような神は、何の力もない。私は主のことばによってこの町を攻めているのだ。どんな国の神々も、私の手から民を救い出せなかった」と豪語します。そして三つ目に、「降伏するなら、この国と同じように豊かな収穫のある地に連れて行ってやろう」と、餌をまくのでした。

これだけひどい言葉をかけられても、民は沈黙していました。ヒゼキヤ王がそう命じていたからです。王としても不安でなかったわけではありません。しかし、人がどのようなことを言っても、王は主に信頼していました。現在の私たちも見習うべき態度ではないでしょうか。私たちの信仰を馬鹿にするような人もいるでしょう。しかし、何を言われようとも主に信頼し続けましょう。主は必ずみわざをなされます。

主よ。どんな困難な状態になったとしても、私はあなたを信頼し続けます。主よ。弱い私を守ってください。

19章

第二列王19章は、国の危急の時に、ヒゼキヤ王が主に助けを求め、それゆえに救われたことを記しています。7節、13節、19節、34節で五つに分けてみましょう。

第一の部分でヒゼキヤ王は、自分は主の宮で祈り、重臣たちを預言者イザヤのもとに遣わしています。きっと、自分一人で祈るだけでは、とてもこの困難に対処できないと思ったからでしょう。この時イザヤは、アッシリアの王が自分の国に引き揚げるという主の約束を明確に預言しました。

8節からの第二部分には、アッシリア王がヒゼキヤ王に、今度は手紙を書いたことが述べられています。実は、クシュの国から攻撃され始めたので、南王国を早く降伏させようとあせって書いた手紙でした。これは、「どんな国の神々も、アッシリア軍から救い出せない」という傲慢な内容です。

14節からは第三部分です。ヒゼキヤ王は、この手紙を主の宮に持っていき、それを広げて祈りました。「他の国の神々は、人間が造ったものだから民を救い出せなかった。しかしあなたは真の神だから、必ず私たちを救い、全地があなたこそ神であることを知るでしょう」と。

この祈りに答えて、イザヤの預言した主のことばが20節以降に書かれています。主は三つのことを語られました。一つ目は、アッシリアの軍事行動はみな、主が計画されたものであること。二つ目は、ここ数年はまだ苦難が続くが、南王国ユダは必ず豊かな実を結ぶこと。そして三つ目に、アッシリア軍はエルサレムに侵入できずに退却することです。

そして35節以降の第五部分は、主の預言が成就したことを明記しています。アッシリアの十八万五千人の軍隊がその夜のうちに退却し、また帰国したセンナケリブ王も自分の子どもたちに暗殺されてしまったのです。

主は、ヒゼキヤのように心を低くして主に祈り求める者を救ってくださいます。しかしアッシリアの王のように高ぶる者は、滅ぼされるのです。私たちはどちらでしょうか。苦難の時こそ、謙遜になって主に祈り求めるチャンスです。また順調な時にも、主がすべてを導いていてくださることを謙遜に感謝する者となりましょう。主は、そのような者に、驚くような奇跡を示してくださいます。

主よ。私はあなたの完全なご計画を信じて、逆境の時には祈り、順境の時には感謝する者となります。

20章

第二列王20章は、ヒゼキヤ王の信仰を示すもう二つの事件を記しています。11節と19節で三つに分けてみましょう。

第一の事件は、アッシリア帝国が南王国に進軍しようとしていた頃におこったと推測されます。ヒゼキヤは重病にかかっていました。イザヤも王の死を預言し、後継者を明確にしておくように忠告したのです。しかし国の危急の時であり、次の王になるマナセも生まれていない時でしたので、ヒゼキヤは一人になり、泣いて主の憐れみを請い求めました。

主はその祈りに答え、帰る途上にあったイザヤに語られます。彼はすぐに王のもとに戻り、もう十五年寿命が延びることとアッシリア王から救われることを預言しました。その通り、腫物はいやされ、また日時計の影が戻るという奇跡も与えられたのです。王はここで「主は生きておられる」との確信を得て、アッシリアに立ち向かうことができたのでしょう。

第二の事件は12節から始まります。これもアッシリアの攻撃前のことでした。当時はまだ弱小国だったバビロンからヒゼキヤ王の全快祝いの使者が遣わされたのです。反アッシリア同盟を結ぶ目的もあったでしょう。そこで王は、自分の国の力を誇示するために、宝庫や武器庫をすべて見せます。でもこのことはイザヤに知らされていなかったのです。

この直後、イザヤは主によって、「父祖たちが蓄えてきた物がすべて、バビロンへ運び去られる日々が来る」と預言しました。主は、人の力に拠り頼むことを喜ばれないからです。しかしこの預言は、アッシリアの脅威を目前に見ていた王にはかえって救いでした。王は自分の不信仰を悔い改めて主に頼る決心をし、前の章の奇跡を体験したのです。

20節以降には、ヒゼキヤの生涯がまとめられています。特にギホンの泉から引いた水道は今も残る大業績です。

ヒゼキヤ王は決して完全ではありませんでした。でも苦難の時に主の前に出てひたすらに祈る姿勢は、私たちが見習うべき点ではないでしょうか。私たちも、神以外のものに頼りやすいことを否定できません。その時、主は様々な方法でその過ちを忠告してくださいます。私たちはその忠告を感謝して受け入れるべきなのです。そして不信仰を悔い改め、ただ主に拠り頼んで歩む者となろうではありませんか。

主よ。あなた以外のものに頼ろうとする不信仰な私を憐れんでください。あなたこそ唯一の救い主です。

21章

第二列王21章は、ヒゼキヤの後継者である二人の王についての記録です。18節で二分できるでしょう。

前半はマナセ王の五十五年の治世を描いています。彼は、父ヒゼキヤが徹底的に破壊した偶像を築き直し、また異邦人の忌み嫌うべき慣わしを再び取り入れました。この章には、そのような罪を犯した理由が三つほど示唆されています。

第一に家族の問題です。彼はヒゼキヤの病気が奇跡的に癒されて三年後、四十二歳になった時の息子でした。やっと生まれた世継の子というので、わがままに育てられたのかもしれません。母ヘフツィ・バハが、偶像崇拝をしていた可能性もあります。善王の子が必ずしも善王にならないのです。

第二に家来の問題です。マナセは十二歳で王になったのですから、前王ヒゼキヤの家来が幼い王を正しく導くべきでした。たとい王であろうとも、主の律法を守り行なっていないなら、それを指摘して改めさせるのが家来の責任です。

第三に預言者の問題です。10節に言及されている預言者はイザヤだという説もあります。イザヤは、マナセ王の命令によりのこぎりで切り殺されたという伝説があるそうですが、そんな事件があったからか、本章では預言者の具体的な活動が記されていません。残念なことです。

19節から始まる後半部分には、マナセの子アモンの二年間の治世が記されています。彼も父と同じく主の目の前に悪を行いました。しかし、彼は家来の謀反によって暗殺されたのです。北王国と同じような悲惨な出来事を憂えた民衆は、謀反を起こした者たちを処刑し、幼いヨシヤを王としました。このヨシヤ王が宗教改革に邁進したことが、次の章に記されています。これは主の憐れみのゆえに他なりません。

子どもに信仰を受け継がせることは、大変なことです。両親が心を一つにしてこのために祈らないと、子どもたちはこの世の悪の誘惑に負けてしまいます。教会も養育中の親を助けねばなりません。幸いなことに、第二歴代誌の33章によると、マナセ王はその晩年に悔い改めたようです。悪に満ちたこの時代だからこそ、私たちはただ主の憐れみを請い求めて、子どもたちのために祈りましょう。もし子どもたちが滅びてしまうなら、これほど悲しいことはありません。

主よ。子どもたちがあなたに従う者となるように、私は毎日毎日祈ります。どうか主よ。憐れんでください。

22章

第二列王22章と23章は、二人の悪王の後に即位したヨシヤ王が断行した宗教改革を記しています。今日の22章からは、この宗教改革には三つのきっかけがあったことがわかるでしょう。7節と13節で三つに区切ってみます。

第一のきっかけは、王が誠実だったことです。アモン王の悪政に心を痛めた人々によって、八歳で王に擁立されたヨシヤ王でしたが、その後十八年間、彼はダビデの道に歩むように教えられたのでしょう。二十六歳になったとき、彼は主の宮がかなり破損している状態を見て、大祭司に修理するように命じたのです。二百年ほど前、ヨアシュ王の時代に設けられた、主の宮の献金箱の中のお金が財源でした。ダビデも、主の宮を建てたいと願っていた誠実な王でしたね。

8節からは、第二のきっかけが記されています。そこで修理の作業がされているとき、どこかから律法の書が発見されたのです。悪王のアハズ王やマナセ王に見つかって燃やされないように、当時の祭司が隠していたのかもしれません。手渡された書記がそれを読み上げるのを聞いたヨシヤ王は、自分が律法を守っていなかったことに気づき、衣を引き裂いて悔い改めました。そればかりか王は、重臣たちを集めて、国のために主のみこころを求めるように命じたのです。

14節以降に書かれている第三のきっかけは、預言者のことばでした。重臣たちは、当時信頼を受けていた女預言者フルダのもとにいくと、彼女は二つのことを告げます。まず、今までの王と民が主を捨てたために、主はこの国にわざわいをもたらされること。次に、ヨシヤ王が悔い改めたので、彼が生きている間は主のさばきはくだされないことです。しかし20章のヒゼキヤ王と違って、ヨシヤは将来のわざわいもおこらないように、徹底した宗教改革を始めるのでした。

主の前に誠実に歩もうとしたヨシヤ王の時代に、主の宮で律法の書が見つかったのは、決して偶然ではありません。主は、心から主を求める者には聖書のことばを明確に示してくださるのです。さらに、聖書を解説してくれる人も与えてくださいます。私たちも、誠実に主を求めましょう。主は、今日のあなたの問題にも、みことばによってはっきりと歩むべき道を示してくださいます。

主よ。悪に満ちた世の中だからこそ、私にみことばを与えてください。私はそれに従って生活します。

23章

第二列王23章は、30節で前後に分けられます。

前半部分のほとんどは、ヨシヤ王による宗教改革の記録です。彼は四つのことをしました。第一に、すべての民を集めて律法を読み聞かせ、それを守ることを誓わせたのです。

第二に、祖父のマナセ王が主の宮の中に置いていた偶像や神殿男娼の家を打ち壊しました。その他にも、王の家や国内にあった様々な偶像、また偶像の祭司たちをすべて取り除きます。各地にあった高き所で仕える祭司もエルサレムに集めて、偶像崇拝と関係をもたせないようにしたのです。

第三に、すでに滅亡していた北王国の町ベテルにあった偶像崇拝の場所も破壊しました。16節は、これがすでに三百年ほど前に、ある「神の人」が預言していたことだ明記しています。第一列王13章2節を見て、ヨシヤ王の名前をあげて預言されていることを確認してください。

第四に、律法に記されている通りに、過越のいけにえをささげました。また律法に禁じられている霊媒や、家庭内に置くテラフィムなどの小さい偶像なども取り除いたのです。

しかしこれらの改革にもかかわらず、主はこの国に対する怒りを静めようとはされませんでした。過去の王が犯した罪のゆえに、南王国も北王国と同様に滅びようとしていたのです。ヨシヤ王も、エジプトとの戦いの時に死んでしまいました。

31節からの後半部には、ヨシヤ王の後を継いだエホアハズと、その後のエホヤキムの二人の王の治世が述べられています。二人は異母兄弟でしたが、弟のほうが有能だったためか、先に王になりました。しかしエジプト王の逆鱗にふれて三か月で失脚します。その後、兄が王となりますが、エジプトの傀儡政権にすぎませんでした。二人とも、父ヨシヤの信仰を受け継がずに、主の目の前に悪を行ったからです。

確かにヨシヤ王は立派な信仰者でした。でも、たった一人の信仰で国の運命を変えることはできません。民全体が心の底から悔い改め、子どもたちもその信仰を受け継いで歩むことが必要だったのです。家庭でも教会でも同じでしょう。一人の誠実な歩みは非常に大切ですが、それが広がっていかねばならないのです。どうか、立派な信仰者の歩みにならってください。その時こそ、リバイバルが生まれるのです。

主よ。私は、主の前に誠実に歩んでいきます。さらにこの歩みが、人々の模範となるように、私を用いてください。

24章

第二列王24章には、南王国最終期の王たち三人が描かれています。7節と17節で三つに分けてみましょう。

第一の部分は、前の章で登場したエホヤキム王の十一年間の治世を、さらに詳しく紹介します。この時代、南王国を囲む世界情勢は大きく変化しました。バビロンの国が大きな力をもつようになり、ついに紀元前六〇五年、大国エジプトを打ち破ったのです。エジプトの支配下にあった南王国も当然攻撃されました。この時は降伏したものの、それから三年後、バビロンのエジプト遠征が失敗した時に反逆しますが、すぐに平定されます。この頃に、ダニエルたちがバビロンに連れて行かれました。第一次捕囚です。これはあの悪王マナセの犯したすべての罪に対する神のさばきに他なりません。

8節からの第二部分は、エホヤキムの後に王となった彼の息子エホヤキンの短い治世を記録しています。この時代に再びバビロンの国がエルサレムに攻め上り、前回よりも多くの人々と財宝をバビロンに移しました。政治家や軍人だけでなく国の産業を担っていた職人や鍛冶屋など約一万人が捕囚となり、また、神殿と王宮にあったすべての財宝も持ち去られたのです。これが紀元前五九七年の第二次捕囚で、預言者エゼキエルもこの捕囚の一人でした。エホヤキン王と王の一族もバビロンに連れていかれたのですが、次の章を見ると、王は後に優遇されるようになります。主の憐れみでした。

18節以降の部分には、南王国最後の王となるゼデキヤの治世が紹介されています。彼はエホアハズやエホヤキムと同じく善王ヨシヤの息子でしたが、三人とも主の目の前に悪を行った王たちでした。彼のおいにあたる前の王エホヤキンも悪王でしたね。これだけ悪王が続くと、主が怒られるのも無理はありません。この時代に南王国は滅亡するのです。

以上の歴史を見ると、あのヨシヤ王の時の宗教改革はどういう意味があったのだろうかと思わざるをえません。必死で改革をしたのですが、彼の子どもたちはみな、父の願いに反して主に従わなかったのです。子どもに信仰を伝えるのは、それほど難しいことなのでしょう。すばらしい業績をあげるのも大切ですが、子どもたちを真の信仰に導くことこそ、何にも勝る大事業であることを忘れてはなりません。

主よ。自分の仕事を大切にするあまり、家庭を顧みることをおろそかにしないよう、私に知恵を与えてください。

25章

第二列王25章は、南王国の滅亡の経緯を記しています。7節、21節、26節で四つに区切ってみましょう。

第一の部分には、ゼデキヤ王の時代における三度目のバビロン軍の攻撃が述べられています。原因は、ゼデキヤ王がエジプトに助けを求めたことだと思われますが、これに怒ったバビロンの王は全軍勢を率いてエルサレムを包囲しました。一年半の篭城の後、町には食物がなくなり、また城壁の一部も壊されてしまいました。「もはやこれまで」と思った王と戦士たちは夜の間に逃げ出します。でも結局王は捕らえられて、両目をつぶされた後にバビロンに捕囚となるのです。

8節からの第二部分は、約一か月後にエルサレムの町が徹底的に破壊される様を描写します。神殿も王宮も民家も城壁も壊され、貧しい民の一部以外はみな捕囚とされました。主の宮の主な金や銀はすでに奪われていましたが、残っていた青銅の物や小さな金銀の器までもがみなバビロンに持って行かれたのです。さらに最後に残された祭司や王の側近や書記などの指導者と六十名の民衆が、バビロン軍の基地があったリブラでうち殺されます。以上の出来事が五八七年の第三次捕囚で、これで南王国の滅亡が決定的になったのです。

22節からの第三部分には、南王国に残された者たちの運命が書かれています。バビロン王は、ゲダルヤを総督に任じましたが、彼は反対者たちに暗殺されてしまいました。そこで仕返しを恐れた人々がエジプトに逃げ出します。この時、彼らは預言者エレミヤを無理矢理に連れて行きました。

27節以降の最後の部分は、第二次捕囚でバビロンに捕らえ行かれたエホヤキン王が、三十七年の後、優遇されるようになったことを記録しています。そしてこの五百五十年後に、彼の子孫として救い主イエスがお生まれになるのです。

列王記の最後は、主に背き、偶像に仕えたイスラエルの民の悲惨な結末を赤裸々に描いています。それは、この民に罪の恐ろしさを教え、この悲劇を二度と繰り返させないためでした。現代の私たちも同じ教訓を学ばねばなりません。主のみことばに背くなら、一時的に快楽を得ることはあっても、最後は必ず悲劇となります。でも主イエスは、その悲劇から人類を救うために誕生されたことを忘れないでください。

主よ。あなたに従わずに安易な道を選びとりやすい弱い私です。だからこそ、今日も主イエスに拠り頼みます。

南北両王国の王名と治世の年数

ダビデ（40年）

ソロモン（40年）

南王国（ユダ王国）	北王国（イスラエル王国）
レハブアム（17年）	ヤロブアム（22年）
アビヤム［アビヤ］（3年）	ナダブ（2年）
アサ（41年）	バアシャ（24年）、エラ（2年）、ジムリ（7日間）
ヨシャファテ（25年）	オムリ（12年）
ヨラム（8年）	アハブ（22年）
アハズヤ（1年）	アハズヤ（2年）
アタルヤ（7年）	ヨラム（12年）
ヨアシュ（40年）	エフー（28年）
アマツヤ（29年）	エホアハズ（17年）
アザルヤ［ウジヤ］（52年）	ヨアシュ（16年）、ヤロブアム2世（41年）
ヨタム（16年）	ゼカリヤ（6か月）
アハズ（16年）	シャルム（1か月）、メナヘム（10年）
ヒゼキヤ（29年）	ペカフヤ（2年）
マナセ（55年）	ペカ（20年）、ホセア（9年）
アモン（2年）	
ヨシヤ（31年）	
エホアハズ（3か月）	
エホヤキム（11年）	
エホヤキン［エコンヤ］（3か月）	
ゼデキヤ（11年）	

歴代誌 第一・第二 解説

今回学ぶ歴代誌を一読すると、サムエル記と列王記の焼き直しとも思える内容です。しかし何回も読むなら、その書き方がかなり違っていることに気づかれるでしょう。実はヘブル語原典では、歴代誌は旧約聖書の最後の部分に置かれているのです。なぜそうなのかを考えることは、歴代誌の内容と意義を理解するために非常に大切です。

＊　　　＊

第一問　どういう点が違っているのでしょうか。

まず第一に、冒頭に出てくる長い系図は歴代誌にしかありません。それは人類の祖先のアダムから始まり、9章ではバビロン捕囚から帰還した人々にまで至っています。つまり、創世記からエズラ・ネヘミヤ時代に至る長いイスラエルの歴史が、系図の形で描かれているのです。

第二に、ダビデとソロモンについては第一巻の10章から第二巻の9章まで、列王記以上に詳述されます。しかし彼らの失敗の記事はほとんど含まれておらず、逆に神殿建築に関する彼らの功績が強調されているのです。

第三に、第二巻の10章からの記録は南王国の王たちのみに関するものです。これは、南王国こそイスラエルの正統な歴史を担うと考えられたからでしょう。

第二問　するとこの書は、イスラエルの歴史を公正に描いてはいないのでしょうか。

それは違います。以上の点が強調されているのは、歴代誌が誰のために、誰によって書かれたかを考えれば理解できるでしょう。

第三問　では歴代誌の書かれた背景を教えてください。

バビロンから帰還した後のことも書かれていますから、多分紀元前五世紀頃のことだと推測されます。捕囚から解放された南王国の人々は、帰国すると同時にまず神殿を再建しました。しかししばらくすると、それまでのイスラエルの民と同様、彼らはまたしても神殿礼拝をおろそかにし、異教徒と雑婚するようになったのです。

これを憂えた人物が、それまでの様々な資料を用いて過去の良い伝統と悪い過ちを記録し、民に悔い改めを迫ったのではないかと考えられています。

第四問　では誰が歴代誌を書いたのでしょうか。

確実なところはわかりませんが、本書の最後とエズラ記の最初は全く同じであることから、祭司エズラではないかと推測されています。あるいは他の祭司たちも加わったかもしれません。

第五問　この書の内容をもう少し詳しく教えてください。

まず第一巻から見ましょう。前述したように、9章までは系図ですが、十二部族の中でも南王国を構成していたユダ族とベニヤミン族、それに祭司を出すレビ族とが、特に詳しく述べられています。

10章の最初でサウル王の戦死が少しふれられた後、ダビデの業績が、格別に神殿建築の準備をしたことや、レビ人のつとめを定めたことなどに重点を置いて書かれています。

第二巻になると、2章でソロモンが行なった神殿建築の記述に入り、神殿の構造や備品や犠牲などについて、祭司が書くにふさわしい詳細な記録が見られます。

10章以降に南王国の二十人の王の生涯が描かれますが、善王は詳しく、悪王は簡単に言及されています。善王は「父祖ダビデの道」に歩み、神殿礼拝に励み、祭司とレビ人のつとめを重んじたことが、繰り返し強調されています。

列王記では預言者が王に忠告したことが何度も記されていました。でも歴代誌では預言者のみならず、祭司やレビ人の活躍も述べられます。特に23章、24章では祭司エホヤダが悪い女帝アタルヤを討ち、次の王ヨアシュを支えたことが大きく取り扱われているのです。ここらあたりも歴代誌の特色でしょう。

第六問　列王記までは預言者でしたが、歴代誌では祭司が強調されているのですね。

大切なことに気づきました。この後、ネヘミヤ記までその傾向が続きます。これが原典の構成にも表れているのです。

第七問　本書から現代の私たちが学ぶべきことは何でしょうか。

現代の祭司は牧師です。もちろん牧師は預言者として聖書のことばを語ります。しかしそれだけでなく、信徒のためにとりなしの祈りをし、洗礼式や聖餐式などの儀式を行う祭司でもあります。これらのことも決しておろそかにされてはなりません。

預言者も祭司も、みことばを実際に生きるために主が遣わされた助け手です。イスラエルの王のみならず、私たちはみな、主を忘れて自分勝手に生活しやすいものです。礼拝出席よりもレジャーを優先しがちなのです。今一度、そのような罪を悔い改め、祭司の言葉に耳を傾け、礼拝を第一にすべきではないでしょうか。それこそ祝福の秘訣なのですから。

1章

今日から始まる歴代誌は、今まで学んだ創世記から列王記までの長い歴史を圧縮して記しています。

特に最初の九つの章は、数多くの名前を書くことによって、イスラエルの歴史を思い出させようとするのです。また本書は、バビロン捕囚から解放された記事で終わっており、それは次のエズラ記の冒頭とほぼ同じであることから、著者は紀元前五世紀の祭司エズラではなかろうかと推測されています。まず今日学ぶ1章は、最初の人アダムから、イスラエル十二部族の先祖であるヤコブに至るまでの系図です。4節、28節、37節で四つの部分に分けてみると、理解しやすいでしょう。

第一の部分は、アダムからノアまでの系図です。直系のみが記されており、傍系はみな省略されています。ノアになって初めて、三人の息子の名前が挙げられます。

5節からの第二部分は、ノアからアブラハムまでの系図です。まず傍系のヤフェテとハムの子孫が書かれた後に、17節から直系のセムの系図が描かれています。ヤフェテは「日焼け」という意味であり、ハムは「白い膚の人々」、セムは「褐色」ということばと関連するそうですので、以上の三人は全世界の三つの人種を代表しているのかもしれません。

29節からの第三部分には、アブラハムの二人の子であるイシュマエルとイサク、そしてイサクの二人の子であるエサウとヤコブの子孫の名前が列挙されています。ヤコブは、後に民族名となるイスラエルという名前を与えられました。

38節以降の第四部分は、傍系であるエサウの子孫が住むようになったエドムの地の先住民たちの名前を列挙しています。セイルを先祖とするこの系図は、43節からの王たちの名前も含めて、すでに創世記36章に記録されていることに注意しましょう。彼らも主の計画の中にあったのです。

名前の羅列で、読むのが嫌になるような箇所ですが、記されている一人一人に、他のだれにも置き換えられない貴い人生があったことを忘れないでください。私たちも、長い人類の歴史の中では、ほんの一瞬を生きるだけの者です。しかし主は、その一人一人を御心にとめておられます。今日も、天国のいのちの書に名前が記されている者として、大きな喜びと感謝をもって生きていこうではありませんか。

主よ。あなたはこんな小さな私さえも愛して、今日も一日私と一緒に歩んでくださることを心から感謝します。

2章

第一歴代2章はヤコブからダビデまでの系図です。17節までは直系が、18節以降には傍系が記されています。

前半部分の最初にはヤコブ、別名イスラエルの十二人の子どもたちが列挙されていますが、その四男であるユダが正式の継承者となりました。このユダの子孫たちの名前が、4章前半まで続くのです。ユダの後を受け継いだのも長男ではなく、長男の嫁タマルとの近親相姦で生まれたペレツでした。その子はヘツロン、その後ラム、アミナダブ、ナフション、サルマ、ボアズ、オベデ、エッサイ、ダビデと続きます。マタイ福音書1章の系図と名前が少し違うのは、ヘブル語とギリシア語の日本語表記の相違というのが最大の理由です。

第一サムエル17章では、ダビデは八人兄弟の末っ子とされています。きっと兄の一人が早く死んだので、ここでは七番目と記されているのでしょう。ダビデの姉の息子たちは彼の側近となり、敵との戦いで勇敢な働きをしました。

18節以降の後半部分には、ユダの孫であるヘツロンから生まれた傍系の二人の系図が記されています。直系は次男のラムですが、傍系の長男エラフメエルと三男カレブのことも忘れずに書かれているのです。このカレブは、ヨシュアと共に偵察隊員となった人物ではありません。時代が全く違います。彼の子孫として生まれたベツァルエルは幕屋の備品を造った人で、出エジプト記31章に言及されています。

25節からは、長男エラフメエルの子孫が記録されています。この中にはそれほど有名な人物は登場していません。

42節以降には、三男カレブの系図が述べられています。49節には「カレブの娘アクサ」と言われており、ヨシュア記15章を思い出しますが、文脈的にはやはりユダの孫のカレブを指していると理解するほうが良いでしょう。

この系図を学ぶと、長男が正式の後継者となることが一般的だった当時でも、主のご計画が長男のみによって進められていたのではないことがよくわかります。たとい長男でなくても、あるいは傍系であっても、その人に与えられた賜物によって、主は最善のわざをなされました。主は、現代の私たちをも同じように用いてくださいます。いえ、私たちだけではなく、私たちの子孫をも用いてくださるのです。


主よ。あなたはこんな私をも用いようとしておられることを感謝します。私に何ができるかを教えてください。

3章

第一歴代3章は、ダビデから捕囚に至るまでの系図です。9節と16節で三つの部分に区切ってみましょう。

第一の部分では、ダビデの子どもたちの名が列挙されています。ヘブロンでユダの王となっていた時に六人が生まれ、エルサレムで全イスラエルの王となった後には、十三人もの息子が与えられました。その他、タマル以外にも娘がいたでしょうし、そばめから生まれた者たちも含めると、きっと何十人という子どもたちだったでしょう。しかし、年長の息子たちはダビデの心を痛めました。長男アムノンは妹タマルを辱め、三男アブサロムは兄のアムノンを殺した上にクーデターまで起こし、四男アドニヤは老衰したダビデに代わって王となろうとしたのです。でもダビデは主の恵みの約束を信じ続け、最終的にソロモンが王位を継承しました。

10節からの第二部分は、ソロモンからゼデキヤまでの系図です。15節のヨハナンと、16節のエコンヤの子のゼデキヤ以外はみな、南王国の王となりました。名前を見て、先日まで列王記で学んだこれらの王の言行を思い出せるでしょうか。15節に記されているヨシヤの四男シャルムは、ゼデキヤより年長だったエホアハズのことでしょう。16節のエコンヤは、バビロンに捕囚となったエホヤキンのことで、彼がダビデの血統を受け継いだのでしたね。

17節以降の第三部分には、エホヤキンからエルヨエナイに至る系図が記されています。特に注目すべきなのは、19節に登場するゼルバベルです。彼は、次に学ぶエズラ記や、預言書のゼカリヤ書とハガイ書などにも言及されている人物で、捕囚民をエルサレムに連れ戻し、様々な困難と戦いながら神殿再建にあたりました。マタイ福音書冒頭にある主イエスの系図にも、その名が記されています。

一見名前の羅列と思えるここ数日間の聖書箇所ですが、記録されている人物の経歴を知っているなら、少しは興味深くなります。たとえば卒業式での証書授与のとき、他に誰一人知らなくても、自分の子どもの名前が呼ばれたなら、「よくぞここまで成長してきたな」と感激することでしょう。聖書は、様々の人物に注がれた神の恵みの記録です。私たちにはどんな恵みが注がれているでしょうか。

主よ。こんな私にも、あなたは多くの恵みを毎日与えてくださっていることを、心から感謝します。

4章

第一歴代4章は、23節で前後に分けられるでしょう。

前半には、ユダの子孫のうち、2章と3章の系図からもれた人々について述べられています。耳慣れない名前が数多く出てきて全体を把握できないので、9節以降にかなり詳しく書かれているヤベツという人に焦点をあててみましょう。

彼はだれの息子であるかも記録されていないのに、母親が出産の痛みのうちに産んだからでしょうか、「痛み」という意味の珍しい名前をつけられたことを述べています。しかし成長するにつれ、彼はイスラエルの神に祈ることを学びました。そして「私を大いに祝福してください」と主に求めたのです。その祈りは聞きとげられ、彼は兄弟たちの中で最も重んじられる者になりました。祈りが彼の人生を変えたと言えるでしょう。この短いエピソードは、この章の中でひときわ輝いています。多くの人々が痛みや悲しみの中で主に呼ばわってきました。でもその時こそ、主が助けてくださるのです。13節のオテニエルも15節のカレブも、士師記3章や民数記14章によると、まさにそういう経験をした人たちでした。

24節からの後半部は、ユダに続き、ヤコブの三男であるシメオンの子孫についての記録です。まずその直系の系図が述べられた後、彼らの住んだ町々が列挙されています。これらはユダ族の居住地の南にあり、一部は重なっていました。そこでヒゼキヤ王の時代に、幾つかの氏族の長たちがさらに南に進み、メウニム人とアマレク人を打ち破ってその土地を獲得したのです。ヨシュア記を思わせる書き方ですね。

ヨシュア記で主がイスラエルの民に命じられたのは、「約束の地は与えられている。だからそれを占領しなさい」ということでした。約束を心から信じて、積極的に向かっていくことが、主の求められている姿勢なのです。

系図の中に点在する幾つかのエピソードは、理由があって挿入されています。この章では、主に祈り求め、獲得していく姿勢の大切さを教えているようです。今の私たちにも、苦難は次々とやってきます。だから信仰をもって祈ることが必要なのです。「私たちの信仰、これこそ、世に打ち勝った勝利です」とのみことばを胸にいだき、今日も、この世の苦難に打ち勝たれたお方を信頼して歩んでいきましょう。

主よ。苦しみの時も悲しみの日も、私はあなたを信頼して歩んでいきます。弱い私を助けてください。

5章

第一歴代5章には、ヨルダン川の東に定住した二部族半の系図が記録されています。南から北へ、ルベン族、ガド族、マナセの半部族という順に居住したのです。彼らは牧畜に適したこの地域をあえて選び、約束の地に領地をもちませんでした。しかしここは、敵の攻撃を受けやすい地方でもあったのです。10節、17節、22節で分けてみましょう。

第一の部分は、ヤコブの長子であったルベンの系図です。ルベンは、自分の犯した罪のために長子の特権を受け継ぐことができませんでした。他の兄弟の倍のものを受け取る権利がヨセフ族に移っただけでなく、歴代の王もユダ族から出ることになったのです。でもルベン族はギルアデの地に増え広がり、サウル王の時代にはかなり繁栄していました。

11節からの第二部分は、ガド族について述べています。彼らはルベン族の北に広がるバシャンを中心としながら、その周辺の広大な地域にも住むようになりました。そして紀元前八世紀に北王国を大発展させたヤロブアム王の時代には、王国の正式な系図に載せられるまでに繁栄したのです。

18節からが第三部分です。ルベン族、ガド族、マナセの半部族が以上のように栄えたのは、四万五千人近くの勇者がいたからでなく、戦いのときに神に呼び求めたからでした。もしこの時の神の助けを忘れないでいたなら、それから数十年後に捕囚になる悲劇はおこらなかったでしょう。

23節以降の最後の部分は、マナセの半部族の系図を示すとともに、以上の二部族半の悲惨な結末を示しています。マナセの半部族はさらに北方に発展しましたが、彼らのかしらたちはその恵みを与えてくださった神に対して不信の罪を犯しました。その結果、紀元前七二二年には、アッシリアの王によって、ユーフラテス川のほとりに連れ去られたのです。

主は、以上二部族半が自分たちの益のために約束の地以外の所に住むことをあえて許され、また豊かな繁栄を与えられました。でも彼らはそのような主の恵みを忘れ、偶像の神々を慕って不貞を犯したので、主は最終的に彼らをさばかれたのです。私たちも同じような忘恩の罪を犯してはいないでしょうか。主が私たちに与えてくださっている祝福を今日も忘れず、ひたすら主の前に誠実に歩んでいきましょう。

主よ。どんなに繁栄したときでも、自分の力でそれをしたと思わず、謙遜に主に従う者とさせてください。

6章

第一歴代6章は、レビ部族についての記録です。30節、47節、53節で四つの部分に分けてみましょう。

第一の部分は、レビの系図を記しています。彼にはゲルショム、ケハテ、メラリという三人の息子がいました。その内ケハテの子孫の一部がモーセの時代から大祭司の家系となります。15節までの歴代の大祭司の中に、だれか知った人がいますか。アロン以外に、エルアザル、ツァドク、ヒルキヤの名前を覚えているなら立派なものです。16節からは、他の二人の息子を加えた系図です。ケハテの子孫で大祭司にならなかった家系の人々の名前も一緒に記されています。

31節からの第二部分は、ダビデの時代以降に、主の宮で賛美の奉仕にあたった人々の名前を挙げています。神殿が完成するまでは、彼らは幕屋の前で賛美していました。ケハテの子孫からはヘマンが、ゲルショムの子孫からはアサフが、メラリの子孫からはエタンが、それぞれ聖歌隊の指導者に任命されたのです。ヘマンの聖歌隊を中央にして、右にはアサフの聖歌隊、左にはエタンの聖歌隊が並びました。

48節からの第三部分には、大祭司であるアロンの子孫の奉仕内容と、その系図が記されています。重要性を示すために、15節までの系図が再度記されているのです。

54節以降の第四部分は、レビの子孫の居住地を記載しています。まず大祭司の家系であるアロンの子孫、次にアロン以外のケハテ族、そしてゲルショム族、メラリ族と続くのです。彼らはイスラエルの全土に散って住みました。これは、創世記四九章で先祖のヤコブが預言したことの成就と言えるでしょう。シメオン族が明確な居住地を持たなかったのと比較して、レビ族の場合は全土に散って主のために奉仕する機会となったことは、ただ主の憐れみです。

民数記26章の統計によれば、レビ族はシメオン族と並んで人数が少ない部族でした。しかし主はレビ族を豊かに用いられたのです。レビ族にとっては、まさに「主が彼らの相続地」でした。人数や財産がどんなに少なくても、主はそんなこととは無関係に人々を用いられます。主は、現在の私たちも同じように用いてくださいます。主のために、喜んで自分の能力と時間とを用いようではありませんか。

主よ。何の力もない私ですが、喜んで主に仕えたいと願っています。どうかこの私を用いてください。

7章

第一歴代7章には、さらに六つの部族の系図が記されています。読んでいけば、区切れる所はすぐわかるでしょう。

最初に挙げられているのはイッサカル族です。ガリラヤ湖の南に住んだ彼らは多くの妻子を得て、この当時八万七千人もの人口をもつようになりました。これは民数記26章に記録されている数より、二万人以上も多くなっています。

6節からはベニヤミン族の系図です。彼らはエルサレムより北方の地域に住んでいました。ベラ、ベケル、エディアエルの三つの氏族の人口を合計すると約六万人で、この部族も民数記の時代より一万五千人ほど増えています。

13節には、ナフタリ族の系図が短く記されています。ナフタリは父ヤコブと母ビルハの間に生まれた子なので、ナフタリの四人の息子は、ビルハの子ではなく孫になります。

14節からはマナセ族の系図です。すでに5章でヨルダン川の東に住んでいた人々の系図は記載済みですから、ここはヨルダン川の西に住む残りの半部族のものでしょう。15節にツェロフハデという人の名前が出てきます。彼には女の子どもたちしかいなかったので、例外的に女性に相続地が与えられたことが民数記27章に述べられていましたね。

20節からは、エフライム族の系図が書かれています。彼らの居住地は、28節などでわかるようにベニヤミン族とマナセ族の間にありました。エフライムは、息子たちが殺されるという悲しみの中で、ベリアという息子と、男性にも優る大きな働きをしたシェエラという娘を与えられたのです。

30節以降はアシェル族の系図です。彼らはガリラヤ湖の東の地中海沿岸に住んでいました。軍務につく者たちの数二万六千人は、民数記26章の数の半分ほどですので、これは「えり抜きの勇士」の数とも考えられます。

これまで学んだ中に、ダン族とゼブルン族の系図が出てこなかったことに注目してください。実はこれ以降にも彼らの記録はないのです。歴代誌が書かれたのは北王国滅亡の後ですから、滅亡時のどさくさで記録が紛失したのでしょうか。神の民の系図の中に名前がないというのは本当にさびしいものです。私たちも、自分の名前が脱落しないよう、この地上の生活の最後まで誠実に主に拠り頼んでいきましょう。

主よ。あなたのもとに召されるその日まで、私はあなたに拠り頼んで生活します。弱い私を守ってください。

8章

第一歴代8章には、前の章で簡単にふれられたベニヤミン族の系図がさらに詳しく述べられています。イスラエルの最初の王サウルを10章で紹介する準備でもあるのでしょう。理解しやすいように、28節で前後に分けてみます。

前半は、前の章と違って、ベニヤミンの長男ベラに重点を置いた系図で、名前もあちこちで違っています。直接の親子関係ではなく、何代も後の人の名前が記されているからでしょうね。ベラの子であるゲラの子孫の一人に、士師記3章に登場する左ききのエフデがいます。6節にあげられている人物です。でもベニヤミンからエフデまでは、少なくとも五百年ほどの開きがあることを知っておいてください。

8節から、シャハライムという人の系図がかなり詳しく記されています。彼は二人の妻を去らせました。彼らが姦淫の罪を犯したからかも知れません。でもその妻フシムから生まれたエルパアルが、この部族のおもだった人々の祖先になったのです。南王国の回復の象徴とも思えます。19節以降にシムイ、シャシャク、エロハムの子どもたちの名が列挙されていますが、この三人は13節と14節に出てくるシェマ、シャシャク、エレモテと同一人物だと推測されています。

さて29節からの後半部には、サウルの系図が記録されています。彼の先祖はエルサレムの北西十キロの所にあったギブオンに住んでいました。彼の祖父はネルで、父はキシュです。サウルの息子としてヨナタンともう三人が挙げられており、その後ヨナタンの子孫の名が続きます。メリブ・バアルとはメフィボシェテのことで、その子孫としてアツェルとエシェク兄弟が挙げられています。彼らの子どもたちは、すべて勇士だったので、皆がよく知っていたのでしょう。

次の章で明らかになるのですが、これらの系図はバビロン捕囚から帰ってきた人々によってまとめられました。一度は滅びた自分の国に戻ることができたのは、主の憐れみ以外のなにものでもありません。この系図を見るたびに、彼らは二度と罪を犯してはならない、国を滅ぼしてはならないと思ったことでしょう。私たちも、自分が救われたのは主の憐れみであったことを忘れてはなりません。そして常に、主に感謝して生活する者となろうではありませんか。

主よ。今の私があるのは、ただあなたの深い恵みのゆえであることを、心から感謝します。

9章

第一歴代9章は、34節で前後に分けられるでしょう。

前半部分には、捕え移されていたバビロンの国から七十年後に解放され、再び母国に戻ってきた人々の名前が記されています。しかも彼らは徹底的に破壊されたエルサレムにあえて住み、町と主の宮の再建のために尽力した人々でした。彼らは、次の四つのグループに分けられます。

第一に、ユダ族の人々で約七百人いました。

第二にあげられるのは、ベニヤミン族のかしらに当たる人々であり、この部族の人々の総数は約千人でした。

第三に記されているのは祭司たちです。彼らは、特に神の宮再建のため尽力したでしょう。約千八百人いました。

第四のグループはレビ人であり、14節から34節までに詳しく述べられています。彼らの働きは三種類に分けられるでしょう。まず一つ目は、メラリ族を核とする聖歌隊の奉仕者です。二つ目は主の宮の東西南北にある四つの門を守る門衛です。シャルムをかしらとしてもう三人の名前が挙げられています。また、会見の天幕の入り口を守る門衛もいました。彼らは神の宮の宝物倉をつかさどり、夜も宮のまわりで警戒していました。その数は全部で二百人余りだったのですが、七日目ごと、つまり安息日ごとに、エルサレム周辺の村々から助けに来る人々もいたのです。さらに三つ目に、主の宮の器具を管理するレビ人もいました。器具を聖別するための油を調合したり、供え物用の平たい菓子を作ったり、安息日に供え物のパンを取り替えたりする祭司もいたようです。

35節からの後半部には、昨日の章の末尾に記されていたサウル王の系図が再び書かれています。次の章に登場するサウル王を紹介するためでしょう。どちらにも何人か抜けていますので、比較して読むとより正確に理解できます。

敵に荒らされたままで、ちゃんとした家もなかったエルサレムの町に、三千六百人余りの人々が住むことは、困難だったに違いありません。でも彼らは主のために喜んで犠牲を払う人々でした。現代でも、様々な問題で困難を抱えている教会があります。そんな教会で、自らの犠牲を顧みないで奉仕する人々は、神のいのちの書に特筆されるでしょう。あなたはそういう人の一人になれるでしょうか。

主よ。私は、あなたのために喜んで犠牲を払うことのできる者となりたいです。弱い私を用いてください。

10章

長い系図がやっと終わり、第一歴代10章からはダビデについての記録が始まります。まずこの章は、イスラエルの初代の王サウルの死を記して、王権がダビデに移ったことを明確に示すのです。7節と12節で区切ってみましょう。

第一の部分には、サウル王の死んだ時の有様が短くまとめられています。第一サムエル最後の章にも同じ内容が書かれていましたね。サウル王の軍隊は、ガリラヤ湖の南南西三十キロほどのところにあるギルボア山で、長年の宿敵ペリシテ人と戦いました。しかし大敗を喫して、多くの兵士も王の三人の息子も戦死します。最後にサウル王に攻撃が集中し、王は深い傷を負ってしまいました。ペリシテ人になぶり殺しにされることを嫌った王は、結局自害するに至ります。イスラエルの兵士たちも、戦場となったイズレエルの谷から蜘蛛の子を散らすように逃げていってしまいました。

8節からの第二部分は、戦いの後の出来事をかいつまんで述べています。戦いの翌日、ペリシテ人が戦死者から武器や貴金属を奪い取ろうとして戦場を回っていたとき、ギルボア山で倒れているサウル王とその息子たちの死体を発見しました。そこで彼らは、偶像の神ダゴンの神殿に王の首をさらし、その武具を奉納したのです。これを聞いたヤベシュ・ギルアデの人々は、昔サウル王が自分たちの町を救ってくれたことを思い出して彼らの死体を奪い返し、彼らの骨を町の樫の木の下にていねいに葬りました。

13節以降の第三部分では、このような悲惨な状況になった理由が明白に語られています。サウル王は主のことばを守らず、また霊媒に伺いを立てて、主に聞こうとしなかったからです。彼は人によってではなく、主のさばきによって殺されたことを、この書の著者は率直に書き表しています。

サウルは最初は謙遜な青年でした。しかし権力が増大するにつれて次第に傲慢になっていったのです。その結果、主は王権をダビデに移されたことを忘れてはなりません。今の私たちにとっても、傲慢は一番の敵です。謙遜になって主のことばに従うことこそ、私たちの生涯を通しての課題であることをしっかり銘記しましょう。神は、「高ぶる者には敵対し、へりくだった者には恵みを与える」お方なのです。

主よ。私が高慢にならないように、毎日みことばを通して導いてください。私はあなたに従い続けます。

11章

第一歴代11章は、9節で前後に区切られるでしょう。

前半は、ダビデが正式にイスラエル全土の王になったことを記しています。サウル王の死後、ダビデは七年半の間、ヘブロンでユダ部族を統治していました。その彼のもとへ、他の部族の代表が集まって、全イスラエルの王としたのです。そこでダビデは、エブス人が難攻不落の町と誇っていたエルサレムの町を占領し、イスラエルの首都とします。ヘブロンの北三十キロほどの所にあったこの町は、政治的、軍事的、地理的に、首都とするのに最適だったからでしょう。主がダビデとともにおられたので、王国は堅く立ちました。

さて10節以降の後半部には、ダビデを支えた勇士たちの名前が列挙されています。これを三十人のグループ三つに分けてみましょう。第一に、ヤショブアムとエルアザル、そしてここには名前が脱落していますが、シャンマという三勇士のグループです。第二サムエル23章によると、大麦の畑でペリシテ人を打ち殺したのは、このシャンマでした。この三勇士は、ダビデの願いをかなえるために、敵陣を突き抜けてベツレヘムの井戸から水を汲んできたのです。ダビデは、一生涯この三勇士に全幅の信頼を置き続けたことでしょう。

第二のグループは、アビシャイをかしらとする別の三十人です。20節の「三十人」はこの翻訳で採用されました。

第三に、ダビデの護衛をしていた三十人の勇士のグループがあります。敵の英雄を数人殺した勇敢なベナヤはその護衛長でした。その他の人々の名前が26節以下に書かれていると思われます。この一覧は第二サムエル23章にもありますが、41節のザバデ以降の名前は歴代誌にしか記されていません。しかも全部合わせると四十七人以上になりますので、途中で戦死した人なども加えられているのでしょう。

ダビデの王国がこのように確立したのは、何よりも主がともにおられたからでした。そして主は、これらの忠実な勇士たちをダビデのために備えられたのです。現代の教会も同じでしょう。主は多くの信仰の勇士を教会に与えてくださっています。教会は牧師のみで動いているのではありません。牧師と信徒が互いに強く信頼しあい、一緒に主に従って歩むときに、教会は堅固なものとなるのです。

主よ。私をダビデの勇士のようにしてください。牧師とともに、神の国の建設のために用いてください。

12章

第一歴代12章は、前の章と同様、ダビデを支えた人々について記しています。22節で前後に分けてみましょう。

前半部分は、ダビデがヘブロンで王になる数年前、サウル王を避けてペリシテ人の町ツィクラグに引きこもっていた頃の出来事です。第一サムエル27章以降を読むなら、この時の背景がよくわかるでしょう。サウル王から見れば謀反者であったダビデのもとに、あちこちから勇士が集まってきたのです。ここには四つのグループが紹介されています。

第一に、サウル王の出身部族のベニヤミン族から、飛び道具を巧みに使う勇士二十三人が来ました。その名が列挙されていますが、レビの子孫のコラ人も含まれています。

第二に、ヨルダン川の東に住んでいたガド族からも、獅子のように勇敢でかもしかのように早く走れる十一人の勇士たちがやって来ました。彼らは一騎当千の強者たちばかりで、わざわざ満水時のヨルダン川を渡って来たのです。

第三に、アマサイを長とするベニヤミン族とユダ族の勇士たちも来ました。ダビデは彼らが自分を裏切るのではないかと心配したのですが、アマサイは「私たちはあなたの味方」と断言します。ダビデは安心して彼らを受け入れました。

第四に、マナセ族からも七人の勇士が来ました。第一サムエル30章には、ツィクラグの町がアマレク人の略奪隊に襲われた事件が描かれていますが、この七人は、略奪隊を追撃するダビデの軍隊にとって大きな助けとなりました。

さて23節からの後半部分には、ダビデがヘブロンで王となった時に彼のもとに集まった戦士たちの数が記録されています。レビ族も含めたイスラエルの全部族から、何と三十万人を超える兵士たちが集まりました。彼らはダビデを王として、三日間に及ぶ大宴会をそこで催したのです。

ダビデは自分でサウル王を殺そうとはしませんでした。すべてを主の御手に委ねていたのです。その結果として、主は「神の陣営のような大陣営」をダビデに与えられたことを銘記してください。現在の私たちも、もしすべてを主に委ねるなら、主が責任をもって最善のことをなしてくださいます。すべてを主に委ねる崇高な姿勢が、多くの人々を引き付ける魅力となることを忘れないで歩みましょう。

主よ。私は自分の力で何とかしようと思うことをやめ、すべてをあなたに委ねて、平安に過ごしていきます。

13章

第一歴代13章には、ダビデ王が神の箱を首都エルサレムに運び入れようとしたことが記されています。出エジプトの時に造られた幕屋とその中に納められていた神の箱は、主なる神の臨在を象徴するものでした。それはこの時代に至るまでの約五百年間、あちこちに移されており、この時にはエルサレムの北西十キロほどの所にあるキルヤテ・エアリムという町に置かれていたのです。ダビデは、主がイスラエル王国の中心にいつもいてほしいという思いから、首都に迎えようとしたのでしょう。この章は、神の箱を動かすためには三つの点に注意せねばならないことを教えています。

第一に、この思いが主の御旨から出たことかどうかを確かめることです。主の御旨ならば、人々の賛同を得ることができるでしょう。ダビデは軍隊の長のみならず、イスラエルの全集団に対してこの思いを告げました。民はみなこのことを正しいと見て、北の国境付近のレボ・ハマテからも南の国境の町シホルからも、多くの人々がやって来たのです。

第二に、喜びをもってこのことをすべきことです。ダビデと全イスラエルは、歌を歌い、様々な楽器を鳴らし、喜び踊りながら、神の箱を運びました。サウルの時代には顧みられなかったことでしたから、喜びも格別だったでしょう。

しかし第三に、神の箱は喜びとともに恐れをもって扱われるべきでした。神の箱を動かす場合の規定が記されている民数記4章によると、神の箱はレビ族のケハテの子孫がかつぎ棒によって運ぶものであり、箱にふれてはならなかったのです。しかし、それらはすべて無視されていました。ウザが箱に手をふれたのは、神の箱の神聖さを犯すことだったので、彼はその場で打たれたのです。このときダビデは、神が恐るべき方であることを明確に自覚したことでしょう。

神を喜ぶことと神を恐れることとは、矛盾するものではありません。それは、神が愛なるお方であるとともに、聖なるお方だからです。私たち罪人を愛してくださる神を心から喜ぶことは非常に大切ですが、聖なる神は罪そのものを受け入れられないことを知ってください。主が弱い私たちを愛して一緒にいてくださり、常に励ましてくださるからこそ、私たちは聖い主の御旨にかなった聖なる生き方をすべきなのです。

主よ。私を愛してくださるあなたを喜びます。だからこそ、あなたのように聖く生きていきます。

14章

第一歴代14章は、ダビデに与えられた主の祝福を示す三つのエピソードを紹介しています。でも第二サムエル5章と6章では、これらの記事は昨日学んだウザ事件がおこる前に置かれているのです。歴代誌は、ダビデが神の箱を迎え入れる願いを最初からもっていたことを強調するために、このような順序にしたのでしょう。2節と7節で区切ります。

第一の部分は政治面での祝福を描いています。ヒラムは、イスラエル王国の北にあった地中海沿岸の都市国家ツロの王ですが、ダビデ王の有能さを見抜いて同盟関係を結び、王宮建設のための資材と人材を貢ぎ物として贈りました。

3節からの第二部分は、家族面での祝福を記しています。ダビデは、ヘブロンで王だった時代にすでに六人の息子がいましたが、エルサレムに移ってからさらに十三人も与えられました。すべて主の祝福です。しかし、妻を多くめとったことは後に大きな問題を引き起こすことになります。

8節以降の第三部分は軍事面での祝福です。ダビデはペリシテ人の町に逃亡していた時もあったので、彼が王になったことを聞いたペリシテ人は、早い内に有能な彼をやっつけておかねば大変なことになると思ったのでしょう。エルサレムの南西に広がるレファイムの谷に突入してきました。でもダビデは少しもあわてず、まず神に伺った上で迎え撃ちます。結果は大勝利で、敵軍の偶像は焼き尽くされました。

ところがしばらくして、ペリシテ人は再度攻撃してきたのです。ダビデは今度も神に伺い、前とは全く違った戦略を与えられました。彼は神が命じられたとおりに、バルサム樹の茂みの中で敵軍を待ち伏せします。そしてエルサレムの北西の町ギブオンからゲゼルまでの三十キロの道で敵を打ち破りました。こうしてダビデの名声は全地に広がったのです。

主なる神は、このようにダビデを政治的・家族的・軍事的に豊かに祝福されました。それはダビデがどんな時でも主に祈り、主の御旨を伺っていたからです。現代の私たちも、主との間にこのような麗しい信頼関係を築くことが大切なのではないでしょうか。ことあるごとに主に祈るなら、主は聖書のみことばを通して私たちに答えてくださいます。そのみことばに従うなら、豊かな祝福が与えられるのです。

主よ。あなたに従うとき、こんな私にでも豊かな祝福を与えてくださるという恵みを、心から感謝します。

15章

第一歴代15章は、13章のウザ事件で中断していた神の箱の搬入計画が再開されたことを記録しています。15節と24節で三つの部分に分けて、この経緯を学びましょう。

まず第一の部分で、ダビデ王は祭司とレビ人とをエルサレムに集めています。ウザ事件によって神の箱に対する恐れをもったダビデでしたが、神の箱が三か月とどまったオベデ・エドムの家が祝福されているのを見て、計画を再開しようと決心したのです。また律法を読んで、神の箱の正しい扱い方も知ります。そこでレビの子孫をその六つの氏族ごとに集めると、合計八六二人になりました。そして王は、アロンの直系の子孫である祭司ツァドクとエブヤタルと、六人の氏族のかしらに、主の定められた通り、神の箱をかつぎ上るように命じたのです。彼らは主の定めに従って身を聖別しました。

16節からの第二部分には、神の箱を中心とした行列のようすが述べられています。先頭には三人のレビ人の指導者が立ち、次に「第二の組」と記されている彼らの同族が行進しました。彼らは何種類かの琴やシンバルのような楽器を用い、「アラモテの調べ」や「第八の調べ」にのせて演奏したようです。ケナンヤは歌唱を担当して、賛美の指揮をしました。その後、ラッパを吹き鳴らす祭司が続きます。行列の終わりには、箱を守る門衛が警護していました。

25節以降の最後の部分は、この行列が無事にエルサレムに入ったことを記しています。オベデ・エドムの家から神の箱が出発したとき、雄牛七頭と雄羊七匹がいけにえとして献げられました。そしてダビデもこの行列に参加するレビ人も、祭司の着る上質の亜麻布の上着をまとい、喜びをもって行進したのです。ただサウルの娘でダビデの妻となったミカルだけは、喜び踊るダビデ王を冷たい目で見おろしていました。

ダビデは13章での失敗の原因が主の定めに従わなかったからであることを認め、それを悔い改めてやり直しました。そして喜びをもって神の箱を迎え入れたのです。私たちも、時には主のことばに従わないで失敗することがあります。でも大切なのは、それを悔い改めてやり直すことです。主はそれを喜んでくださいます。主がそのような方であることを信じ、私たちも賛美に満ちて歩もうではありませんか。

主よ。あなたの憐れみによって、やり直しができることを感謝します。私はただあなたに拠り頼むだけです。

16章

第一歴代16章は、神の箱がエルサレムに運び込まれ、ダビデが用意した天幕の中に安置された後の出来事を描いています。７節と36節で区切ってみましょう。

第一に、ダビデはすべての民とともに主を礼拝し、三つのことをしました。まず全焼のささげ物と交わりのいけにえを献げ、次に感謝のしるしとして民のすべてにパンと菓子を与え、そして聖歌隊を用いて主をほめたたえたのです。これらは、主が自分の町に来られたゆえの喜びの表現でした。

８節からの第二部分には、その時に賛美した歌が記録されています。この歌には三つの主題があると言えるでしょう。まず22節までに示されている主題は、イスラエルに与えられた過去の恵みを覚えることです。だから最初に、主に感謝してその御名を呼び求めよと勧めています。この部分は詩篇105篇の前半と非常に似ていることに注意してください。

二つ目の主題は、主は現在も世界の国々を支配しておられるゆえに、主をほめたたえるべきことです。この主題は33節まで続き、詩篇96篇とほぼ同じ内容になっています。

三つ目の主題は、主への感謝と将来に対する願いです。民が国々に散らされることがあっても、そこから集めて救い出してくださいという、捕囚の預言と思われる表現があります。詩篇106篇にも似た所があることに注目しましょう。

さて37節以降の第三部分には、神の箱を迎え入れた日から後も、毎日の日課として主をほめたたえる礼拝が続けられたことが述べられています。ダビデ王は、エルサレムにおいてはアサフとその兄弟たちにその責任を持たせ、モーセが造った幕屋のあるギブオンでは、祭司たちとともにヘマンとエドトンに責任を持たせたのです。かくて祝いの行事が終わって民は帰宅し、ダビデも自分の家族のもとに帰りました。

ダビデは、主をほめたたえることを喜びとした人でした。幼い頃から立琴を愛した彼だからこそ、王となった後に様々な楽器を用いる聖歌隊を組織できたのでしょう。詩篇の中には、23篇をはじめとして七十を越えるダビデの作品が含まれています。私たちも毎日毎日、喜びをもって主を賛美できれば何とすばらしいことでしょうか。主の恵みを思い返し、喜びをもって賛美するのは、最高の礼拝なのです。

主よ。私はあなたから賜った多くの恵みを感謝し、心からあなたを賛美します。本当にありがとうございます。

17章

第一歴代17章は、「主の宮を建てたい」とダビデが思っていた頃のことを記しています。主とダビデとの関係は、理想的なものでした。2節と15節で分けてみましょう。

第一の部分は、ダビデがいつも主を第一に考えていたことを示しています。14章で学んだように、ツロの王は名産の杉材をダビデに贈りました。ダビデはそれで立派な王宮を造ったのですが、「主の契約の箱はみすぼらしい天幕の下にある」と思うと良心がとがめてなりません。そこで親しかった預言者ナタンにどうすべきかを相談しました。ナタンは、ダビデが思った通り、主の宮を建てたら良いと示唆したのです。

しかし3節からの第二部分には、主がその夜、ナタンに語られたことが述べられています。それは次の二つにまとめられるでしょう。一つは、ダビデが主の家を建てることを主は望まれていないこと、もう一つは、逆に主がダビデのために家、すなわち王朝を立てられることです。しかも主は、ダビデの前の王サウルからは恵みを取り去られましたが、ダビデに対してはそうしないと明言されます。ナタンがそれらをすべてダビデに告げたとき、ダビデは素直にそれを聞き入れました。主との理想的な関係がここに表されています。

さらに16節以降の第三部分で、ダビデはこの主のことばに心からの感謝をもって応答しているのです。ダビデはすぐに神の箱の前に行って、次の二つの祈りをしました。一つは自分は取るに足りない者なのに、大きな誉れを与えてくださったことへの感謝、もう一つはエジプトからイスラエルの民を贖い出してくださった偉大な神への賛美です。これは、自分の小ささと主の偉大さの告白に他なりません。ダビデは、主と理想的な関係をもっていたことがよくわかります。

主を第一とし、主のことばを聞き、主に祈るというすばらしい関係を、ダビデは築き上げていました。だからこそ、主はとこしえの祝福を彼に与えられたのです。この祝福は単にソロモンに受け継がれたのみならず、主イエスがダビデの子孫として誕生されたことによって、より完全に実現したことを忘れないでください。現在でも、主を第一とし、主のみことばを聞き、主に祈る者にはだれでも、この豊かな祝福が与えられます。何と幸いなことでしょうか。

主よ。私も自分の小ささとあなたの偉大さを正直に告白して、あなたと理想的な関係を持つ者となります。

18章

第一歴代18章からの三つの章は、ダビデが主の助けによって周辺諸国を征服していった経緯を記録しています。今日の18章は、13節で前後に分けられるでしょう。

前半部分には、東西南北すべての隣国が扱われていることに注目してください。第一に、西隣である地中海沿岸に住んでいた、長年の敵ペリシテ人が取り上げられています。ダビデは、中心都市の一つであるガテを屈服させました。

第二は、死海の東にあるモアブの国です。この国は、ダビデに負けたため、貢ぎ物を納めるようになりました。

第三に、北にあった三つの国について述べられています。すぐ北隣にはアラム、その北にツォバ、さらに北にはハマテという国々がありました。まずダビデはツォバの王ハダドエゼルとの戦いに勝ち、たくさんの戦利品を取ります。金や青銅などは、後にソロモンが主の宮を造るときのために保存されたようですが、軍事用の馬は足の筋を切り、戦争に用いられないようにしました。次に、ツォバを助けにきたアラムの軍隊を打ち破り、そこに占領軍を駐留させます。しかし、ツォバと敵対関係にあったハマテは、ダビデと友好関係を築くために王子を遣わしたのです。この国の贈り物の貴金属は、他国からの戦利品とともに、主にささげられました。

第四の国は南隣のエドムです。将軍アビシャイは彼らを打ち破って、アラムと同様、そこに守備隊を置きました。

14節からの後半部分は、第二サムエル8章の末尾とほとんど同じで、その当時のダビデを支えた家来の一覧表です。ただ名前の表記の仕方が、多少違っています。

この章を学ぶと、ダビデの行動には三つの特色があったことがわかるでしょう。まず馬の足の筋を切った点から、武器に頼らなかったこと。次に戦利品をささげた点から、主に栄光を帰したこと。そして潔癖な家来を用いた点から、正しいさばきを行ったことです。だからこそ、6節と13節に繰り返されているように、「主は、ダビデの行く先々で、彼に勝利を与えられ」ました。現在の私たちも、サタンとの戦いにおいて、ダビデのように歩みたいものです。特に、自分の力にではなく主の力に拠り頼むことは大切です。今日も、主はあなたと一緒にいてくださることを忘れないでください。

主よ。色んな試練で攻めてくるサタンに勝つ力を、あなたは私に与えてくださることを信じています。

19章

第一歴代19章は、死海の東北部にあって、ルベン族とガド族の居住地と境を接していたアンモンの国との戦いを描いています。この記事は、第二サムエル10章とほとんど同じです。5節と15節で三つの部分に分けてみましょう。

第一の部分は、この戦いのきっかけです。アンモンの王ナハシュが死んだことを聞いたダビデは、サウルに追われていた頃に世話になっていたことを感謝して、弔問の使いを遣わしました。ところが新しく王になった息子ハヌンは、「彼らはこの国を探るスパイだ」と決め付ける部下のことばを真に受け、この使いを辱めて送り返したのです。ダビデの善意が誤解されたところから、この悲惨な戦いは始まりました。

6節からの第二の部分には、戦いの第一幕が述べられています。アンモンの王は、すぐにアラムの国から三万を越す戦車と騎兵を雇い、臨戦体制を整えました。そして自国の軍隊も合流して、死海の東二十キロの所にあるメデバの町のあたりに陣を敷いたのです。この知らせを聞いたダビデは、すぐにヨアブを将軍とした軍隊をおくります。ヨアブは兄弟アブシャイと協力して、自分は傭兵であるアラムの大軍と戦い、アブシャイをアンモンの軍隊に向かわせました。この二人の勇士は、「われわれの神の町々のために、奮い立とう」と励まし合って、アラムもアンモンも打ち破ったのです。

16節以降の第三部分は、戦いの第二幕を記しています。アンモンから雇われただけのアラムの軍隊でしたが、先ほどの負けいくさの恥をはらそうとしたのか、遠くの国からの援軍を得て、再び攻撃をしかけてきました。この知らせを聞いたダビデは、今度は自分自身がヨルダン川を渡り、敵と対戦したのです。結果はやはりダビデ軍の勝利でした。それ以後、アラムはアンモンの国を助けようとはしませんでした。

この戦いの記録を見ると、ちょっとした誤解が大きな戦争に発展したことがわかります。悲しいことです。私たちの日常生活でも、ほんの小さな誤解で仲たがいしたり、憎しみあったりする場合があるのではないでしょうか。大切なのは、赦し合うことです。私たちの大きな罪を赦してくださった神様の愛を思うとき、私たちはだれかの小さな悪や、あるいは誤解を赦せないはずはありません。

主よ。人のした悪を赦せる心を、私に与えてください。自分も人の善意を誤解しないように導いてください。

20章

第一歴代20章には、周辺諸国とのもう二つの戦いが記されています。3節で前後に分けてみましょう。

前半は、前の章に続いて再度アンモン人と戦ったことを述べていますが、戦いの指揮をとったのは将軍のヨアブでした。ダビデはこの時、エルサレムにとどまっていたのです。第二サムエル11章によると、ダビデがバテ・シェバとの姦淫事件を起こしたのはこの時でした。歴代誌を読んでいる人々はみな、このことを知っていたに違いありません。しかし、この書の著者はあえてそれを書かず、かえって主はこの戦いにおいても勝利を与えられたことだけを記録しています。

では戦いの様子を見てみましょう。ヨアブは、ヨルダン川から四十キロも東にあるアンモンの首都ラバを攻めてそれを破壊しました。そして王の冠を奪い取ったのです。それは金と宝石でできた三十キログラムを超す大きなものでしたから、きっと儀式などの時だけに用いられていたのでしょう。その冠は、戦いが終わる頃に戦場に招かれたダビデの頭にかぶせられました。また、多くの捕虜がエルサレムに連れていかれました。彼らは、後にソロモンが神殿や宮殿を建てた時に、石や木を切り出す働きをしたと思われます。

さて4節以降の後半部には、ペリシテ人との戦いがもう一度扱われていますが、この箇所もダビデではなく彼の家来の活躍ぶりを描いています。まずシベカイという勇士はシパイという名の巨人を倒しました。またエルハナンは、ダビデが打ったゴリヤテの兄弟ラフミを殺しました。さらにヨナタンという人は、両手両足の手の指が六本ずつもある巨人をやっつけました。ただしこのヨナタンは、サウルの息子のヨナタンではありません。このような勇敢な家来がいたからこそ、ダビデの王国は堅く立つことができたのです。

以上のように読んでくると、歴代誌は、主がどれほどダビデ王を恵んでくださったかを強調しているように思えます。ダビデの王国は、まさに主なる神が建てられたものでした。このことをダビデが忘れない限り、この国は周辺諸国から守られるのです。現在の私たちの生活も同じでしょう。主が私たちの日々の支配者です。この主の支配権を認めて生きるならば、敵に負けることはありえません。

主よ。私に必要な助け手を与えてくださり、私のすべてを守ってくださっていることを心から感謝します。

21章

第一歴代誌は、21章から、ダビデが行った神殿建築の備えについて記し始めます。まず21章は神殿建築開始のきっかけとなった事件です。それはダビデのおかした罪のゆえでした。6節、13節、17節で四つに分けてみましょう。

第一の部分は、この罪の原因を述べています。国が安定してきたとき、ダビデ王は徴兵できる者の数を調べようとしたのです。これは主よりも軍事力に頼ろうとすることでした。将軍のヨアブは王を諌めたのですが、王は頑固にも聞き入れようとしません。ヨアブは仕方なく調査をしました。

7節からの第二部分には、この罪に対する罰が記録されています。主はこれが罪であることを悟らせるために、イスラエルに災いを与えられました。それで王は自分の罪を認め、主のさばきを受け入れます。王は主の手に陥ることを求めたので、イスラエルの民に三日間の疫病がくだされました。

14節からの第三部分は、この罪に対するとりなしです。疫病のゆえに七万人もの民が打たれ、さらに御使いがエルサレムをも滅ぼそうとしたとき、主は憐れみのゆえにそれをとどめられました。ダビデも剣を持っている御使いを見て、自分の罪のゆえに民が苦しむのに耐えきれず、ひれ伏してとりなしをしたのです。ダビデは、この点では立派でした。

18節以降の第四部分には、この罪に対する贖いがなされたことが記されています。王は、先見者ガドに示された主のことばに従って、オルナンが所有する、麦の殻を取り除くための岩場を買いました。そこはエルサレムで一番高い位置にあり、御使いが立っていた場所でもあります。王はそこで主のために祭壇を築き、罪のあがないのためにいけにえをささげました。主は天から火を下してそれに答えられたのです。

次の章から詳しく説明されるのですが、ソロモン王が後に主の宮を建てるのは、この場所だったことに注意してください。そしてその場所で、民の罪が赦されるためのいけにえが絶えずささげられるようになりました。歴代誌は、ダビデの罪も主の憐れみによって良い結果となったことを意識的に告げています。さらにもう一つ大切なことを忘れないでください。現代の私たちの罪も、「宮より偉大な方」である主イエスのもとに行くときに、完全に赦されることを。

主よ。すぐに罪を犯す私のために、救い主イエスが与えられたことを、こころより感謝します。

22章

第一歴代22章には、次の王ソロモンが神殿を建築できるよう、ダビデは三つの面で準備したことが記されています。5節と16節で三つに分けるとそれがわかるでしょう。

第一の部分では、建築資材を備えています。まず労働力として在留異国人を召集し、石を切り出せるように訓練しました。また大量の鉄や青銅を用意し、杉の木もたくさん輸入しました。ダビデの遺産は、息子のためにではなく、主の宮を建てるために用いられたことに留意してください。

6節からの第二部分には、ソロモンに対して、信仰の備えをしたことが書かれています。ダビデは三つのことを彼に言いました。まず一つ目は、ソロモンが神殿を建てるべきことは主の命令だったことです。ダビデは多くの人の血を流しましたが、ソロモンは、その名前の意味する通り、「平和」の人だからでしょう。主は、ソロモンと親子のような契約関係を結ばれたことを、ダビデは明確に宣言しました。

二つ目に、主がソロモンとともにおられるから主の宮を立派に建て上げ、また恐れずに律法を固く守るようにと、ソロモンを励ましました。これこそ繁栄の秘訣だからです。

三つ目にダビデが命じたことは、すでに多くの資材が用意されているので、ソロモンもそれにつけ加えた上で、建築を始めることです。ここでも主の臨在の約束がありました。

さて17節以降の最後の部分には、ダビデの第三の備えが記されています。それは、当時二十歳頃だったソロモンを助ける人材を備えることでした。イスラエルのすべてのつかさたちに、「心とたましいを傾けて」主を求めるように命じたのです。助け手が主を求めて歩まなければ、ソロモンを適切に助けることはできません。ダビデは、信仰深い助け手こそがソロモンに最も必要だと確信していました。

ダビデは、ソロモンのために資材を備え、信仰を備え、助け手を備えました。だからこそ、後にすばらしい神殿ができあがったのです。現代の地域的な見える教会も、普遍的な見えない教会も、信仰の先輩たちの尊い備えがあったことを忘れてはなりません。私たちには、それらを堅実に受け継ぐ責任があります。その中で最も大切なのは、「心とたましいを傾けて」主に従うことなのです。

主よ。先輩たちから受け継いだ純粋な信仰を、私はしっかりと受け継ぎ、次の世代に渡していきます。

23章

第一歴代23章からは、五つの章に渡り、神殿において主に仕える人々とその奉仕内容が詳しく記録されています。この記事は列王記には書かれていません。今日の23章のテーマはレビ人の奉仕で、5節と23節で区切れるでしょう。

第一の部分には、レビ人の人数が記されています。神殿で奉仕ができるのは三十歳以上の人々で、合計三万八千人いました。その内、主の宮の務めを指揮する人は二万四千人で、千人ずつの二十四の組に分かれて、一週間ごとに交替で務めにあたったと思われます。その他に、つかさとさばき人とが六千人、門衛が四千人、そしてダビデが作った楽器で主を賛美する聖歌隊が四千人もいました。民数記4章に記されているモーセ時代のレビ人の人数は八千五百人余りでしたから、四百年ほどの間に四倍以上にもなったことがわかります。

6節からの第二の部分は、彼らの組み分けについて述べています。これも民数記26章を見ればわかりますが、レビ族はすでにゲルション、ケハテ、メラリという三つの氏族に分かれていました。この時、さらにそれぞれの氏族が血統によって細分化され、二十四の組が作られたようです。

24節以降の第三部分は、レビ人の奉仕内容です。荒野を旅していたモーセの時代には、移動するたびに幕屋を運び、契約の箱やその他の多くの器具を運搬していたレビ人でしたが、神殿の完成後はその仕事をする必要はなくなりました。しかし、神殿に設けられる庭をきよめたり、聖なる器具が納められている脇部屋を管理したりする仕事が始まります。また祭司の仕事を助けて、供え物のパンや穀物などを整える働きは続くのです。朝夕に賛美をする務めや、いけにえを献げる務めも果たさねばなりません。どれも大切な奉仕です。

主の宮を造るのなら、そこで奉仕する人々を備えておくことは何よりも大切でしょう。ダビデはソロモンに王位を譲るに際し、この大切な備えをちゃんとしておきました。今の時代の神殿と言える教会においても、奉仕する人々は非常に大切ですね。教会で厳粛な礼拝がささげられるためには、掃除や週報などの準備、また受付や奏楽、その他様々な奉仕を欠かすことはできません。教会であなたにもできる奉仕が、何か一つ、あるのではないでしょうか。

主よ。私は礼拝において恵みを受けるだけでなく、喜んで神と人とに奉仕する者となります。

24章

第一歴代24章は、19節で前後に区切れるでしょう。

前半には、アロンの子孫である祭司たち六千人が、二十四の組に分けられたことが記されています。アロンには四人の息子がいましたが、その内ナダブとアビフは主の命令に背いたために死んでしまいました。残ったエルアザルとイタマルが、アロンの後を継いで祭司の務めについたのです。そして約四百年後、エルアザルの子孫は十六の組に、イタマルの子孫は八つの組に分けねばならぬほど増え広がりました。

この組み分けをするのも大変だったようです。ダビデは、当時の指導的祭司だったエルアザルの子孫ツァドクやイタマルの子孫アヒメレクと協力し、みなにくじを引いてもらって二十四の組に分けました。その結果、それぞれの組のかしらに選ばれた人々の名前が、7節以降に漏れなく記録されています。注意してほしいのは、アビヤという人をかしらとする第八の組に、この時代から約千年後に登場する、バプテスマのヨハネの父ザカリヤは属していた点です。このことは、ルカ福音書1章に記されています。

さて20節以降の後半部には、昨日の23章でも扱われていた、祭司以外のレビ人の名が再び列挙されています。大半は前の章に登場した氏族のかしらとなった人々ですが、そうでない人も数名います。きっとダビデと同時代の人々でしょう。彼らもくじを引いて、二十四の組に分けられました。

聖書の中には、時々くじが用いられていますね。大祭司が身につけていた「ウリムとトンミム」も、くじの一種ではなかったかと推測されています。なぜそんなものが用いられたのでしょうか。箴言16章には、「くじは膝に投げられるが、そのすべての決定は主から来る」と書かれています。つまり、くじによって主の御旨が知らされると考えられたのです。

ここで学ぶべきことは、たといくじでどういう結果になっても、それを主の御旨と受けとめることの大切さではないでしょうか。くじでは、かしらとしもべの区別も、兄と弟の区別もありません。神の前に平等な、一人ひとりなのです。初めからくじに頼るのは良くないでしょう。しかし十分祈り考えても主の御旨が明確でないなら、結果を主に委ねて、くじを用いるのも一つの方法かもしれません。

主よ。自分の思いをとげることよりも、主の御旨がなることを祈り求める私とさせてください。

25章

第一歴代25章には、23章で紹介されていた四千人の大聖歌隊も、二十四の組に分けられたことが記されています。8節で前後に分けると、内容が良く理解できるでしょう。

前半では、ダビデと軍の長たちがこの聖歌隊を指導する人々を選んだことがわかります。当時の戦争は宗教的な意味もあったので、軍人たちも加わったのでしょう。選ばれたアサフとヘマンとエドトンは、それぞれ、レビの子孫の三大氏族であるゲルション族、ケハテ族、メラリ族の出身でした。そしてアサフの子四人、エドトンの子六人、ヘマンの子十四人、合計二十四人が二十四の組のかしらとなったのです。彼らは自分の子や兄弟を選んで、十二人で一つの組を作りました。そして全部で二百八十八人の者たちが特別の訓練を受け、他の人々を指導して四千人の大聖歌隊を編成したのです。

ここではまた、聖歌隊の果たすべき二つの役割が教えられています。第一の役割は、主をほめたたえ、賛美することです。彼らは、シンバル、琴、竪琴などの楽器を手にして、主をほめ歌いました。詩篇には、50篇や73篇など、アサフの作った十二の歌が収録されています。

第二の役割は、預言することです。預言とは主のことばを人に語ることですから、人が主をほめたたえる賛美とは対照的なことですね。ヘマンは5節で、預言者の別名である先見者と呼ばれています。詩篇の中には主イエスについての預言が四百回以上もあることを、心に留めましょう。

さて9節以降の後半部には、訓練を受けた達人たちの名が記されていますが、彼らの下にいる弟子たちも、同じようにくじを引いて、二十四の組のどれかに属することになったことも忘れないでください。能力の違いはあっても、みな同じようにこの任務につき、その務めを果たしたのです。

この聖歌隊には賛美と預言の二つの任務があったことは、現在の私たちにも大切なことを教えているのではないでしょうか。私たちが賛美歌を歌うとき、心から主をほめたたえると同時に、その歌詞から教えられるべきです。賛美歌には美しいメロディーとハーモニーがありますが、それを楽しむだけではいけません。歌詞をよく味わい、それによって生き方が変えられることが、どうしても必要なのです。

主よ。偉大なあなたを心から賛美します。賛美するときに、さらに深くあなたのことを知らせてください。

26章

第一歴代26章は、門衛の組み分けについての記事です。門衛の務めには三つの種類がありました。第一にエルサレムの町に出入りする人々を監視すること、第二に神殿に付属している宝物倉を守ること、第三に国内のあちこちに駐留して治安を維持することでした。これら三つの務めが、19節と28節で分けられる三つの部分に書かれています。

第一の務めに従事したのは、ケハテ氏族のコラの子メシェレムヤの関係者十八人、メラリ氏族のオベデ・エドムの関係者六十二人、それに同じくメラリ氏族のホサの関係者十三人の合計九十三人でした。彼らは多分二十四の組に分かれ、くじを引いたのでしょう。そして東の門には六人、南と北と西の門にはそれぞれ四人、二種類の宝物倉の前に二人づつ、庭に二人、合計二十四人の持ち場が決まりました。

20節からは、第二の務めを果たす人々の名前が記録されています。全体を管理するのは、アヒヤという人でした。彼の下で、二種類の宝物倉の担当者が決められたようです。一つは神殿で使用される器具やささげ物を保管する倉で、ゲルショム氏族のシェブエルをつかさとし、ケハテ氏族の子孫たちも協力して管理にあたりました。もう一つは主に献げられた分捕り物を納めた倉で、ゲルショム氏族のシェロミテとその兄弟たちが責任を持ったのです。23章に書かれていた四千人は、第一と第二の務めにあたったのでしょう。

さて第三の務めについては、29節から記されています。ケハテ氏族のケナンヤがその総責任者でした。そして同じ氏族のハシャブヤがかしらとなって、ヨルダン川から西の地域の管理にあたり、千七百人が彼の下で奉仕にあたりました。またヨルダン川の東側は、エリヤをかしらとする二千七百人が宗教的、政治的なことがらの奉仕をしたのです。

この章には何度か、勇士・勇者・勇敢な人などの語が用いられています。門衛は、まさに自分のからだをはって、主と王のために働いたのです。新聖歌三九七番は、「神の御子にますイエスのために、罪を敵として立つはたれぞ」、「罪に捕らわれし魂をば、イエスに連れ来たる勇士はたれぞ」と歌っています。この問いに対して素直に、「はい、私です」と答える人を、主はどれほど望んでおられることでしょうか。

主よ。弱い私ですが、あなたのために、福音宣教のために、喜んでこの心とからだをお献げいたします。

27章

第一歴代27章は、ダビデの王国を支えた人々についての記録です。15節、24節、31節で分けましょう。

第一の部分には、軍隊の組織が扱われています。ダビデ軍には二万四千人の兵隊で構成された分団が全部で十二あり、月ごとの交替制で周辺諸国からの略奪隊を防いでいました。各分団には千人隊長と百人隊長が任命されて、秩序正しく行動できるようになっていたようです。十二分団のかしらの名前が列挙されていますが、彼らはみな、11章の勇士のリストに載せられています。きっと強力な軍隊だったことでしょう。第四軍のかしらアサエルは、ダビデがまだユダ部族の王だったころにサウル王の部下のアブネルに殺されていますので、その子ゼバデヤが早い時期に後継者となっていました。

16節からの第二部分は、イスラエルの十二部族の長の名前を記しています。ただガド族とアシェル族の長の名前は記されていません。その代わりに、相続地をもたなかったレビ族の長と、レビ族で祭司の家系だったアロンの子孫の長が挙げられているのです。なぜなのかはわかりません。彼らは、21章の人口調査のときに任命されたと思われますが、主のさばきが始まったために、この調査は中断されました。

25節から第三部分が始まります。ダビデの財産を管理した人々の一覧です。エルサレムにあった宝物倉、町々や村々にあった宝物倉、王の畑、王の家畜など、多くの人々がダビデの豊かな財産を守るために任命されていました。

32節以降には、ダビデの政治を支えた人々の名前が挙げられています。助言者や王の友は王の政治的な決定を支え、書記は宮廷の記録を書き、王の子の家庭教師となった人もいたようです。軍の長ヨアブは、その生涯の最後の時以外は、ダビデの強い味方でした。

ダビデの王国は、以上のような様々な人々の支えがあったからこそ、強くなっていったのです。決してダビデ一人の力でできたのではありません。私たちの教会もそうです。牧師や役員の力で教会は成長するのではなく、教会員がみんな、それぞれの賜物を用いて喜んで奉仕するとき、初めて堅固になることを知ってください。教会はキリストのからだです。どんな小さな部分も欠けてはならないのです。

主よ。私の小さな働きでも、あなたは用いてくださることを感謝します。私を主の教会の一部分にしてください。

28章

第一歴代28章と29章には、ダビデ王が死の直前に示した遺言的な言動が記されています。まず今日の28章は、8節で前後に分けることができるでしょう。

前半でダビデ王は、前の章に記されていた各部族の長や軍隊の長、財産の担当者、それに宦官や有力者たちをエルサレムに召集して、三つの重要なことを語っています。

第一に、ダビデは主の宮を建てる志をもっていたが、主からそれを禁じられたことです。彼はここで、自分の思いを通すよりも、主のことばに従うことの大切さを告げました。

第二に、主はあえてユダ部族から王家を立てられ、またエッサイの八人の息子からあえてダビデを選ばれ、また自分の多くの子どもたちからあえてソロモンを王とされたことを伝えます。そして主は、ソロモンが主の命令を行うなら、その王位をとこしえまでも確立すると約束されたのです。

第三に、ダビデはその場にいる有力者たちに対し、「主の命令をことごとく守り、求めなさい」と強く命じます。これこそ、王がイスラエルの全人民に望んでいることでした。

そして9節からの後半部は、ソロモンへの遺言的な言動です。これも次の三つにまとめることができるでしょう。

第一に、「全き心と喜びの気持ちをもって神に仕えよ」と命じます。その具体的な表現が、聖所となる宮を建てることでした。彼は勇気を出してそれを実行すべきなのです。

第二に、主の宮の設計図をソロモンに渡します。ちょうどモーセがシナイ山で幕屋の型を示されたように、ソロモンも父ダビデから神殿の詳しい設計図を与えられました。

第三に、ソロモンは決して一人ではないことを教えます。まず主がともにおられ、また祭司とレビ人や知恵ある人々もともにいます。そして首長も民も、彼に従うのです。

神に仕えよと命じ、設計図を示し、助け手を備えることは、ダビデがソロモンに残した重要な遺産でした。私たちは、自分の子どもたちをこのように励ますことができるでしょうか。エペソ書は、「子どもたち怒らせてはいけません。むしろ主の教育と訓戒によって育てなさい」と勧めています。現代でも、みことばの教育と訓戒こそが、信仰を継承する秘訣であることを忘れてはなりません。

主よ。私は、愛する子どもたちに、みことばに従うことの大切さを日々教えます。どうか私を助けてください。

29章

第一歴代の最後である29章を読むと、ダビデ王の生涯が三つの行動で象徴的にまとめられていることがわかります。9節、19節、25節で区切って学んでみましょう。

第一に、それは献身の生涯でした。息子ソロモンに委ねた神殿建築の仕事は主のための大事業なので、王は自分にできる最大のささげ物をしたことを告白します。単に金銀財宝のみならず、彼のすべてを献げたのです。そしてイスラエルの全集団にも、「自ら進んで、その手にあふれるほど主に献げる者はいないか」と訴えました。この呼び掛けに応じて、指導者たちをはじめ民のすべてが多くのささげ物をします。それらは、まさに王と民の献身の証しでした。

10節からの第二部分は、ダビデが賛美の生涯をおくったことを示しています。王はすべての民の前で、二つの面で主をほめたたえました。最初に、主はすべてのものの支配者であるゆえに、自分が献げたすべてのものも主のものであることを告白し、次に、主が民とソロモンの心をしっかりと主に向けさせてくださるように祈ったのです。ダビデは、すべての事柄の背後におられる偉大な主を心から賛美しました。

20節からの第三部分では、ダビデが礼拝の生涯をおくったことがわかります。王も民もひれ伏して主を礼拝し、その翌日には、おびただしいいけにえを献げました。またその日に、ソロモンの正式な即位式をします。第一列王1章の式は、政変の中で急遽行なわれたからでしょう。同時にツァドクが祭司に任じられたことも重要です。ソロモンがこの礼拝の態度を受け継いでいたことは、次の章でわかります。

そして26節からの最後の部分は、ダビデ王の四十年の治世と彼の死とを短くまとめています。王の生涯は、当時の幾つかの記録にもはっきりと書き残されているものでした。

歴代誌は、「神殿建築の準備をした王」という面からダビデを描いていますが、たとい建築をしなくても、彼は献身と賛美と礼拝という三つの点において、私たちの模範とすべき人物でした。息子のソロモンがあれほど栄えたのは、ダビデのこの忠実な姿勢の結果です。私たちも、喜んで身を献げ、賛美し、礼拝しましょう。これこそが、私たち個人の生涯のみならず、子どもたちにも及ぶ大きな祝福の秘訣なのです。

主よ。私は、心からの喜びをもって、唯一の神であるあなたに対して献身し、賛美し、礼拝いたします。

歴代誌 第二

1章

今日から始まる歴代誌の第二は、1章から9章までで、ソロモン王の治世を、特に彼の神殿建築に焦点をあてて描いています。今日の1章は、その統治初期の三つの出来事の記録です。6節と13節で区切って学んでみましょう。

第一の部分は、ソロモン王が重臣たちを伴ってギブオンに行き、主を礼拝したことを述べています。ギブオンはエルサレムの北西約十キロの所にある町です。そこではある期間、モーセが荒野で造った会見の天幕が置かれ、その中には神の箱が安置されていました。ダビデは神の箱だけをエルサレムに運びましたが、天幕はそのままにしていたのです。ソロモン王は、そこにあった祭壇の上で一千頭の全焼のいけにえをささげました。王は礼拝を重視したことがわかりますね。

7節からの第二部分では、王はまた、知恵と知識を重視したことが示されています。いけにえを献げた日の夜、主が王に現われて、「何を与えようか」と尋ねられました。王は、富も財宝も名誉も求めず、ただおびただしい民をさばくための知恵と知識を求めたのです。これが主の御旨にかなったので、主は知恵と知識ばかりでなく、富も財宝も名誉もソロモンに与えられます。自分が若くて知恵がないことを謙遜に認めていたソロモンを、主は豊かに祝福されたのです。

しかし14節以降の第三部分は、ソロモン王が軍事力も重視したことを隠さずに記しています。王は、馬が引っ張る戦車を千四百台、馬に乗る騎兵を一万二千人集めました。また金銀を大量に用いました。けれどこれは、申命記17章の「王は、決して自分のために馬を増やしてはならない」という戒めに背くものでした。さらに王の商人たちは、エジプトから輸入した戦車や馬を、北に住むヒッタイトや、南に住むアラムの王たちに売りさばいて儲けていたのです。

軍備を強化することは、あるいはソロモンに与えられた知恵のゆえの行動かもしれません。しかしそれは、主のみことばに背くことでした。主はそのような知恵の用い方を求められていたのでしょうか。決してそうではないでしょう。私たちも、主から与えられた知恵をどのように用いるかに注意せねばなりません。主のみことばに従うように知恵を用いることこそ、本当に正しい知恵の用い方なのです。

主よ。あなたから与えられた知恵を、自分の利益のためではなく、主に仕えるために用いる者とさせてください。

2章

第二歴代2章には、ソロモン王が主の宮を建築するため、二つの備えをしたことが記されています。

一つ目の備えは、労働力の確保でした。2節とそして17節以下に記録されていますが、王はイスラエルにいる十五万人以上の異国の寄留者を労働力としたのです。彼らが奴隷のように強制労働をさせられたのか、あるいは正当な賃金を払って雇われたのか、詳しくはわかりません。でも出エジプト記22章に、「寄留者を苦しめてはならない。虐げてはならない。あなたがたも、エジプトの地で、寄留の民だったからである」と命じられていることは銘記されるべきでした。ソロモンはどうだったでしょうか。

二つ目の備えは、資材の確保でした。すでにダビデ王が多くの資材を用意していましたが、まだ足らなかったのです。1節にあるように、ソロモンは「主の御名のための宮」だけではなく、「自分の王国のための宮殿」も造ろうとしたからでしょう。ダビデ王が造った王宮があったにもかかわらず、ソロモンはそれで満足しませんでした。そこで、第一歴代14章でダビデに好意を示したツロの王ヒラムに使いをおくり、再びツロの名産の杉を送ってくれるよう頼んだのです。

ソロモンがヒラムに告げたことばには、二つの重要な真理があります。第一に、主なる神はどんな壮大な宮も入れることのできないほど偉大な方であること。第二に、自分は主の前に香をたく者にすぎないことです。この主のために宮を建てるので、杉材とともに貴金属の細工に秀でた人を送ってほしいと、ソロモンは願いました。その代価として、大量の小麦、大麦、ぶどう酒、油を提供することをヒラムに約束します。そこでヒラムは、杉材とともに、イスラエル民族の血を引く職人フラムを遣わすことを返書に認めました。

以上のようなソロモンの言動を学ぶなら、一方では謙遜になって偉大な主のための宮を造ろうとする思いと、他方では自分の王宮も立派に造ろうとする思いが交じり合っているように思えます。ソロモンにあった二面性でしょうか。これが後に、多くの外国の妻をめとることによって、偶像崇拝に陥っていく下地となったのかもしれません。豊かになった日本の国に住む私たちも、この二面性がないかを点検する必要があるでしょう。

主よ。私の心に、自分の益を求める思いがあるなら、どうかそれを指摘し、悔い改めさせてください。

3章

第二歴代3章は、主の宮の構造を簡潔にまとめています。2節、7節、14節で四つの部分に区切ってみます。

第一の部分は、建設した場所と日時の記録です。第一歴代21章にあるように、ダビデの罪をさばく御使いが現われたその場所に、主の宮は建てられました。そこはモリヤの山の頂上付近で、アブラハムが息子イサクを主にささげようとした所でもあります。建築開始が即位後四年目だったのは、準備に三年ほどかかったからでしょう。

3節からの第二部分には、神殿の大きさと仕様が記されています。「古い尺度」では一キュビトは約五十センチですので、基礎は長さ三十メートル、幅十メートルほどです。外側は石造りの簡素なものでしたが、内側は純金で覆われた木材がはりつけられていました。また、ケルビムと呼ばれる御使いや、なつめ椰子などの彫刻も施されていたようです。

8節からの第三部分には、神殿の最も奥に造られた至聖所の構造が書かれています。十メートル四方のこの部屋には、彫像のケルビムが置かれていました。二・五メートルの両翼を広げたケルビムが、二つつながっているのです。だからその全長はちょうど十メートルになり、両側の壁に届くことになります。ケルビムは主を礼拝する形で造られていた点に注意してください。ケルビムは決して礼拝されるべき物ではありません。また至聖所の前には仕切りの垂れ幕があり、そこにもケルビムの模様が縫い付けられていました。

15節以降の第四部分は、神殿の前に設けられた二本の柱についての記述です。これは三十五キュビトと記されているので、十メートルの高さがあった神殿より七・五メートルも高い柱です。その柱頭にはざくろや鎖の彫刻がしてありました。二本の柱の名前を組み合わせると、「力をもって主が設立される」という意味になります。

この主の宮は長さと幅はモーセの造った幕屋のちょうど二倍ですが、その基本的な構造は幕屋と同じで、主の臨在を象徴的に示すことが大きな目的でした。ですから、実際に造ったのはソロモンであっても、「力をもって主が設立される」と言われているのです。この点では現在の教会も同じでしょう。私たちの教会も、人が造ったのではなく、臨在の主が造ってくださったことを決して忘れてはなりません。

主よ。あなたが教会を造り、教会を運営し、教会を支配しておられることを、私は堅く信じます。

4章

第二歴代4章は、神殿の外と内に置かれた備品について述べています。まず10節までは、五種類の備品の記録です。

第一に青銅の祭壇が挙げられています。これは長さと幅が十メートルで、高さが五メートルもある巨大なものでした。出エジプト記27章にあるモーセが造った祭壇と比べると、長さと幅は四倍、高さは約三倍です。荒野の時代よりずっと多くのいけにえがささげられたからでしょう。

第二の備品は「海」と呼ばれていた大きな青銅の器です。直径五メートル、高さ二・五メートルで、七万リットルも水が入ります。この器は東西南北を向いた十二の牛の像によって支えられていました。また神殿の東南の位置に置かれ、祭司たちはこの中にはいって身を洗ったのです。

第三の備品は青銅製の十個の洗盤です。神殿の南北に五個ずつ置かれ、その水で全焼のいけにえなどを清めました。

第四に挙げられた備品はモーセが造ったのと同じ規格の金の燭台で、これも十個造られ、聖所の中で二列に並べられていました。それらを置く机も十個造られたようです。

第五の備品は金の鉢百個です。これはいけにえの血を入れるもので、その血が祭壇に注がれたと推測されます。

以上の備品、それに灰壺や十能もフラムによって造られました。さらに彼は、前の章で述べられた二本の柱とその柱頭につけられたざくろの飾りなども造ったことが11節以降に記されています。これらは、ヨルダン川のほとりにある町で、粘土の型に青銅を流し込んで造られたのです。

19節以降には、金製の備品が幾つか挙げられています。聖所内に置かれた香をたく祭壇、臨在のパンを載せる机、燭台とともしび皿、芯切りばさみ、芯取りばさみ、鉢、平皿、火皿、さらに聖所と至聖所に入る扉などです。

この章を読んで、神殿の外に置かれたものは青銅製でしたが、神殿の内部のものは高価な純金製であることに気付かれたでしょうか。祭壇のいけにえによって罪が赦された者のみが、主の臨在に近づけるのです。そして主は、「わたしの目には、あなたは高価で尊い」と声をかけてくださいます。小羊キリストの血によって罪を赦していただいた上で、さらに主の臨在に近づこうではありませんか。

主よ。私の罪を赦してくださった上でさらに聖め、高価な者と認めてくださることを、心から感謝します。

5章

第二歴代5章から7章には、神殿完成後にもたれた奉献式のありさまが描かれています。まず今日の5章は、神の箱が神殿に搬入される記事です。この章から、神の箱は次の三つの神のご性質を表わすものだとわかるでしょう。

第一に、それは神の聖さを表わしています。ソロモンは、イスラエルの十二部族の長老たちやかしらたちをエルサレムに集めました。しかし神の箱とその他の聖なる用具を運んだのは、主の前に身を聖別した祭司とレビ人です。箱の前では多くのいけにえが献げられました。そして神の箱は神殿の最も奥にある至聖所のケルビムの翼の下に運び入れられたのです。神の箱の聖さを保つため、第一歴代15章でダビデがした方法にならって、慎重に事が運ばれました。

第二に、それは神の誠実さを表わしています。最初はマナ入りの金の壺と、芽を出したアロンの杖が入っていた神の箱ですが、この当時には、十戒が書かれた二枚の契約の板のみが残っていました。神は、この時代から五百年ほど前にイスラエルの民と結ばれた契約を忘れられませんでした。それは、出エジプトのときに神が民と結ばれた契約です。民が戒めを守るなら、神は民を祝福してくださることが、この時に確認されたのです。神は約束を誠実に守られます。

第三に、神の箱は神の偉大さを表わしています。神の箱が至聖所の中に安置されたとき、白い亜麻布をまとったレビ人の大聖歌隊が、様々な楽器の伴奏のもとに、一致して歌声を響かせ、「主はまことにいつくしみ深い。その恵みはとこしえまで」と賛美しました。同時に百二十人の祭司たちもラッパを吹き鳴らします。そのとき、主の宮は神の臨在の象徴である雲に満たされたのです。祭司たちは、偉大な神の栄光に接して、その場にひれ伏さざるを得ませんでした。

神の箱はイスラエルの民に、聖い神、誠実な神、偉大な神を思い出させるために、神殿の中心に置かれました。今の時代にあっては、神のみことばである聖書が、神の箱の役目を果たしていると言えるでしょう。毎日、聖書を読むたびに、私たちは聖い神、誠実な神、偉大な神にお会いできることを忘れないでください。そしてこのお方に、少しでも似た者とならせていただこうではありませんか。

主よ。聖く、誠実で、偉大なあなたにお会いすることによって、私もあなたに一歩でも近く歩ませてください。

6章

第二歴代6章は、奉献式におけるソロモンのことばです。

まず11節までは序文と言えるでしょう。ソロモン王は主の宮とイスラエルの全会衆の間に立って、まず短く祈った後、自分が主の宮を建てるに至った経過を語ります。神殿建築は、最初ダビデの願いでしたが、主がソロモンこそ実行すべき人物だと仰せられたゆえに実現したことでした。

12節から､ソロモン王の長い祈りが始まります。ここには、次の三つの重要な対比を見いだせるでしょう。それは第一に、主の約束と人間の祈りの対比です。主はダビデに、律法を守って歩むならばその子孫を祝福すると約束されました。ソロモンは、その「約束されたおことばが堅く立てられますように」と祈ります。主の約束があったからこそ、ソロモンは大胆に主の祝福を祈り求めることができたのです。

第二に、主の遍在と主の臨在の対比です。天の天も、この遍在の主をお入れすることはできません。当然、ソロモンの建てた宮に限定されるはずはありません。でも主は、そこで祈られる祈りを聞いてくださるお方なのです。神殿は主の臨在の象徴であり、祈りの場であることを知ってください。

第三に、さばきと赦しの対比です。22節以降には、人が祈りをする七つの場合が描かれています。第一に罪を犯した場合、第二に敵に打ち負かされた場合、第三に旱魃の場合、第四に天災や戦争の場合、第五に異国人が祈った場合、第六に外地で戦う場合、第七は捕虜になった場合、神殿で、あるいは神殿に向かって罪を悔い改めるなら、その罪を赦してくださるようにと祈るのです。どんなさばきがくだされても、神に立ち返るなら赦されるとは何と幸いなことでしょうか。

そして40節以降で、主の宮での臨在によって祭司や敬虔な人たちや王を喜ばせてくださいと、祈りを結びます。

ソロモンは、主の宮の限界を知りつつも、そこで祈られる祈りに耳を傾けていただきたいと主に願いました。確かに主の宮は「祈りの家」であり、それは現在の教会も同じです。私たちはどこでも祈れます。しかし、教会こそ最も祈りにふさわしい場所です。そこには主の約束と臨在と赦しがあるからです。苦難の時、試練の時、悲しみの時、教会で思う存分祈りましょう。主は耳を傾けてくださっています。


主よ。教会で、あなたの臨在を実感しながら、思う存分祈れることの幸いを経験させてください。

7章

第二歴代7章は、10節で前後に分けられるでしょう。

前半部分には、ソロモンが祈った後の三つの出来事が記されています。

まず第一に、天からの火によっていけにえが焼き尽くされました。これは主がソロモンの祈りを受け入れてくださったことの証明と言えます。また主の栄光が宮に満ちたので、参列者たちは恐れをもって主を礼拝しました。

第二に、おびただしい数のいけにえと、聖歌隊による賛美が献げられました。これは礼拝の二本柱である献身と賛美を表わしています。私たちのすべてを主に献げ、しかも喜びの賛美をもって献げることこそ、本当の礼拝なのです。

第三に、七日間の奉献の祭りを行い、八日目にはきよめの集会を開きました。その間、全イスラエルからの参加者たちは祭壇にささげられた交わりのいけにえを一緒に食べたと思われます。聖さと同時に喜びの満ちた集会でもありました。

さて11節からの後半部には、ソロモンが主の宮と自分の王宮を建て終わった時のことが述べられています。これは先ほどの奉献式から約十三年後のことです。この時、主は夢でソロモンに現れて二つの原則を示されました。

一つ目は、6章でソロモンが祈ったことへの答えです。罪のさばきとして旱魃・天災・疫病などがおこった場合、主の宮で謙遜に祈り、主に立ち返るなら、主はその罪を赦して、その地を癒やしてくださいます。主から与えられた命令を守る限り、ソロモンの王座も確立されるのです。

二つ目は、それと反対に主の命令を捨て去り、他の神々を拝むようになったときの警告と言えるでしょう。その場合にはこの宮は投げ捨てられるばかりか、この国の民も根こそぎにされると主は仰せられます。他国の人々は、その原因が「主を捨てたためだ」と正しく評価するようになるのです。

歴代誌がまとめられたのは、ソロモンの神殿が破壊された後でした。著者はこの主の警告が文字通り実現したことを経験した後にこれを書いたのです。そして今でも主の原則は変わりません。たとい罪を犯してもそれを悔い改めて主に立ち返るなら、主は癒やしてくださいます。しかし、主以外の偶像を拝むなら、その結果は悲惨です。お金や名誉や地位、あるいは家族が神以上のものになってはいないでしょうか。

主よ。あなたこそ唯一の神です。私はあなた以外のものを第一とするような罪を犯すことがないよう努めます。

8章

第二歴代8章には、神殿と宮殿の建設以外で、ソロモンが行ったもう四種類の業績が記録されています。6節、10節、15節で区切ってみましょう。

第一の業績は、軍事的・経済的に重要な町々を建設したことです。具体的には、ツロの王ヒラムに与えたのに突き返された町々、ハマテ・ツォバやタデモルなどの北方にある町々、エルサレムを守る位置にあった上下ベテ・ホロンの町々などが挙げられています。これらは、戦車や騎兵を駐留させたり、食糧を貯えるために建設されました。

7節からは、第二の業績が述べられています。それは、異国の寄留者を苦役に徴用したことです。神殿や宮殿や町々の建設のために、どうしても必要な労働力だったからでしょう。しかしすでに2章で学んだように、これは「寄留者を虐げてはならない」という主の命令に背くことでした。ソロモンは、主の命令よりも国の発展を重視したのです。

11節から記されている第三の業績は、エルサレム神殿での礼拝形式を確立したことです。モーセが定めた幕屋の規定に従って、きちんといけにえを献げました。またダビデが定めたように、祭司やレビ人にその任務を忠実に果たさせました。政略結婚で王妃としたファラオの娘であっても、異国人であるがゆえに、主の箱のある聖いエルサレムには住ませませんでした。それなら、結婚しなければ良かったのにと思います。ソロモンは礼拝の形式を整えましたが、その本質はどうだったのでしょうか。

17節以降には、第四の業績である海外貿易について書かれています。ソロモンは、ヒラム王に頼んで海に詳しいしもべたちを遣わしてもらい、アカバ湾北端にある二つの港町で貿易を始めました。そして西南アラビアにあるオフィルという町から大量の金を輸入して、国を富ませたのです。

ソロモンは、主から与えられた知恵を用いて、イスラエルを軍事的・経済的な大国とする富国強兵策を取りました。確かにそれは大成功だったようです。しかし、そのために異国の寄留者が苦役にかりだされ、政略結婚した異国人の妻たちから偶像崇拝がもちこまれ、神殿礼拝も形式的なものになっていったことは否定できません。現在の私たちにも、同じような危険があることを忘れないでください。

主よ。経済的に豊かになることによって、主のみことばを軽視することがないよう、弱い私を守ってください。

9章

第二歴代9章は、ソロモン王の生涯を短くまとめた章と言えます。12節と28節で三つに分けましょう。

第一の部分は、王に与えられた知恵の賜物の描写です。アラビア半島の南西部にあったと推測されるシェバの国の女王は、ソロモン王の名声を聞いて、有力者と財宝を携えて謁見にやってきました。そして彼女は様々な質問をしたのですが、それらすべてにソロモンは的確に答えます。その答えを聞き、また宮殿の有様や家来たちの態度を見た女王は、ソロモンの偉大さに感服しました。ここで、異国人の彼女が「主はほむべきかな」と叫んでいることに注目しましょう。主の御名が崇められたことが大切なのです。女王は、大量の金やその他の財宝をソロモン王に贈り、王も国にある宝物を女王に贈った後、彼女は帰国していきました。

13節からの第二部分は、王に与えられた豊かな財産を描いています。一年間で二十三トンもの金がはいって来ただけではありません。シェバの女王以外にも多くの王や総督が謁見に来ました。彼らから贈られた金銀財宝や、貿易で手に入れた貴重品も大量にありました。王は飾り用に純金製の大小の盾を造りました。また、金でおおった象牙の王座を造り、その両側に雄獅子の像を置きました。王宮で用いる器はみな純金製でした。地中海を縦断できるほどの大きな船で、タルシシュとの交易にも励みました。さらに多くの戦車や騎兵を備え、東はユーフラテス川から西は地中海沿岸、また南はエジプトの国境まで国土を広げたのです。まさに「栄華を極めたソロモン」と言われた通りの繁栄でした。

さて29節からの最後の部分には、ソロモンの治世がまとめられています。当時はもっと詳しい記録があったようですが、歴代誌はそれらをすべて省き、四十年の治世が終わって息子レハブアムが王となったことだけを述べるのです。

後の12章によると、この息子レハブアムが即位して五年後には、ここに記された宝物の大半がエジプトに奪い取られることになります。ソロモンは伝道者の書2章で、「私が日の下で骨折り、知恵を使って行ったすべての労苦を、その者が支配するようになるのだ」と書いていることも知ってください。自分がどんなに労苦して富を築いても、後継者が主に従う者でなければ、すべてが水の泡となるのです。

主よ。私は、自分の繁栄よりも、後継者に信仰をしっかり伝えることを、もっと重視する者となります。

10章

第二歴代10章からの三つの章は、ソロモンの息子レハブアムの治世を描いています。まず今日の10章は、王国が分裂するきっかけになった事件の記録です。5節と11節で三つの部分に区切って学んでみましょう。

第一の部分は、レハブアム王が即位式のために北方十部族の中心地であるシェケムへ行ったと告げます。その時、ソロモンに背いてエジプトに亡命していたヤロブアムが帰国し、不満分子を引き連れてレハブアム王に政治改革を求めに来たのです。首都エルサレムから遠く離れた地方に住んでいた北方十部族にとって、ソロモンの富国強兵政策は、苛酷な労働と重い税金をもたらすだけのものだったからでしょう。レハブアム王はすぐに答えず、三日間の猶予をもらいました。

6節からの第二部分には、王の側近の意見が述べられています。ソロモンの時代から政治を見てきた長老たちは、客観的に状況を判断し、ヤロブアムたちに好意を示すよう助言しました。でも王の仲間だった若者たちは、強硬策を取るように言ったのです。王はここで主に祈り、主のことばを探るべきでした。申命記17章で、「王は同胞の上に高ぶることのないように」と命じられていることを知るべきでした。

12節以降の第三部分は、王の答えが国に分裂をもたらしたことを明記しています。王は若者のことばを受け入れました。そこでヤロブアムに引き連れられた北方十部族は、ダビデ王家から分離することを決めたのです。その背後には、預言者アヒヤによって告げられた主のご計画があったことを忘れてはなりません。第一列王11章に記されているとおり、これはソロモンの晩年の偶像崇拝に対する主のさばきだったのです。王は事態を収拾しようと役務長官を遣わしますが、かえって彼は殺され、分裂は決定的になりました。

ダビデ王は、重要な決断をくだすべき時にはいつも祈っていました。ソロモン王は、祈りのために神殿を造りましたが、実際にどれだけ祈っていたかは不明です。レハブアム王になると、祈りはどこにも見当りません。主のことばも軽視されています。こんな状態では、イスラエルは神の選民と言えるはずがないのです。翻って、私たちはどうでしょうか。祈りとみことばが生活の根底にあるでしょうか。

主よ。仕事の忙しさを理由にして、祈りとみことばをおろそかにする愚かな私を憐れんでください。

11章

第二歴代11章は、四つの面におけるレハブアム王の行動記録です。4節、12節、17節で分けましょう。

第一の部分は、戦争についてです。ヤロブアムの反乱にあって命からがらエルサレムに逃げ帰った王は、すぐに十八万人の兵を召集して、反乱の制圧に出発しました。しかし、途中で預言者シェマヤに会って、彼が語る主のことばに従い、行軍を中止したのです。それまで祈ることも、律法を読むこともしなかった王ですが、この時の行動は立派でした。

5節からの第二部分は、軍備について述べています。北の十部族への攻撃をあきらめた王は、自分を支持しているユダとベニヤミンの二部族に属する十五の町々の防備を固めたのです。北から攻撃された時にすぐに応戦できるよう、それぞれの町に兵隊と隊長を置き、武器と食糧を蓄えました。このように防衛に撤した点も、評価できるでしょう。

13節から第三部分が始まります。ここは宗教について記しています。北の十部族に属する地域に住んでいた祭司やレビ人は、大挙して南に移住してきました。ヤロブアムが真の神を否定し、偶像を造って民に礼拝させたからです。一般の人々でも、主に仕えたい人はエルサレムの神殿にやってきました。これらの忠実な信仰者たちがレハブアム王を励ましたので、王は最初の三年間、正しい道を歩めたのです。

18節以降の最後の部分は、家族についての王の行動を描いています。王は十八人の妻、六十人のそばめを持ったゆえに、多くの息子や娘がありました。でもアブシャロムの孫娘にあたるマアカを特別に愛し、その子アビヤを次の王としたいと思って、他の子どもたちを前述の防備の町々に住まわせたのです。賢い方法ではありましたが、これは「多くの妻をもってはならない」という律法に背いた結果でした。

レハブアム王は、ダビデやソロモンほどの偉大な王ではありませんでした。しかし彼の周囲にいた預言者や祭司、また信仰深い人々が彼を励ましたゆえに、それでも三年間は、正しい道を歩むことができたのです。今の時代でも、牧師や信仰の友の励ましによって、主の御心にかなう歩みができる人々は少なくありません。あなたの周囲にも、あなたの励ましを必要としている人がいるのではないでしょうか。

主よ。私を励ましてくれた人がいたように、私もだれかを励ますことができる者とさせてください。

12章

第二歴代12章には、レハブアム王と主との関係が扱われています。5節と12節で三つに分けてみましょう。

第一の部分は、王と民が主に背いた結果のさばきを記しています。王は最初三年間、主に従ったので、その王権は確立し、勢力も強くなりました。それで王も民も傲慢になったのでしょうか。主の律法を捨ててしまったのです。その結果は、エジプトの王シシャクの侵入という形であらわれました。騎兵六万という数は、ソロモンが用意した一万二千の騎兵の五倍です。エジプトに比べると、レハブアムの勢力は小さなものにすぎません。そのとき、預言者シェマヤは王と首長たちに、「あなたがたを捨てた」との主のことばを宣言しました。

6節からの第二部分には、王たちがへりくだったゆえの憐れみが述べられています。幸いなことに、シェマヤのことばを聞いた王と首長たちはすぐに悔い改めました。主も彼らの様子をご覧になって、「間もなく彼らに救いを与える」と仰せられたのです。でもそむきの代価は払わねばなりません。ソロモンが造った金の盾は、すべてシシャクに奪い取られてしまいます。しかし、その後に青銅の盾を造る余裕はありました。主の前にへりくだるなら、主はそれを「良いこと」と認めて、徹底的に滅ぼすことはされなかったのです。

13節以降の第三部分には、レハブアム王の十七年の治世がまとめられています。彼の母の名と、彼女がアンモン人であったことがわざわざ記録されているのは、彼女が王に強い影響を与えていたからでしょう。レハブアム王が「心を定めて主を求めることをしなかった」のは、ソロモンが真の神を信じない異国の妻をめとっていたことも一つの原因だったと思われます。レハブアムの生涯は、不幸にも北王国のヤロブアムとの争いが常に続く不安定なものでした。

私たちも、「心を定めて主を求める」生活をしていなければ、すぐに傲慢になってしまうことを忘れてはなりません。自分の力で何でもできると思いやすいのです。日々、みことばによって自分の無力さを知り、全能の主に信頼しなければ一歩も歩めないことを自覚しましょう。毎日のデボーションの時間こそが、サタンの攻撃から自分を守る最善の武器であることは、多くのクリスチャンたちが経験してきた事実です。

主よ。私は決して自分に頼りません。あなたに祈り、あなたに拠り頼んで、毎日を過ごしていきます。

13章

第二歴代13章は、レハブアムの息子アビヤの三年間の治世を描いています。この短い治世の最大事件は、ヤロブアムが率いる北王国の軍隊との戦争でした。11章でも学んだように、南北の戦いは主の御旨ではなかったのに、アビヤはあえてこれに突き進んだのです。12節で二分しましょう。

前半は、戦場になった南と北の国境のツェマライム山で、アビヤが行なった長い演説です。アビヤ王が率いる南王国の軍勢は四十万人、対する北王国の軍勢は八十万人で、人数では劣勢だったからでしょうか。王は、自分たちの国こそが正統であることを二つの理由を挙げて語っています。

第一に、主は塩の契約、つまり永遠に続く契約によって、ダビデとその子孫に王国を与えられたことです。北王国を率いるヤロブアムはダビデの子孫ではないと言いたかったのでしょう。第二に、北王国は金の子牛を神としたり、家畜を献げた者を安易に祭司にしたり、愚かな宗教行為をしているが、南王国はアロンの子孫が主の戒め通りに正しい礼拝をしていることです。この二つの理由により、主なる神と戦うことになる北王国には決して勝ち目がないと王は宣言します。

さて13節からの後半部分は、戦争の推移の記録です。アビヤが演説をしている前後でしょうか。ヤロブアムは伏兵を南王国軍の背後に潜ませました。そして前後からいっせいに攻撃を始めたのです。しかし、南の軍隊は主に叫び求め、祭司のラッパによって励まされて勇敢に戦います。その結果、北王国八十万の兵のうち五十万人を打つことができました。北王国の南部にある町々も、短期間は占領できたようです。

これ以後、北王国のヤロブアムの力は弱まり、ついに主に打たれて死んでしまいました。それと対照的に、南王国のアビヤ王は短い治世でしたが勢力を増し加えたのです。

第一列王15章には、アビヤ王の心は「主と一つにはなっていなかった」が、ダビデのゆえに主はこの国を「堅く立てられた」と書かれています。アビヤが繁栄できたのは、あくまでも主の憐れみのゆえでした。現在の私たちにも同じことが言えます。神の御心を完全に行なっているような私たちではありません。でも主イエスの贖いのゆえに、日々が守られていることは、何と幸いなことでしょうか。

主よ。こんな愚かな私を愛し、日々、豊かな恵みを与えてくださっていることを、心より感謝します。

14章

第二歴代14章からの三つの章は、アビヤの息子であるアサの治世の記録ですが、今日の14章は、初期の三つの働きを述べています。5節と8節で区切ってみましょう。

まず第一に、アサ王は宗教を改革しました。最初の十年間は隣国との争いもなく、平和だったので、改革に集中できたのでしょう。王は異教の神々の祭壇や神々の形を刻んだ柱、特にアシェラ像を打ち壊し、また民に命じて、主の律法と命令を行わせました。さらに、ユダの町々の小高い所にあった、偶像の神々に香をたく所も取り除きます。これらは主の目にかなったので、王国は平安を維持できました。

第二に、王は軍備を増強しました。国の平和を守るためにそうしたのでしょう。レハブアム王の時代、エジプトから攻撃されたことがありましたが、その時に破壊された町々をアサ王は建て直したようです。また、人々を訓練して勇士に育て上げ、兵隊の数をアビヤ王の時代より十八万人も増やしました。アサ王が、これらのことができたのは「主を求めたからだ」と言っている点に注目しましょう。

第三に、王は戦争に勝利しました。アサ王の治世の十年目が過ぎた頃、現在のエチオピアと思われるクシュの国の王が、百万の軍勢を引き連れてマレシャの町まで攻撃してきたのです。この町は、地中海沿岸の町ガザからエルサレムへ至る道にある要塞都市で、直前にアサ王が修復していた町と推測されます。王は自国の軍勢が敵の半分ほどしかないことを承知した上で、「私たちはあなたに拠り頼み、御名によってこの大軍に向かって来ました」と、謙遜になって主に求めました。主はその祈りに答えて、敵を打ち破ってくださったのです。さらにクシュに協力したと思われるゲラル周辺のペリシテの町々を打つ力も、主はこの民に与えられました。

この章から、宗教面でも軍事面でも、また平和な時でも戦いの時でも、アサ王は真実な心で主を求め、主に拠り頼んで行動していたことがわかります。私たちの人生も同じではないでしょうか。平穏な時もあり、試練の時もあります。しかしどんな時でも、唯一の主を求め、このお方に拠り頼むことこそが私たちのとるべき道です。私たちの心に神以外に頼るものがあるなら、それを取り除かねばなりません。

主よ。あなた以外にお金や人に頼ろうという気持ちがあるなら、私は今、それを取り除きます。

15章

第二歴代15章は、前の章での戦争の後、預言者のことばによって励まされたアサ王が、再び宗教改革に取り組んだことが記されています。7節で前後に分けてみましょう。

前半は、預言者アザルヤのことばです。彼はここにしか登場しないので、あまり有名な人物ではなかったのでしょう。しかし、意気揚揚と凱旋してきたアサ王とイスラエルの民に対して、大胆に次の三つのことを伝えました。

一つ目は、彼らが主を求めるなら主もご自身を示してくださるが、もし主を捨てるなら主も民を捨てられることです。二つ目に、士師時代をはじめとして、この国は過去に不安定な時期があったが、主を慕い求めたゆえに、主はご自身を示してくださったと告げます。そして三つ目に、だからアサ王も勇気をもって主を求める働きに邁進してほしい、それには報いが伴っているから、と心をこめて進言したのです。

8節からの後半部には、このアザルヤのことばと、ここには書かれていない彼の父オデデの預言に応答して、アサ王は三つのことをしたことが記録されています。まず第一に、国中から偶像を取り除き、エルサレムの神殿にある祭壇を新しくしました。主のみを礼拝する姿勢を明確にしたのです。

第二に、その治世の第十五年の刈り入れの祭りを特別盛大に祝いました。南王国の全住民と、異教的な北王国からアサ王を頼って移住してきた敬虔な住民をエルサレムに集め、多くのいけにえを主にささげたのです。そして全員が「一筋に主を慕い求める」ことを誓いました。

第三に、アサ王の祖母にあたるマアカが偶像アシェラを造ったので、きっぱりと彼女を皇太后の位から退け、偶像を破壊したのです。さらに父アビヤと自分が聖別した貴金属の器を主にささげ、それらを神の宮に運び入れました。

17節には、「アサの心は生涯、全きものであった」と書かれていますが、この頃のアサ王がまさにそういう歩みをしていたことは事実でしょう。しかし次の章になると事態は変わってきます。私たちの生涯にも、「全きものであった」と言われるような時期があるでしょうか。現代の預言者と言える聖書のことばに従うならそれも可能です。でも聖書から離れるなら、大きな失敗をすることを忘れてはなりません。

主よ。いつもみことばに従う私となりたいです。人の目を恐れがちな弱い私を力づけてください。

16章

第二歴代16章には、アサ王の晩年の行動が三つ述べられています。6節と10節で区切ってみましょう。

第一の行動は、同盟国に頼ったことです。その頃、北王国から南王国へ移住しようとする人々を防ぐため、北王国の王バアシャは、エルサレムの北方八キロの所にあったラマの町に砦を造ろうとしました。南王国としては、のど元に刃をつきつけられるような危険な事態です。あわてたアサ王は、北王国のまだ北にあるアラムの国と同盟を結び、北王国を攻撃してもらおうとします。しかも貢ぎ物として、前の章で主の宮に運び入れたばかりの金銀を用いたのです。この政策は成功して、ラマの工事は中止されたのみならず、そこより北にあるゲバとミツパに南王国の砦が造られました。

第二の行動は、預言者を迫害したことです。思った通りの結果になって大喜びしているアサ王のもとに、予見者ハナニが来て、「あなたはアラムの王に拠り頼み、主に拠り頼みませんでした」と非難しました。14章でクシュ人が攻めて来た際には、全面的に主に拠り頼んだ王だったのに。このとき、王は素直に自分の過ちを認めるべきでした。でも傲慢になっていた王はハナニに対して怒りを発し、彼を牢獄につないだばかりか、彼に同調する人々も踏みにじりました。

そして第三の行動は、医者に頼ったことです。その最晩年に、アサ王は両足の病気にかかりました。ところが、「その病の中でさえ、彼は主を求めず、医者を求めた」のです。医者に見てもらうこと自体は悪いことではありません。しかし主に求めることをしなかったのは大問題でした。彼はその二年後に死にます。晩年に大失敗をしたものの、国民に愛されていたアサ王は丁寧に葬られました。

アサ王の生涯を顧みるとき、死に至るまで主に拠り頼み続けることは簡単なことではないことがわかります。「主に拠り頼む」とは、主の御心は何であるかを求め、それに従うことです。9節にあるように、昔も今も「主はその御目をもって、全地を隅々まで見渡し、その心がご自分と全く一つになっている人々に御力を現してくださる」ことを忘れないでください。主なる神と心を一つにすることこそ、本当に力強い生活をしていく秘訣なのです。

主よ。私は生涯を通して、聖書の中から主の御心を尋ね求め、それに従う者となります。

17章

第二歴代17章から20章までは、アサの息子ヨシャファテの治世を記しています。彼も善王でした。今日の17章は、治世の初期に重点的に行なった二つの働きの記録です。

第一の働きは宗教的なものでした。彼はダビデ王の若い頃の純真な姿にならい、先祖の神を求めてその命令を守りました。そして主もヨシャファテ王とともにおられたのです。その結果、南王国の民は王を尊敬し、多くの貢ぎ物をしました。彼に富と誉れが豊かに与えられたのは当然でしょう。

具体的な働きとしては、三つのことが書かれています。まずバアルやアシェラなどの偶像を取り除きました。また各地の小高い所に設けられていた祭壇も、偶像礼拝に陥りやすかったために取り去ります。さらに即位後三年目には、高官とレビ人と祭司を南王国の町々に遣わして、民に律法の書を読み聞かせ、主の命令に従うように教えたのです。

第二の働きは軍事的なものです。王は、南王国にある城壁に囲まれた町すべてに軍隊を置きました。さらに父王アサが占領した北王国の一部の町々にも守備隊を置きます。主がヨシャファテとともにおられることは、周辺のすべての国々にも明らかだったので、だれもあえてこの国を攻撃しようとは思わなかったようです。何と幸いなことでしょうか。

また、西からはペリシテ人が、南からはアラビア人が、多くの貢ぎ物を携えて来ました。その食糧を貯える倉庫の町や城塞を建てるために、工事も盛んに行なわれたのです。

戦士たちの数も増大しました。ユダ部族の中では七十八万人の兵士が、またベニヤミン部族では三十八万人の兵士が数え上げられています。合計すると百十六万人にもなるので、かなりの誇張があると思われますが、いずれにしても、軍事力が並外れて強大になったことは事実でしょう。

これらはすべて、主がヨシャファテ王とともにおられたからであることを覚えてください。主の命令に従って歩むなら、必ず主が祝福してくださるのです。現在の私たちも、聖書に従って歩みましょう。毎日毎日聖書を読み続けることは、必ず豊かな祝福をもたらします。しかし、読むだけで実行しないならば、何の意義もありません。今日、主が喜ばれることを、何か一つ実行してみてください。

主よ。私はあなたに従って歩みます。あなたに喜ばれることは何かを考え、それを実行します。

18章

第二歴代18章は、ヨシャファテ王が息子ヨラムの嫁に北王国のアハブ王の娘アタルヤを迎えたことによって引き起こされた失敗談です。3節と27節で区切ってみましょう。

第一の部分には、戦争に巻き込まれたことが述べられています。ヨシャファテ王としては、北王国との争いを避けるために政略結婚をしたのでしょうが、かえって自分と関係のない戦争をせざるをえなくなりました。ラモテ・ギルアデは、北王国がアラムの国と長年奪い合っていた重要な町です。

4節からの第二部分には、王がにせ預言者のことばに従うことになった経緯が記されています。戦争に協力すると言ったものの、不安を覚えたヨシャファテ王は、北王国にいた預言者にこれが主の御旨かどうかを尋ねました。ゼデキヤをはじめとする四百人のお抱え預言者は、みなアハブ王の気に入る偽りの預言をします。しかしヨシャファテは、彼らの不真実を見抜いていたようで、別の預言者を求めたのです。

真の預言者であるミカヤは、初めは皮肉っぽく「攻め上って勝利を得なさい」と言いますが、後にはこれら四百人の預言者が偽りを言う霊によって惑わされていると鋭く指摘します。そしてこの戦いでアハブ王が戦死することも預言しました。怒ったアハブ王は彼を投獄します。でもヨシャファテ王は、この預言を知りながら、アハブと一緒に出陣したのです。

28節からの第三部分は、ラモテ・ギルアデにおける戦争の有様を記録しています。アハブ王は、ミカヤの預言が気になったのか、ヨシャファテを王に見せ掛けるために自分は王服を脱ぎました。当然、攻撃はヨシャファテに集中します。でもヨシャファテが主に助けを求めたとき、主は彼を助けられました。しかしアハブ王は、敵の兵士が何気なく放った矢によって腹部を射抜かれ、夕方には死んでしまったのです。

ヨシャファテ王の失敗の根本原因は、主を信じないアハブ王と縁を結んだことにあります。そういう中でも、何とか主のことばを聞こうとした彼の態度は少しは評価できますが、結局アハブの言いなりになってしまいました。異教社会日本に住む私たちは、常にこの危険性の中にあるのです。自分の信仰を明確に告白し、「つりあわないくびき」を共にしないよう、いつも細心の注意を払わねばなりません。

主よ。未信者のことばに左右されやすい私です。どうか信仰によって歩むことのできる勇気を与えてください。

19章

第二歴代19章には、前の章の失敗を反省したヨシャファテ王が、再び国の改革に取り組んでいく姿が描かれています。3節と7節で三つの部分に区切って学んでみましょう。

第一の部分は、先見者エフーのヨシャファテ王に対する忠告です。エフーの父親ハナニは、16章で学んだように、ヨシャファテの父アサに忠告した人でした。親子二代にわたって王に苦言を呈したのです。アサ王の場合は戦いに勝利した後で高ぶっていたため忠告を無視したのですが、ヨシャファテ王は、失敗の後だったこともあり、謙遜に聞き入れました。主に反抗している北王国のアハブを助けてはならないと王を諭すエフーは、また王の良い面も正しく評価しています。

4節からの第二部分には、その治世の初期にしたのと同じように、ヨシャファテ王は南王国の各地を巡回したことが述べられています。前回には民に律法を教えたのですが、今度は民を主に立ち返らせただけでなく、町々にさばき人を任命し、彼らが主にあって正しい裁判をするように命令しました。民の行動の善悪を的確に判断する人がいてこそ、民が主の律法に従って生活できると考えたからでしょう。さばき人が民をさばくとき、主もともにおられるのです。

8節以降の第三部分は、エルサレムに帰った後、ヨシャファテ王はより整った裁判制度をこの町に確立したことを記録しています。すでに王は、レビ人と祭司とかしらという三つの立場にある者たちから裁判官を任命していました。そこで彼らを集めて、さらに次の二つのことを命じたのです。一つ目は、各地から訴訟が持ち込まれた場合、その人々に正しく警告しなければならないことです。二つ目は、祭司は宗教的問題を、かしらは政治的問題を、レビ人はその他の細々とした問題を扱うべきことです。かなり組織だっていますね。

前の章で失敗をしたヨシャファテ王でしたが、このとき、預言者のことばに従って悔い改め、再度やり直したことは立派です。この経験があったからこそ王は、悪を悪、善を善とさばく裁判制度をしっかりと整えたのでしょう。私たちも、主が自分の罪を指摘してくださったのなら、素直に悔い改め、やり直すべきです。また、誰かが罪を犯しているなら、愛をもってそれを指摘することも忘れてはなりません。

主よ。罪を示されたとき、私は素直にそれを悔い改め、恵みによってもう一度やり直します。

20章

第二歴代20章は、30節で前後に分けられるでしょう。

まず前半には、死海の東側に住むモアブ人とアンモン人との連合軍がヨシャファテ王を攻撃してきたことが記されています。この国難に際して、王は三つのことをしました。

第一に、主に祈りました。王は全国に断食を呼びかけ、ひたすらに主の助けを求めます。彼は神殿の庭に民を集め、ソロモンが神殿奉献式の時に祈った通りに祈ったのです。苦難の時に主に呼ばわるなら、主は聞いて救ってくださると信じ、自分たちには敵の大軍に当たる力はないと告白します。

第二に、主のことばに従いました。このとき、聖歌隊の一員であったヤハジエルの上に主の霊が臨み、彼は「これは神の戦いである。明日、彼らに向かって出陣せよ」との主のことばを告げます。主はすぐに答えてくださったのです。

第三に、主を賛美しました。翌日、彼らは聖なる装いをした聖歌隊を先頭にして出陣します。武装した者たちはその後に従うのです。聖歌隊はまるで凱旋の時のように、「主に感謝せよ。その恵みはとこしえまで」と賛美しました。

その結果が22節以降に書かれています。ここで言われている「伏兵」とは何かには諸説ありますが、いずれにせよ、思いがけない方法で主は敵軍を混乱させ、同士討をするようになさいました。王とその一行が着いたときには敵は全滅していて、分捕り物を奪うだけだったのです。

さて31節からの後半部には、ヨシャファテ王の生涯が短くまとめられています。彼は父王のアサと同じく、主の目にかなうことを行ないました。ただ、海外貿易で国を富まそうと図ったゆえに、晩年に北王国のアハズヤ王と同盟を結んだことは悪事でした。主はこの時も預言者を遣わし、王の過ちを指摘されたのです。これは主の大きな憐れみでした。

ヨシャファテ王の生涯には、失敗も困難もありました。しかし主はそのたびに預言者を遣わして警告したり、また励ましたりされたのです。この王の偉大さは、これらの預言者のことばに従ったことだと知ってください。今の時代に生きる私たちにも、主は聖書のことばを通して語っておられます。私たち自身にはサタンに立ち向かう力がないことを認め、主に頼りましょう。そこにこそ勝利の秘訣があります。

主よ。どんな困難があろうとも、主が私のために戦ってくださると信じて、勇敢に立ち向かわせてください。

21章

第二歴代21章は、ヨシャファテの息子ヨラムの治世を記録しています。彼は父とは正反対の行動をとりました。7節、10節、15節、17節で五つに区切ってみましょう。

第一の部分は、ヨラムは即位後すぐに六人の弟たちを殺したことを報告しています。13節を見ると、弟たちは皆、彼より善良だったので、自分の王位が脅かされると心配したのかもしれません。しかし最大の理由は、妻のアタルヤが北王国の最悪の王アハブの娘だったからでしょう。北王国では、王位継承のたびごとに殺戮が繰り返されていました。

8節からの第二部分では、ヨラム王はダビデが占領した南方の属国エドムを失っています。王は短期間は反乱を鎮圧したようですが、最終的にエドムは独立し、またペリシテとの国境にあった重要都市リブナも離反してしまいました。これは、主を捨て去ったヨラム王に対する報いだったのです。

11節からの第三部分には、さらに大きな悪事が述べられています。王は小高い山の上に偶像崇拝の場所を造ったのみならず、民にも偶像を礼拝させたのです。北王国に住むエリヤの弟子である預言者は手紙を書いて、王が悪事を続けるなら災いが下ると警告しますが、王はそれも無視しました。

16節からの第四部分では、ペリシテ人とアラビア人とがヨラム王に敵対しています。彼らはヨシャファテの時代には自分たちから貢ぎをもってきたのに、今度はそれらを取り返しただけでなく、王の子や妻も奪い去ったのです。

18節以降の第五部分は最悪の事態を告げています。ヨラム王は不治の病になり、そして二年後、内臓が外に出てしまうという悲惨な状態で死んでしまいました。第四と第五の災いは、エリヤの弟子の預言通りの結果です。国民は王が死んでも香をたかず、王の墓にも葬りませんでした。

こんなに多くの悪を行なったヨラム王でしたが、「ダビデと結ばれた契約のゆえに」、主は彼とこの国を滅ぼされず、しかも末子のエホアハズを異国人の手から守って、ダビデのともしびが消えないようにされたのです。何と憐れみ深い主でしょうか。しかし、彼の生涯は悲惨でした。現在でも、もし主に背くなら、心の痛む結果になることを忘れないでください。だれよりも主ご自身が一番悲しまれるのです。

主よ。あなたを知らない身内の影響で、私が悪の道を選ぶことがないように、弱い私を守ってください。

22章

第二歴代22章は、ヨラムの息子アハズヤの治世を記しています。アハズヤは、前の章ではエホアハズという名で登場していますが、彼の兄たちは皆ペリシテ人たちに殺されたので、末子の彼が王になったのです。即位したのは、欄外注のように二十二歳の時だったでしょう。今日の章からわかりますが、彼の生涯は父のヨラムと同じように悲惨でした。

6節までの第一部分には、悲惨だった原因が明記されています。彼の母、つまり父王ヨラムの妻アタルヤが、北王国のアハブ王の娘だったからです。彼女は、兄弟や親戚なども動員して、主の目の前に悪となる様々な助言をアハズヤ王にしたに違いありません。ある時、アハズヤ王は彼らの助言を重んじて、北王国の王ヨラムを助けるために、アラムの国との戦いに出陣しました。その戦いでヨラムは傷を負ったので、王宮のあるイズレエルで療養することになったのです。

7節からの第二部分には、ヨラムを見舞おうとイズレエルに行ったアハズヤ王が、エフーという人物に殺されたことが述べられています。列王記によると、このエフーはアハブ家の悪をさばくために預言者エリシャによって油注がれた人物でした。結局のところ、アハズヤ王はアハブ家の巻き添えとなって滅ぼされたのです。アハズヤのみならず、彼とともに南王国から来ていた家来や兄弟たちも殺されました。

10節以降の第三部分は、アハズヤの死後におこった出来事の記録です。彼の死を知った母のアタルヤは、アハズヤの子どもたちをはじめ、王の一族をみな殺しにして、自分が女王になりました。北王国出身の彼女にとって、権力を得るために人を殺すことは、ごく簡単なことだったのでしょう。しかしアハズヤ王の妹エホシェバは、一歳前後だった王の子ヨアシュを助けて隠したのです。これは主の憐れみでした。

ヨシャファテ王が、息子ヨラムの妻としてアタルヤを迎えたために、孫のアハズヤとその子どもたちまでが悲惨な結果になったことを銘記しましょう。異教の妻は、四代に渡って大きな悪影響を与えたのです。今の時代、これほどひどい例は少ないでしょうが、クリスチャンが他宗教を信じる人を配偶者に選ぶなら、大なり小なり、信仰が妨げられる場合があることは事実です。十分に注意せねばなりません。

主よ。配偶者であろうと友人であろうと、偶像を信じる人々からの悪影響を受けないよう、私を守ってください。

23章

第二歴代23章には、あの残虐な女王アタルヤが殺され、アハズヤの子ヨアシュが正式に王となった経緯が記されています。この変革を推進したのは、幼子ヨアシュを神殿にかくまったエホシェバの夫、祭司エホヤダです。彼は三つのことをしました。11節と15節で区切ってみましょう。

第一に、賛同者を確保しました。エホヤダは六年間、アタルヤのひどい政治に忍耐し、最善の時をうかがっていたのでしょう。そして七年目に奮い立ち、百人隊長五名と契約を結んで、変革の計画を打ち明けました。彼らは南王国を密かに巡回し、この計画に賛同する多数のレビ人や政治的指導者たちをエルサレムに集めたのです。エホヤダは彼らに綿密な手順を話します。そしてある日、幼いヨアシュを神殿に連れてきて王冠をかぶらせ、律法の写しであるさとしの書を持たせた後、民に「王様万歳」と叫ばせました。

次に12節からの第二部分で、エホヤダはアタルヤを処刑しています。騒ぎを不審に思って神殿にやって来たアタルヤは、はじめて謀反に気づきます。だれもがアタルヤの悪政に嫌気がさしていたので、この変革計画は全く漏れることがなかったのです。彼女を守る近衛兵もいたでしょうが、彼らもアタルヤを守る意志はありません。彼女は簡単に取り押さえられて王宮に連れていかれ、そこで殺されました。

さて16節以降の第三部分では、エホヤダは宗教を改革しています。まず主の民となる契約を結び、次にアタルヤが導入したバアル宗教を撤廃し、そしてモーセが定め、ダビデが指示した通りに主の宮をきちんと管理させ、さらには神殿の中に汚れた者が入れないようにしました。そして、ヨアシュ王を王宮に連れていき、国王の座につかせたのです。かくして南王国は再び平穏になったことが記されています。

アタルヤの悪政を快く思わない人はたくさんいたでしょうが、その中で彼女を恐れずに「奮い立って」この行動をおこしたエホヤダは、確かに立派な人物でした。悪に対して敢然と立ち向かう勇気は、現在の私たちにも必要です。私たちの周囲には神を無視する多くの人々がいるでしょう。その人々を憎んではなりません。でも聖書に従って、その悪を明確に指摘する勇気を持つ者となろうではありませんか。

主よ。御心にかなわないことをしている人々に対して、それを指摘する勇気を、私に与えてください。

24章

第二歴代24章は、七歳で王となったヨアシュの四十年間の治世を記録しています。その治世は、前半と後半で全く違ったものでした。16節で区切ってみましょう。

ヨアシュ王は、父親代わりになって結婚の世話までしてくれた祭司エホヤダが生きている間は、主の目にかなうことを行いました。最大の功績は、女王アタルヤの偶像崇拝導入によってそこなわれていた神殿を修繕したことです。その費用は、無理に取り立てた税金ではなく、自由な献金によってまかなわれました。エホヤダの助言もあって、王がこれを命じたのでしょう。修繕が終わってもまだ献金が残っていたため、それで主の宮の用具を造ることもできたのです。

エホヤダは百三十歳で死にました。ヨアシュ王も民も、心から彼を尊敬していましたので、彼を王家の墓に葬ります。ヨアシュは彼を実の父のように思っていたのでしょう。

しかし後半部の17節以降から、ヨアシュ王の態度はガラッと変わります。その原因は、民の指導者が来て、神に対してするように「王を伏し拝んだ」からではないでしょうか。調子に乗った王は、彼らの言うがままに偶像崇拝をするようになったのです。主は預言者たちを遣わして戒められましたが、誰もその声に耳を貸しませんでした。それのみならず、エホヤダの息子ゼカリヤが主の霊によって悔い改めを迫ったとき、彼を殺してしまったのです。ひどい話ですね。

その結果、ゼカリヤが預言した通りのさばきがくだされました。まず少数のアラムの軍隊が大軍勢の南王国を打ち負かします。彼らは民の指導者をみな殺しにし、ヨアシュ王を軍事裁判にかけました。さらに悲惨なことに、王が重病になると家来たちは謀反を企て、病床で王を殺害したのです。その上ヨアシュは、王たちの墓にも葬られませんでした。

ヨアシュ王は、エホヤダの厳しい声に従っている間は良かったのですが、指導者のへつらいの声を聞き始めたときにその生涯が狂ってきました。そしてついには預言者の戒めの声にも耳を傾けなくなったのです。現代の私たちも、だれの声を聞くかに注意せねばなりません。主は、今も聖書を通して私たちに声をかけておられます。それに従うのでしょうか。それとも神を認めない人の声を聞くのでしょうか。

主よ。私は今日も、聖書を通して語ってくださるあなたの声を聞き、それに従って歩んでいきます。

25章

第二歴代25章は、ヨアシュと同様に、生涯の途中で主に従わなくなった彼の息子アマツヤの治世を描いています。アマツヤの歩みは、13節あたりで変化してきました。

前半では、アマツヤが主に従っていた頃の二つの事件が述べられています。一つは、父ヨアシュを暗殺した家来たちを処罰したとき、彼らの子どもたちを巻き添えにしなかったことです。それはモーセの律法に従う正しい行動でした。

もう一つは、ある無名の神の人の語ることばに従ったことです。王は兵役に服せる者たちの数を調べたのですが、三十万人ほどでした。これでは少ないと思い、大量の銀を支払って北王国から十万人もの兵士を雇います。しかし、「主を信じない兵士による戦いでは勝利を得ることができない」と告げる神の人が現われたため、いやいやながら、それを受け入れました。その結果、彼の軍隊はエドムの軍隊一万人を打ち破ることができ、さらに一万人を処刑したのです。

さて14節からの後半部には、アマツヤ王が主に従わなくなったことを示す二つの出来事が記されています。第一に、エドム人の信じる偶像を持ち帰って、それを礼拝するようになったことです。主はすぐに預言者を遣わしてそれを戒められますが、王はその警告を聞こうとはしませんでした。

第二の出来事は、北王国と戦ったことです。アマツヤ王がこの戦いを挑んだ理由は、北王国の王ヨアシュの使いのことばに明確に示されています。アマツヤはエドムとの戦いに勝ったことで高慢になっていたのです。そしてヨアシュのことばを無視したアマツヤは打ち破られ、エルサレムの城壁は壊された上に、財宝と人質を取られる結果となりました。

この戦いの後、アマツヤはもう十五年生きましたが、最後は謀反にあい、外国で殺されるという悲惨な生涯でした。

アマツヤの場合も、悲劇の原因は明らかでしょう。2節に書かれているように、「彼は主の目にかなうことを行ったが、全き心をもってではなかった」のです。彼は喜んで主のみことばに従ったのではなく、いやいやながらでした。私たちはどうでしょうか。本心から主に従っていないと、いずれメッキははげてきます。今日私たちは、「全き心をもって」主に従う決心をしようではありませんか。

主よ。いやいやながら主に従ってきた私を赦してくださ い。喜んで主に仕える本物の信仰者とさせてください。

26章

第二歴代26章は、アマツヤの息子のウジヤの治世を記しています。ウジヤの生涯も、父アマツヤと祖父ヨアシュと同様に、後半生は悲惨でした。15節が区切りとなります。

ウジヤは、ゼカリヤという助言者の存命中は、神を求めました。ゼカリヤがどういう人物かはっきりしませんが、ウジヤに神を認めることを教えたことは確かです。ウジヤは謙遜に主を求めたため、国は軍事と経済の両面で栄えました。

まず軍事面では、西方のペリシテ人と戦って三つの城壁都市を奪い取ります。南方のアラビア人やメウニム人にも立ち向かい、東方のアンモン人も屈伏させました。またエルサレムにやぐらを立て、城壁を強固にし、三十万人を越す強力な戦闘部隊を組織しました。さらに全ての兵士に武器を与え、エルサレムに矢や石を打ち出す新兵器を設けたのです。

次に経済面では、敵だったアンモン人からの貢ぎ物を得ました。また農業に力を注ぎ、荒野に家畜を見張るやぐらを建て、家畜と果樹園のために多くの水溜を掘りました。またあちこちに家畜を放牧し、至るところにぶどうの木を植えます。かくしてウジヤ王の名声は、遠くにまで鳴り響いたのです。

しかし16節以降の後半部には、彼が強くなったためにその心が高ぶり、ついに滅びを招いてしまったことが述べられています。ウジヤ王は、聖別された祭司しかできないことなのに、神殿で香をたこうとしたのです。しかしその瞬間、主は王を打たれ、王の額にツァラアトが現れます。王は結局、自分自身で神殿から出ていかざるをえなくなりました。

その後、王はその病のゆえに、死ぬまで隔離された家に住むことになります。そして彼の子のヨタムが彼の代わりに政治をつかさどることになりました。死後も王の墓ではなく、その傍らにあったと思われる「墓地の野」に葬られたのです。

この章の7節には「神は彼を助けて」とあり、また15節には「驚くべき助けを得て、強くなった」とも書かれていることに注意してください。ウジヤがあれほど繁栄したのは、主の助けがあったからです。それを忘れたところに、彼の失敗の原因がありました。私たちも、どんなに仕事が成功し、家庭が繁栄しても、決して自分の力でそれをしたと思い上がってはなりません。主の助けがあればこそ、できたのです。

主よ。私は、愚かにも自分の力を誇ってきたことを悔い改めます。これから私は、決して傲慢になりません。

27章

第二歴代27章は、ウジヤの息子ヨタムの十六年間の治世を記録しています。前の章で学んだように、ウジヤは晩年にツァラアトに冒されたので、最後の十年間ほどはヨタムが政治にあたっていたのでしょう。ウジヤ王の失敗を目のあたりに見ていたヨタムは、神殿で香をたくような高慢なことをせず、父親の前半生の歩みにならって、主の目にかなうことを行いました。この章には彼の三つの業績が挙げられています。

第一に、エルサレムの町を整備しました。「上の門」とは主の宮から南にある王宮へ行くための門で、「オフェルの城壁」とは、そこからさらに南のダビデの町に延びていたものです。これによって、王や民たちが主の宮に行きやすいようにしたのだと思われます。宗教政策の一つでしょう。

第二は、経済的・軍事的政策です。山地を切り開いて町々を建て、また森林地帯には外敵から国を守るための城塞とやぐらを築きました。すでにウジヤ王もかなりの数のやぐらを築いていましたが、それをさらに拡大したのです。

第三に、以前にもウジヤ王が戦っていたアンモン人と戦い、勝利を得ました。その結果、毎年、銀を三トン以上、小麦と大麦をそれぞれ二百万リットル以上、手に入れたのです。国が勢力を増し加えたのは当然のことでしょう。

かくしてヨタムは、6節にあるように「自分の道を確かなものと」しました。しかし残念なことに、それでも「民は依然として滅びに向かっていた」のです。王自身としては、全勢力を注いで主の御心にかなうことを行っていたのですが、民の心は神から離れていました。ヨタムはそんな民の現状を悲しんで、主に祈っていたのかもしれません。不思議にも主は、ちょうどこの頃、預言者としてイザヤを遣わされたのです。これはまさに、主の憐れみと言えるでしょう。

現代の日本を見ると、まさにイザヤ書1章から5章に書かれているように、暴虐と不法のまっただなかにあるように思われます。しかし、そんな時こそ主に祈る人が必要です。また、イザヤのように大胆に主のみことばを語る人が必要です。私たちも、現状を主に訴えて祈るとともに、周囲の人々に聖書のみことばを語る者となろうではありませんか。主は祈りに答えて、必ず御業をなしてくださいます。

主よ。この国を憐れんでください。どうか私の小さな祈りに答えて、あなたの偉大な御業を現わしてください。

28章

第二歴代28章には、ヨタムの息子アハズの治世が描かれています。このアハズは、父ヨタムや父祖ダビデの生き方と正反対の道を歩みました。彼は三つの点で大きな罪を犯したのです。15節と21節で区切ってみましょう。

第一に、バアルを崇拝しました。鋳物の偶像を造り、子どもたちに火の中を通らせ、あちこちにバアル礼拝の場所を造ったのです。そこで主は、明確な罰を与えられます。それは、アラムの国と北王国の連合軍による攻撃でした。アハズは簡単に打ち破られ、多くの捕虜や財産がアラムの首都ダマスコと北王国の首都サマリアにもって行かれたのです。

しかしそんな中でも主は憐れみを示されています。捕虜を連れた北王国の軍隊がサマリアに凱旋したとき、オデデという主の預言者が、この捕虜と財産を南王国に返すように命じたのです。軍隊の指導者にも賛成する者があり、捕虜は丁重にもてなされた上で、エリコに連れ戻されました。新約聖書にある「良きサマリア人」の物語を思い出しますね。

こんな主の憐れみがあったにもかかわらず、アハズ王は第二の罪を犯します。その後、南からエドム人が、西からペリシテ人が攻撃してきたとき、王は多くの財宝を贈ってアッシリア帝国に助けを求めたのです。でもこの大国は何の助けも与えなかっただけでなく、後には攻撃してくることになります。主に頼らず、人に頼ったアハズ王の愚かさでした。

しかし事態はさらに悪化します。アハズ王の第三の罪は、自分を打ち負かしたアラムの王が信じる神々を礼拝するようになったことです。その上、主の宮の戸を閉じて、主を礼拝できないようにしました。逆に、偶像の神々を礼拝する祭壇を南王国のあちこちに設けます。そんなアハズ王が民に尊敬されるはずはなく、彼は王の墓に葬られませんでした。

アハズ王が偶像を崇拝した理由は明確でしょう。敵に勝ちたかったからです。目に見えるご利益がほしかったのです。アッシリアに助けを求めたのも同じ理由からでした。私たちが主なる神を信じるのも、この理由からであってはなりません。確かに主は、従う者を祝福してくださいます。でも、祝福があろうとなかろうと、「神と人を愛する」という、聖書の根本原則を崩してはならないのです。

主よ。私はひたすらにあなたを愛し、また敵さえも愛していく者となりたいです。どうか助けてください。

29章

第二歴代29章からの四つの章は、悪王アハズの息子であるヒゼキヤの治世を記しています。彼はまれに見る善王でした。29章では、二つの大きな改革を行なっています。

まず19節までの前半には、前の章で父アハズが閉じた宮の戸を開いて礼拝できるようにし、また宮を聖別したことが書かれています。彼は、自分が王になった最初の年、しかも第一の月にこのことを行いました。祭司とレビ人を宮の東側に集めて国の窮状を話し、それまでの偶像崇拝を悔い改めて主と新たな契約を結ぶように呼び掛けたのです。

すると、すぐに十四人のレビ人が応答しました。彼らは祭司に頼んで、神殿の聖所から偶像崇拝に関連するものを運び出してもらいます。そしてそれらを受け取り、宮の東側にあるキデロンの谷で焼いたのです。第一の月の一日から八日間にわたって神殿の外側を聖別し、その後もう八日間かけて内部にある様々な器具を聖別しました。また、アハズ王が取り除いていた器具も、新たに用意したようです。

20節以降の後半部は、以上のように聖別された主の宮において、三種類のささげ物が献げられたことを述べています。

まず一つ目は、レビ記に書かれている通りの手順で、罪のきよめのささげ物が献げられました。ヒゼキヤ王は、父が犯した罪を自分の罪と自覚して、それを明確に悔い改めました。二つ目に、賛美とともに全焼のささげ物が献げられます。これは、自分の全てを神にお献げすることの表明でした。そして三つ目は、感謝のささげ物が献げられたことです。これは、罪が赦され、その身を主にお献げした者だけができることでした。民が心から進んで献げた家畜は全部で四千頭近くもあり、祭司だけでは処理しきれなかったので、直ぐな心で身を聖別したレビ人が祭司を助けました。

あの悪王アハズの息子から、このように立派な王が生まれたことは驚きです。これは、クリスマスになると読まれる有名なイザヤ書7章の「インマヌエル預言」の、最初の成就と言うことができます。主は、南王国を救うために、ヒゼキヤ王を遣わされたのです。主は、今でも同じことをしてくださることを忘れてはなりません。最悪と思われる時代にも、主は民を救うために思いがけないことをなしてくださいます。

主よ。罪に満ちたこの時代にも、あなたはすばらしいことをしてくださると信じて、私は祈り続けます。

30章

第二歴代30章は、長い間なされていなかった過越の祭りをヒゼキヤ王が行ったことを記しています。12節で前後に区切ると、この章の構成がよくわかるでしょう。

前半は準備のようすです。王は祭りへの招待状を南王国だけでなく、「エフライムとマナセ」と記されているように、北王国にも出しました。列王記を見ると、ヒゼキヤが即位する数年前に北王国はアッシリアに滅ぼされ、民の多くが捕囚となっています。しかし捕囚を免れた人々に招待状は送られたのでしょう。律法によれば、過越の祭りは第一の月の十四日から始まるはずですが、前の章で学んだ宮きよめのために祭りの準備ができず、第二の月に延期されたのです。

王の招待状を携えた近衛兵は、南端のベエル・シェバから北端のダンまで、南北両王国を行き巡りました。特に北王国の民には、この祭りの機会に悔い改めて主に立ち返るなら、主は捕囚民を返してくださると伝えたのです。それをあざ笑う人もいましたし、聞いて従う人もいました。

13節からの後半部には、祭りの経過が三つの段階によって述べられています。まず最初に、エルサレムにあった異教の祭壇や香の壇が取り除かれ、町はきよめられました。

次に、身を聖別した祭司とレビ人が全焼のささげ物を献げます。北王国から来た民は、誤っていけにえの家畜を食べてしまいましたが、ヒゼキヤ王は彼らのためにもとりなしの祈りをしました。そして七日間の祭りを守ったのです。

さらに、律法に命じられていないことですが、人々は喜びのゆえにもう七日間祭りを延長することを決めました。王や指導者はこの期間に非常に多くの家畜を贈り、みなでその肉を食べて喜んだのです。それはソロモン時代の神殿完成以来の喜びの時であり、人々の祈りは天にまで届きました。

これほどみんなが喜んだのは、北王国と南王国の民が二百五十年ぶりに一緒になって、過越の祭りを祝うことができたからでしょう。北王国は滅びましたが、主は「残りの民」を備えてくださっていました。今の私たちも、久しぶりの方々、あるいは未信者の方々が教会に来られたとき、心から喜んでお迎えし、喜びをもって一緒に主を礼拝しているでしょうか。そのような暖かい心を持つものとなりましょう。

主よ。私は、主のもとに立ち返った人を、心からの愛をもって迎え入れる者となります。どうか支えてください。

31章

第二歴代31章には、喜びに満ちた過越の祭りが終わった後に、その感動を持続するためになされた三つのことが記されています。1節と10節で区切ってみましょう。

第一に、南北両王国にあった偶像と、それを崇拝する場所だった高き所がみな打ちこわされました。人々は、それらを壊しながら、自分の町へ帰っていったのでしょう。

第二に、律法に定められた通りに絶え間なく礼拝が行なわれるよう、祭司とレビ人の組織が整えられました。ヒゼキヤ王も、自分の分のささげ物を自分の財産から出しました。また、祭司とレビ人が余念なく主に仕えることができるために奉納物を献げるよう、民に命じました。そこで民は、第三の月から第七の月までの間に、喜んで多くの奉納物を携えてきたので、それらはあちこちに山と積まれたのです。余りの多さに王もびっくくして、説明を求めたほどでした。

そして11節以降には、第三になされたことが書かれています。王は、神殿に付属している脇部屋を整理して、そこに奉納物を運び入れるように命令しました。そのために指揮者と管理者が任命され、また、それらの奉納物を祭司とレビ人に分配するための責任者も定められました。彼らは、できるだけ公平に分配できるよう、次の五つの基準を設けたのです。

一つ目は、エルサレムに住む者も、地方の放牧地に住む者も等しくなるように。二つ目は、身分が上でも下でも公平になるように。三つ目は、神殿で任務についている者はそこで必要な物が与えられるので、別枠にするように。四つ目は、家族の人数に応じて公平になるように。五つ目は、放牧地に住んで牧畜に従事している者にも、受ける分があるように。何ときめ細かい配慮がされていたことでしょう。

ヒゼキヤ王は、「主の前に、良いこと、正しいこと、真実なこと」を、心を尽くして行いました。一人の王が本当の信仰をもって改革を断行したときに、確かに国は変わったのです。現在の日本や、キリスト教界をみるときに、このような指導者が必要だと思わざるをえません。そして、その指導者に忠実に従う人々も必要です。主は、この国を愛し、この国の教会を愛しておられます。主の偉大なみわざが現されるよう、心を尽くして祈ろうではありませんか。

主よ。日本の国に目を留めてください。そして御心を行う指導者と忠実な民を与えてください。

32章

第二歴代32章には、ヒゼキヤの宗教改革後の出来事が述べられています。23節で二分してみましょう。

前半には、北王国を滅ぼしたアッシリア帝国が南王国を攻撃した時のことが、三つの場面によって描かれています。

第一は、戦いに備えている場面です。王はエルサレムの城壁の外にあった泉を隠し、町の中に引き込みました。また城壁とやぐらを堅固にし、兵士たちを励まして「敵の大軍よりもはるかに「大いなる方が、ともにいてくださる」と告げたのです。第二の場面では、アッシリア軍がこの町を包囲しています。敵の家来は、「おまえたちの神は、おまえたちを私の手から救い出すことはできない」と、真の神をののしりました。しかし第三の場面で事態は大きく変わります。ヒゼキヤ王と預言者イザヤが主に祈ったところ、主は御使いを遣わして、敵軍を全滅させてくださったのです。しかも敵の王はその直後に暗殺されます。周辺諸国はこの主のみわざに驚嘆し、ヒゼキヤ王を尊敬して貢ぎ物をするようになりました。

24節からの後半部分は、その後のヒゼキヤ王を三つの時期に分けて描いています。最初はアッシリアとの戦いの直後のことです。王は重病になりますが、主はそれを癒やしてくださいました。また高ぶった時にも、後にへりくだったため、災いは彼の時代にはおこりませんでした。そして次の時期になります。王は、主の恵みによって豊かな富と名誉を与えられ、ギホンの泉の水を引き込むトンネルも掘りました。でも当時の新興勢力であるバビロニア帝国の首長たちが訪れてきたとき、誇らしげに自分の手の内をみな見せたのです。ちなみにこの帝国は、百年後に南王国を滅ぼすことになります。そして最後に、ヒゼキヤ王は国民に惜しまれつつ死にました。彼は、王の墓地でも上り坂の場所に葬られたのです。

以上のヒゼキヤの生涯を学ぶなら、時に高ぶることはありましたが、基本的には主に忠実な歩みであったことがわかるでしょう。私たちも、このような生き方をしたいものです。その秘訣は、前の章で学んだように、いつも主を礼拝するところにあります。苦難に出合った時にも、失敗することがあっても、主に憐れみを求めて祈るとき、主は私たちを顧みてくださることを、しっかりと心に留めてください。

主よ。私はヒゼキヤのように、どんな時でもあなたを礼拝し、ありのままの姿で祈る者となります。

33章

第二歴代33章は、ヒゼキヤの息子のマナセの五十五年の長い治世と、マナセの息子のアモンのたった二年の短い治世を記しています。20節が区切りになるでしょう。

マナセは、十二歳という若さで王となりました。父ヒゼキヤの偶像壊滅政策を快く思っていなかった側近がいたからでしょうか。マナセは即位するとすぐ、偶像を崇拝する高き所を築き直し、主の宮に天の万象を礼拝するための祭壇を築いたり、幼児をいけにえにしたり、まじないをしたり、主が忌み嫌われることばかりをしました。これらは、カナンの先住民が断ち滅ぼされた理由だったことを思い出してください。

このような罪に対するさばきとして、紀元前六四八年に、主はこの国をバビロニア帝国の手に渡されました。マナセは六十歳頃に捕囚となりますが、そこで罪を悔い改めます。それゆえ主は彼を憐れみ、母国に連れ戻されたのです。

その後、マナセ王は改革を推し進めました。まず軍事面では、エルサレムの城壁をさらに強固にし、城壁のある町々に兵隊を常駐させます。また宗教面では、主の宮からもその他の場所からも偶像を取り除き、祭壇を築き直して交わりと感謝のいけにえを主にささげました。そしてもう数年の治世を全うして、マナセ自身が用意した墓に葬られたのです。

さて後半の21節以降には、マナセの息子アモンの治世が述べられています。彼は若い時の父親のように歩みました。しかもアモンは途中で悔い改めることもなく、かえって父親よりも罪過を大きくしたのです。これに反感を抱いた家来は即位後二年目の王に謀反を起こし、暗殺しました。しかし悪王を暗殺しても問題は解決しません。そこで民衆は謀反者を処刑して、アモンの息子のヨシヤを次の王にしました。

マナセ王は、新約聖書に登場する放蕩息子のようです。最初は自分勝手にふるまっていましたが、自分の罪ゆえの苦しみに会ったときに悔い改め、主に立ち返ったのです。しかし息子のアモン王は、悔い改める機会なく暗殺されてしまいました。現在でも、私たちに与えられる苦難が、悔い改めの機会となることはしばしばあります。苦難に出会う時、それを嘆くのではなく、へりくだって悔い改めるならば、それはかえって恵みの時となるのです。

主よ。苦難にあうときにも、それをあなたからの憐れみとして受けとめ、自らを省みる時とさせてください。

34章

第二歴代34章と明日学ぶ35章には、アモンの息子であり南王国最後の善王であるヨシヤの三十一年間の治世が記されています。彼はその生涯に三つの大きな働きをしました。13節と28節で区切って、それを学んでみましょう。

第一に、偶像を取り除きました。八歳で即位したヨシヤ王は、十六歳になったときに、自覚的に主を求めるようになります。そしてその四年後から、父アモンが造った多くの偶像や、偶像の礼拝場所だった高き所を破壊し始め、二十六歳のときには、南王国のみならず、すでに滅亡していた北王国の町々にも出掛けて、偶像を始末したのです。さらに、偶像で汚されていた主の宮を修繕しました。信頼できる多くの家来が用いられ、レビ人の賛美の中で工事は進められました。

14節からの第二部分で、王は謙遜に律法に聞き従っています。主の宮を修繕していたとき、悪王たちに燃やされないように隠されていたと思われる律法の書が発見されました。その書の朗読を聞いていたヨシヤ王は、自分も自分の先祖も主のみこころに背いていたことと、主の憤りが注がれていることに気づき、衣を引き裂いて悔い改めたのです。王は、さらに主のみこころを深く知るため、女預言者フルダのもとに家来を遣わしました。彼女は、主は確かに厳しい裁きをくだされることを王に告げましたが、それとともに、王が謙遜に悔い改めたので、裁きは延期されることも知らせたのです。

さて29節以降の第三部分では、王は主の御心を国民に告げています。民の長老は言うに及ばず、その他の住民、また祭司とレビ人を、身分の上下にかかわらず全て主の宮に集めました。そして律法の書を読み聞かせ、それを守るという契約をたてたのです。国民もそれに同意し、ヨシヤ王の生きている間は、主に従う道から外れませんでした。

偶像を破壊するほど主に熱心だったヨシヤ王だったのに、律法の書を読んだことがなかったのは、現在の私たちから見れば不思議に思えます。当時は、書き記された律法はわずかしかなかったからです。しかし現在は、誰でもすぐに主のことばを読むことができます。何と幸いなことでしょうか。忠実に聖書を読み、もし主の御心に背いているなら、すぐ悔い改めることこそ、私たちのなすべきことなのです。

主よ。あなたから与えられている聖書を、私は大切に読みます。そしてそれに忠実に聞き従って歩みます。

35章

第二歴代35章は、ヨシヤ王の治世におこったもう二つの出来事を記しています。19節で前後に分けましょう。

前半部分には、治世の第十八年に過越のいけにえが献げられたことが述べられています。神殿の修復直後に行われたのでしょう。三十章には、ヒゼキヤ王が即位した年の過越の祭りが記録されていましたが、それから約百年ぶりに催された大過越祭でした。三つの点に注意してください。

第一に、この時のいけにえは、ヨシヤ王と、政治的指導者とレビ人の指導者たちが献げた点です。特に王が献げたものは、百年前のヒゼキヤ王が献げたものの三倍以上でした。逆に言うと、民の負担は少なかったのです。

第二に、民ではなく祭司とレビ人がこの祭りのために必死に働いている点です。祭司は夜までささげ物をし、門衛はその持ち場を離れずに、過越の祭りを守りました。レビ人は人々のために必要な全ての用意をしていたのです。

第三に、この祭りは預言者サムエルの時代以来のものだったと記されている点です。ヒゼキヤの時代にもあった過越の祭りですが、ヨシヤ王は、多分各家庭ではなく神殿を中心に祭りを行ったので、こう言われているのでしょう。

以上の三点から、国民はあまり熱心ではなかったように思われます。「笛吹けど踊らず」の状態だったのでしょうか。

20節以降の後半部には、ヨシヤ王の残念な最期が描かれています。この頃、バビロニア帝国が勢力を持ち始めたので、エジプト王ネコはそれを討とうと遠征してきました。ヨシヤはこの時、主の御心を求めようとせずにエジプト軍に挑んだため、戦死してしまいます。預言者エレミヤは王を悼んで、今は失われている哀歌を作りました。ヨシヤ王が最後まで主の御心に従って歩んでいたらと思わされます。

ヨシヤは確かに熱心な王でした。しかし国民の応答は、かなり冷たかったようです。南王国はその後、主に従わない悪王が相次ぎ、転落の一途をたどります。そしてついに二十年余り後、王国は滅亡することになるのです。これを現在の私たちにあてはめてみるなら、私たちの教会において、牧師も信徒も同じように、主のみことばに従う者となるべきことが教えられるのではないでしょうか。

主よ。指導者も従う者も、心からへりくだって主の御旨を求め、みことばに忠実に生きるものとさせてください。

36章

第二歴代36章には、四人の王たちの治世を経て、南王国が滅亡に至る経緯と、滅亡後の出来事が述べられています。4節、8節、10節、21節で分けてみましょう。

ヨシヤ王の死後、最初に王となったのは三男で二十三歳のエホアハズでした。父親と同じく反エジプトの立場だったので、民に支持されたのでしょう。しかしこれを快く思わないエジプト王は、なんくせをつけて三か月後に彼を退位させ、親エジプト派の長男エホヤキムを王とします。不幸なことです。そして邪魔なエホアハズをエジプトに連れ去りました。

二十五歳で即位した次の王エホヤキムも主に従わなかったため、不幸な生涯をおくりました。十一年後、今度はバビロン王が攻め上ってきて、彼をバビロンに連れ去ったのです。主の宮の金銀の器具もバビロンに持ち去られました。

その次に王となったのは、エホヤキムの息子のエホヤキンです。しかし彼も主の目の前に悪を行なったため、三か月後には父と同じように捕囚となりました。他にも重要な人々が捕囚となり、神殿の貴金属も奪われてしまいます。

そして王国最後の王となったのが、ヨシヤ王の三男だったゼデキヤでした。彼は神から遣わされた預言者エレミヤのことばに従わず、その十一年間の治世の間中、偶像礼拝を続けたために、ついにバビロンの王がエルサレムを全く破壊する結果になります。時は紀元前五八六年。こうして王も生き残った民もバビロンに捕囚となり、七十年が経過しました。

しかし主はこの国を忘れられたのではありません。主の摂理の中でペルシアが強くなり、バビロニアを滅ぼしたのです。そしてペルシア王キュロスは即位後すぐ、イスラエル人を母国に帰し、神殿を再建するようにという勅令を発布します。それはまさにイザヤとエレミヤが預言していたことでした。

南王国最後の四人の王はみな悪王でした。そして王も民の大半も外国に連れ去られました。それでも主は、この国を憐れんでおられたのです。次のエズラ記でわかりますが、バビロンに捕囚になった民はそこで心から悔い改め、主に立ち返りました。主は、彼らが悔いた砕けた心になることを待っておられたに違いありません。歴代誌の最後は失望ではなく、希望を与えていることを忘れないでください。

主よ。私が罪を犯しても、そこから立ち返ることをあなたは待っておられることを知りました。感謝します。

ネヘミヤ時代のエルサレム

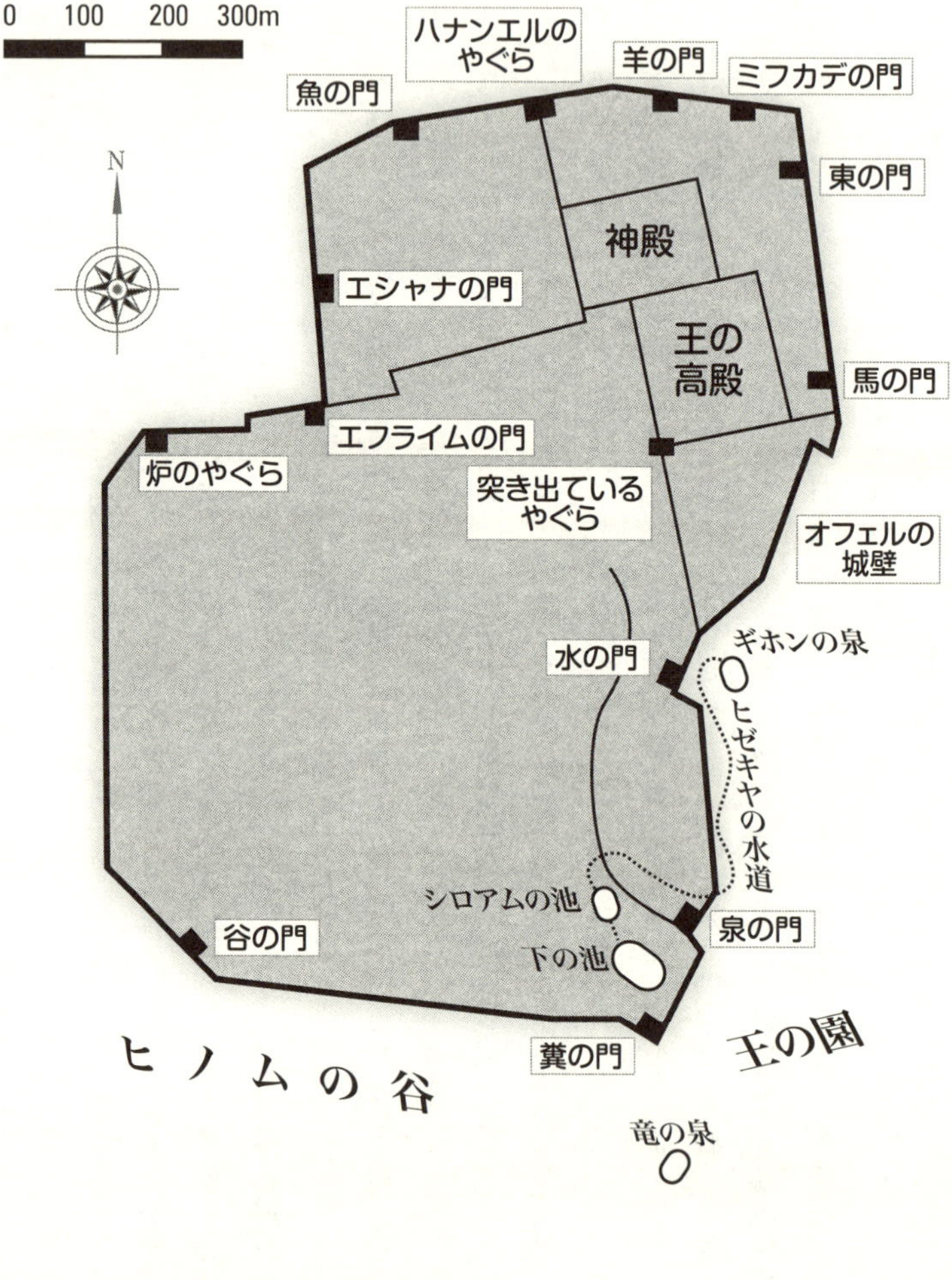

エズラ記・ネヘミヤ記・エステル記　解説

ヨシュア記から始まった旧約聖書の第二部である歴史書は、これから学ぶ三巻で完結します。これら三巻は、ペルシア帝国の王キュロスがバビロニア帝国を滅ぼし、イスラエルの民を捕囚から解放した後の歴史を記しているのです。ただ、エステル記の舞台はペルシア帝国の中であることを覚えていてください。ヘブル語原典では、これら三巻は歴代誌と同様、旧約聖書の終わりのほうに置かれています。

＊　　＊

第一問　原典ではなぜそのような位置にあったのでしょうか。

歴代誌の著者と推測されているエズラが、祭司的な観点から書いたからでしょう。ネヘミヤは行政官である総督でしたが、エズラと一緒に宗教改革をしたことが明記されています。

エステル記は、ルツ記・雅歌・伝道者の書・哀歌とともに「五つの巻物」と呼ばれて、ヘブル語の原典では、やはり終わりの方に置かれています。これらはユダヤ人の幾つかの祭りの時に読まれていたようです。

第二問　まずエズラ記の内容を教えてください。

この書は大きく二つに分けられるでしょう。前半は6章までで、キュロス王の命令によって帰還した人々が、激しい妨害にあいながらも神殿を再建したことが述べられています。これは、紀元前五三八年から五一五年までの約二十年間の出来事です。

7章からの後半部には、神殿完成から約六十年後の四五八年に故国へ帰ってきたエズラが、すでに帰還していた民が律法を守らず、周囲の異民族と結婚して偶像崇拝に陥っていたことを非常に憂い、異国人の妻を追放したことが記録されています。

第三問　それは人種差別的なひどい処置ではないでしょうか。

現在から見ればそうでしょうが、問題は偶像崇拝にあります。歴代誌でも学んだように、王国が滅亡したのはこの罪のゆえでした。エズラは、「過ちは二度と繰り返してはならない」と強く思っていたのでしょう。

第四問　次に、ネヘミヤ記の内容を教えてください。

本書は大きく三つの部分に分けられます。まず6章までは城壁の修復記録です。ネヘミヤはペルシア王の献酌官という重要な地位にありました。しかし、神殿は完成しても町を守る城壁は崩れたままであることを知った彼は、その職を投げ打ってエルサレムへ戻ったのです。エズラより遅れること十年余り。彼は、異民族の悪質な妨害を防ぎながら、五十二日という短期間で修復を完成します。城壁に設けられていた門の位置などは、236頁の図を参照してください。

7章からの第二の部分は、エズラ記2章にも記録されていた帰還民のリストを示した後、エズラとともに行った宗教改革を取り上げています。ここでは、民に律法が読み聞かされたことが特に強調されています。

11章からの第三の部分は付録で、居住地や祭司の一覧表、律法による厳しい処置などが扱われています。

第五問　エステル記の内容はどんなものでしょうか。

エステル記の中には、「神」も「主」も一度も使われていません。しかし明確に神の摂理が本書には現れています。時代的には、エズラとネヘミヤの帰還を許可したペルシア王アルタクセルクセス王（ヘブル語ではアルタシャスタ王）の前の王であった、クセルクセス王（ヘブル語ではアハシュエロス王）の治世のことです。

時の王妃が失脚し、新しい王妃として選ばれたのがエステルでした。その頃、彼女の養父モルデカイが王の高官ハマンの怒りを買い、ユダヤ人虐殺の詔書が発布されました。そこでエステルは自分がユダヤ人であることを王に明かし、助命を願います。危機一髪のところでユダヤ人は救われ、かえってハマンをはじめとする反ユダヤ主義者が殺されることになるのです。

第六問　それなら、単なる復讐物語と思えますが。

ナチスの例でわかるように、ユダヤ人は歴史上何度も迫害されてきました。その原因は彼らが律法に従って他民族とは異なる生き方を固守してきたからでした。しかし神は律法に従う者を守られます。本書は、神はたとい表面に現れなくても歴史の中で働いておられることを教えているのです。

第七問　今まで学んだ歴史書の全体から、私たちは何を学ぶべきですか。

ヘブル語原典の配列が今の順序に並べ変えられたのには明確な理由があります。それは、神の救いの歴史を明確に示すためでした。最初の五巻である「律法」で神と民の契約を示し、その後の十二巻でそれを守らなかった結果と神の憐れみを、現実の歴史を通して教えているのです。

失敗続きのイスラエルに対しても、主は憐れみを忘れられませんでした。それは今日も同じです。失敗しても素直にそれを悔い改め、主に拠り頼むとき、主は回復してくださるとは、何と大きな恵みでしょうか。

1章

今日から始まるエズラ記は、バビロン捕囚から帰還したイスラエル人の歴史と言えるでしょう。特に前半の六つの章には、神殿が再建されるまでの苦労が描かれています。まず今日の1章は、捕囚から解放された経緯です。4節と6節で三つの部分に区切って学んでみましょう。

第一の部分は、ペルシア帝国の王キュロスが発布した、捕囚民解放の通達を記録しています。彼は、それまでのバビロニア帝国と違って、その支配下にある国々の宗教を尊重する政策をとったのです。しかしその背後には、主の御手がありました。南王国が滅亡した頃の預言者エレミヤは、捕囚の期間が七十年であることを預言していましたし、彼よりさらに百五十年も前の預言者イザヤは、キュロス王の名前さえ預言していたことからもそれがわかるでしょう。キュロス王は、バビロンで成功していたのであえて故国に帰らない人々にも、神殿建築のために経済的支援をするよう命じています。

5節からの第二部分には、この通達に応答した人々のことが書かれています。神が霊を奮い立たせた者は、すぐにエルサレムに帰ろうと立ち上がりました。そこまでの決心ができない人々も、金銀の財宝や家畜などのささげ物を彼らに渡して力づけ、神殿建築のための応援をしたのです。

7節以降の第三部分では、キュロス王自身も、バビロンの王がエルサレム神殿から奪い取っていた主の宮の用具を返還しています。大小合わせて五千四百もの用具がありました。それらは帰還する民の指導者であるシェシュバツァルに渡されたのです。この人は、次の章にでてくるゼルバベルと同一人物ではないかと推測されています。第一歴代3章の系図によると、このゼルバベルは、バビロンに捕囚となったエホヤキン王の孫で、イエス・キリストの先祖にあたる人でした。

このように学んでくると、主なる神は不思議なほど綿密な計画をもっておられたことに気づきます。イスラエルの民の罪を裁くためにバビロニア帝国が用いられ、彼らが悔い改めたゆえにペルシア帝国が備えられ、さらに彼らを祖国に連れ戻すために救い主イエスの祖先が与えられたのです。主は、今でも同じように、私たちの人生にすばらしいご計画を用意しておられます。それを信じて歩む者となりましょう。

主よ。あなたが私のために最善の道を備えてくださっていることを、私は堅く信じて生活します。

2章

エズラ記2章は、バビロン捕囚から帰ってきた人々のリストです。どんな人々か、最初から見ていきましょう。

2節に記されている十一名は、帰還民を指導した人々と推測されます。ネヘミヤとモルデカイは、ネヘミヤ記やエステル記に登場する人物ではないことに注意してください。

3節から35節までには、一般の帰還民の数が、前半は十八の氏族に従って、後半は居住地に従って、記録されています。これらの数を合計すると、二万四千人余りです。

36節からは、特別な立場にあった人々の数です。まず祭司は四千三百人ほど、また、歌い手と門衛を含めたレビ人は三百四十名ほどでした。さらにレビ人の下で主の宮の雑事に携わっていた人々と、ソロモンの神殿建築以来イスラエルに住み着いた「しもべたち」が、合計で四百名弱いました。

59節からは、先祖から受け継いだ系図を紛失したので、イスラエルの血統であることを証明できなかった人々が六百五十名ほどいたことが書かれています。特に祭司の子孫であることが証明できない場合は深刻で、せっかく母国に戻っても、祭司職を果たす資格が与えられなかったのです。

以上で挙げられた数を合計すると三万名弱で、64節で示されている四万名を越す数と大きな違いがあります。ここに記されていない人々も多くいたからでしょう。その他に、男女の奴隷が七千名余り、宴会や葬式などでの歌い手が二百名、一緒にイスラエルの国に戻りました。その引っ越しのためには、八千頭以上の家畜が用いられたようです。

68節以降の最後の部分では、彼らが神殿のあった場所に着くや否や、その再建のために二億円以上のささげ物をしたことが書かれています。まだ使う機会がないのに、祭司の長服を百着もバビロンから携えてきた人もいたようです。

彼らが全員同時に故国に帰ったかどうかは定かではありません。でもその行列は、その千年ほど前にあった出エジプトを思い出させるようなものだったでしょう。彼らは、例えば詩篇126篇の「種入れを抱え、泣きながら出て行く者は、束を抱え、喜び叫びながら帰って来る」などと賛美していたに違いありません。私たちにも涙の夜があるでしょう。しかし主は必ず喜びの朝を与えてくださるのです。

主よ。私のような罪人さえも憐れみ、不幸な生涯を喜びに満ちたものと変えるあなたに、心から感謝します。

3章

エズラ記3章には、神殿再建を開始する前後の出来事が書かれています。7節で二分してみましょう。

前半からは、建築のために二種類の準備がされたことがわかります。第一は宗教的な準備です。帰還した年の第七の月が近づくと、民はみなエルサレムに集まってきました。そこで祭司ヨシュアと総督ゼルバベル、そしてその同胞たちは、モーセの律法に従い、いけにえをささげるための祭壇を、もともと神殿のあった場所に築いたのです。回りの国々の民が神殿建築を妨害しないように祈るためでした。民数記29章に記されているように、第七の月は一日がラッパの日、十日が贖罪の日、そして十五日からは仮庵の祭りが始まるので、律法に従う生活を始めるには最適の月と言えましょう。

第二の準備は実際的なものでした。彼らは石切り工や大工を雇い、また杉材を輸入するために、シドンとツロの人々に必要な代価を払って、神殿建築の備えをしたのです。

8節からの後半部分では、七か月後の翌年第二の月、輸入品の到着とともに工事が始まったことが述べられています。ゼルバベルとヨシュアの指導のもとに、民はまず二十歳以上のレビ人を指揮者として立てます。そして建築する者たちが神殿の礎を据えたとき、二種類の気持ちが湧き出てきました。

まず一つは、主に感謝する喜びの気持ちでした。祭司やレビ人がラッパやシンバルで演奏する中で、民は「主はいつくしみ深い」と賛美し、大声で喜び叫びます。しかしもう一つの気持ちがありました。すでに破壊された偉大な神殿を知っていた老人たちは、懐かしさの余り大声をあげて泣いたのです。民の罪と神の憐れみを思ったのかもしれませんし、昔に比べて小さくなったことを嘆いたのかもしれません。それらの喜びの声と泣く声は、遠くまで響きわたるほどでした。

不信仰な時代の後に、再び主のもとに立ち帰ったクリスチャンも、同様の気持ちを持つのではないでしょうか。一方で主の憐れみによる喜びが、他方で過去の自分の罪を思っての悲しみがあります。喜びは問題ないですが、悲しみも無視してはなりません。悲しみがあるからこそ、二度と罪を繰り返してはならないと決心できるのです。このような経験をした者は、きっと主のために何でもしたいと思うことでしょう。

主よ。私は自分のすべてをあなたにお委ねします。どうかあなたの御心のままに私を用いてください。

4章

エズラ記4章は、再建工事の直後から始まった妨害事件を描いています。3節、16節、22節で区切りましょう。

第一の部分は、協力的な装いをした妨害行為です。北王国を滅亡させたアッシリア帝国は、その地に外国人を移住させて、混血民族を作る政策を取りました。この結果生まれたのが、後に「サマリア人」と呼ばれる人々です。第二列王17章によると、彼らは真の神と偶像の神との混合宗教を作り出します。ここで彼らは「あなたがたと一緒に建てたい」と申し出ていますが、実は建築を妨害するのが本心でした。総督ゼルバベルはそれを見抜き、彼らの申し出を拒否したのです。

4節からの第二部分には、権力を悪用した次の妨害工作が記されています。そこで敵たちはおどしをかけた上で、ペルシアの王に工事中止を直訴する手紙まで書くようになりました。この妨害は、神殿建築時代のダレイオス王の治世から、その約百年後、エズラやネヘミヤが城壁を修復した頃のアルタクセルクセス王の治世まで続くのです。彼らの妨害工作をはっきり示す手紙が、ここに一例として引用されています。

17節からの第三部分は、この手紙を読んだペルシア王の返書です。バビロニア帝国の後継者と自認していたペルシア王は、過去に南王国が謀反を企てた事実を知って、工事中止の命令を出しました。しかし、「再び命令が下るまで」と条件がつけられていることに注意してください。王は、彼らの手紙にうさん臭さを感じていたのかもしれません。

23節以降の最後の部分には、ペルシア王の手紙を受け取った敵たちが意気揚揚とエルサレムに行き、武力で工事を中止させたことが述べられています。これは、約十年後のアルタクセルクセス王の時代の城壁工事でも、約百年前のダレイオス王の時代の神殿工事でも、共通した妨害工作でした。

主のための働きをする場合にも、すべてが順調にいくとは限りません。さまざまな困難や妨害がおそってくることがあります。でもそれは、私たちが主に信頼することを学ぶための訓練なのです。たといどんな事がおころうとも、主は私たちのことを愛しておられることを忘れず、主に信頼して困難に対処しましょう。主は驚くべき方法で、ご自身に頼る忠実な人々を助けてくださいます。

主よ。どんなに困難なことがおころうとも、主のための働きは完成することを信じて、私は歩んでいきます。

5章

エズラ記5章には、神殿工事が再開されるようになった経緯が記されています。2節と5節で区切ってみましょう。

最初の部分から、工事再開の背後には、ハガイとゼカリヤという二人の預言者の励ましがあったことがわかります。旧約聖書末尾にあるハガイ書とゼカリヤ書を見ると、彼らは二人ともダレイオス王の第二年、つまり紀元前五二〇年に、主からのことばを与えられて預言しました。キュロス王が捕囚の解放を宣言したのが紀元前五三八年で、翌年から工事が始まりましたから、十七年間も工事は中断していたのです。総督ゼルバベルと祭司ヨシュアは、預言者のことばによって力づけられて、反対を恐れず工事再開に踏み出しました。

3節からの第二部分は、すぐに反対勢力から文句が出たことを述べています。サマリア人からの告げ口があったのか、ペルシア帝国の総督タテナイと彼の同僚がやって来て、「この建築の責任者はだれか」と問いただしました。でも神の目が注がれていたゆえに、彼らは工事をやめさせることはできなかったのです。主のみことばには力がありますね。

6節以降の第三部分は、この後に総督のタテナイたちが書いたダレイオス王への手紙の写しです。ここにはイスラエル人が主張していた三つの重要なことが公平な目で報告されています。一つ目は、彼らは、自分たちが天と地を造った神のしもべであると自覚して、昔ソロモン大王が建てた神殿を建て直していること。二つ目は、彼らの先祖が罪を犯したゆえに神殿は破壊され、バビロンに捕囚になったこと。さらに三つ目に、バビロンの王権を継承したキュロス王が神殿再建を命令したこと。以上三つです。そして、王の宝物倉を捜させて、本当にキュロス王が神殿再建の命令を出した文書があるかどうかを調べてくれるよう、ダレイオス王に求めたのです。

このような公平な報告をタテナイが書くことができたのは、捕囚から帰ったばかりの貧しいイスラエル人が、木材で内装された石造りの立派な神殿を忠実に造っている姿に、彼らが心打たれたからでしょう。現在でも、自分の罪を悔い改め、真の神に忠実に従う姿は美しいものです。そのように歩む信仰者の上に、神の目は注がれていることを知ってください。それこそが周囲の人々へのすばらしい証しとなるのです。

主よ。罪赦された者だからこそ、私はあなたに感謝しつつ、神と人に仕える生涯を歩んでいきます。

6章

エズラ記6章は、15節で前後に分けられるでしょう。

まず前半には、神殿完成に至るまでの三つの出来事が記されています。

第一の出来事は、ダレイオス王が文書保管所を調べさせたところ、確かにキュロス王の勅令が発見されたことです。そこには、神殿の大きさと構造、またその建設費用は王家が支払うことや、バビロンへ運ばれていた神殿の器具は返還されることなども、はっきりと書かれていました。

続いて第二に、ダレイオス王は、この通達を忠実に実行するようにとの命令を出しています。建設を妨害してはならないこと、費用をちゃんと出すこと、ささげ物を提供して王家のために祈ってもらうこと、反対する者は厳重に処罰することなどを、総督のタテナイたちに厳しく命じたのです。

第三の出来事は、神殿がダレイオス王の第六年に完成したことです。これは総督たちが王の命令を実行し、預言者たちがユダヤ人を励ました結果でした。主は異邦人の権力を用い、またユダヤ人の心に働いて、神殿を完成なさいました。

さて16節からの後半部分は、神殿完成後の二つの出来事を述べています。一つは、神殿の奉献式の様子です。ささげ物の数は、第一列王8章に記録されているソロモン神殿の奉献式の時の二百分の一ほどしかありませんでした。でも彼らは心をこめて、しかもイスラエル十二部族の罪を率直に悔い改めて、罪のためのいけにえもささげたのです。

もう一つの出来事は、第一の月に行なわれた過越の祭りです。この祭りは毎年行われていましたが、特に大事件がおこった時には、詳しく記されています。この地に残っていた民も異邦の民の汚れから離れ、捕囚から帰ってきた民と一緒に過越の祭りを祝いました。かくして主は、異邦の王たちを用いられて、ユダヤ人を再び一つとされたのです。

以上の記事を読むなら、私たちの信じる神は、実に偉大なお方だということがはっきりわかりますね。主は、世界の歴史を支配しておられるのです。現代でも、世界を動かしているのは、アメリカやロシアの大統領ではありません。もちろん日本の総理大臣でもありません。私たちは、この偉大な主を心から信頼し、罪赦されたことを喜びつつ、毎日みことばに従って歩んでいこうではありませんか。

主よ。世界を支配しておられるあなたが、こんな小さな私にも目を向けてくださることを、心から感謝します。

7章

エズラ記は、7章から本書の著者エズラ自身の活動記録となります。エズラが母国に帰還したのは、ペルシアの王アルタクセルクセスの第七年、つまり紀元前四五七年で、神殿が完成した紀元前五一五年から六十年近く後の出来事です。10節と26節で区切って、エズラの人物像を学びましょう。

第一に、彼は純粋な血統をひく祭司であり、律法に精通していた学者でした。その祖先には、ヨシュア王の宗教改革を助けたヒルキヤ、逃亡中のダビデ王を支えたツァドクなど、有名な祭司たちがいます。彼は、母国に帰って主の律法を人々にしっかり教えたいという願いをもっていました。そしてそれを実行するために、他の人々と一緒に四か月かけて、千数百キロの道をエルサレムまで上っていったのです。

第二に、彼はアルタクセルクセス王の好意を得ていました。それは、11節からの第二部分の手紙でよくわかります。王は彼を信頼して、三つの命令を出しました。一つ目は、王から与えられた金銀でささげ物を調達し、エルサレム神殿でそれらを主に献げること、また礼拝のために必要な器具も整えることです。二つ目は、神の宮のために必要な物は、王室の金庫から支出できるように、財務官に命じたことです。また、エズラたちの税金は免除されました。三つ目に、エルサレムにおいてさばき人や裁判官を任命し、律法を教え、それを守らない者を罰する権威が与えられました。異邦の王であるアルタクセルクセスも、それほどエズラを信頼していました。

さて27節以降の第三部分からは、エズラは主に栄光を帰す人だったことがわかるでしょう。彼は全く自分を誇らず、こんな特権が与えられたのは主が王の心に働かれたからだと明言し、また主の御手があったゆえに、自分と同行するイスラエル人のかしらを集めることができたとも言うのです。

6節に「主の御手が彼の上にあったので、王は彼の願いをすべてかなえた」と記されているように、主の御手が彼に祝福をもたらしました。エズラはいつも自分が主の御手の下にあることを自覚していたのです。それゆえ自分を誇ることはできませんでした。私たちも、どんなに聖書に精通していても、どんなに衣食住に満たされていても、すべてが主の恵みの御手のゆえであると受け取ることが大切です。

主よ。私はあなたの御手の下にあることを信じて、今日の一日を歩みます。安心して、歩んでいきます。

8章

エズラ記8章には、帰国の旅の前後におこった出来事が記されています。14節と30節で区切ってみましょう。

第一の部分はエズラとともに帰国した人々のリストです。これを2章にあった最初に帰国した人々のリストと比較してみると、三つのことに気づきます。一つ目は、祭司のピネハス族とイタマル族、また王家のダビデ族のかしらがまず最初に記録されていること。二つ目は、十二の氏族のみが挙げられていること。三つ目は、記録されているのは男子だけで、合計千五百人ほどの少数だったことです。子女を含めても四〜五千名程度で、前回の十分の一位しかありませんでした。

15節からの第二部分には、以上の人々がバビロンの町の近くにあったアハワ川のほとりに集まって、出発の備えをしたことが述べられています。最初の備えは、レビ人を集めることでした。祭司とともに宗教的な事柄にあたるレビ人がいなければ、帰国する意義がないと思ったからでしょう。次の備えは、断食をして旅の安全を祈る時をもつことでした。これだけの大集団で千数百キロの旅をするのは危険極まりないことでしたが、ペルシアの王に護衛を求めることをせず、ただ主にのみ拠り頼む信仰を貫いたのです。そして最後の備えは、神殿にささげる貴金属と器の重さを量り、それを守る責任者を定めることでした。十二人の祭司が選ばれました。

さて31節以降の第三部分は、彼らがエルサレムに着いた時のことを記録しています。主は祈りに答えて四か月の道中を無事に守ってくださいました。彼らはエルサレム到着後四日目に、用意した金銀を神殿にささげ、また二百頭近い家畜を、全焼のささげ物と罪のきよめのささげ物として献げたのです。さらに、昨日学んだアルタクセルクセス王の手紙が太守と総督たちに渡され、その通りに実行されました。

この章にも、「私たちの神の御手」という表現が三回出てきます。エズラの上にあった神の御手は、彼が導く一団の上にもあったのです。現在でも同じでしょう。一人のクリスチャンが神の御手を信じ、主にのみ信頼して歩むときに、主はその人の属する家族や教会、あるいは職場にも祝福を与えてくださいます。私たちは神の祝福の源となるのです。心から主の御手を信じ貫く者となりましょう。

主よ。あなたの御手が、私だけでなく私の周囲の人々にもあることを信じます。私はあなたのみに信頼します。

9章

エズラ記9章と10章では、すでに帰国していたイスラエル人が異国の人々と結婚していた問題を是正するために、エズラが奮闘しています。4節で区切ってみましょう。

帰国直後の儀式を終え、一息ついていたエズラのもとに、民の指導者がやって来ました。そして、民の幾人かが偶像崇拝者である異国の人々と結婚している現状を報告したのです。民を戒めるべき立場にある祭司やレビ人、また指導者や代表者たちさえもこの不信の罪を犯していました。エズラは驚きの余り座り込み、夕方まで動くことができませんでした。

5節からの後半部分には、この問題を主に訴えるエズラの真剣な祈りが記されています。彼は、三つの事を主に祈りました。まず第一に、過去を振り返ります。自分たちは先祖の時代からこの時代に至るまで大きな罪過の中にあったこと、その結果として捕囚になったこと、でも主の憐れみで解放され、神殿を再建できたことを祈ったのです。エズラは、自分たちが「残りの者」であることを自覚していました。

第二に、現在の問題を率直に表現します。偶像崇拝によって汚れた異国の人々と結婚してはならないことは、出エジプト記34章、レビ記18章、申命記7章などから明白であるのに、民の多くがこの命令を捨てて罪を犯していたのです。エズラは民になり代わってこの罪を主に告白しました。

第三に、未来の刑罰について祈ります。イスラエルの民が当然受けるべき厳しい刑罰を、主は軽くしてくださったにもかかわらず、民が再び律法を破るならば、ついには全く絶ち滅ぼされることを、エズラは恐れました。そこで彼は、「このような状態で、だれもあなたの御前に立つことはできない」ことを認めながらも、あえて大胆に主に叫んだのです。

聖書は「国際結婚が罪である」と言っているのではありません。ルツは異国人でしたが、ダビデ王の先祖となるような立派な人物でした。問題は、異国人との結婚が人々の心を偶像崇拝に移させてしまうことです。ソロモン王はまさにこの罠に陥ってしまいました。現在でも、偶像崇拝をしている人と結婚することは、私たちの信仰に大きな危険をもたらします。結婚は、私たちの自由意志に委ねられています。自分の責任で決断せねばならないのです。

主よ。私は主の御心にかなった人と結婚します。一緒に主イエスを礼拝できるように、導いてください。

10章

エズラ記10章は、異国人との結婚問題についての解決篇と言えましょう。8節と17節で三つに区切ってみましょう。

第一の部分には、エズラと同じ志を持つ人々が集まって、解決策を考え出した経緯が記されています。大声で祈っているエズラの祈りを聞いたのでしょう。多くの人々が神殿に集まってきました。その内の一人のシェカンヤという人は、自分も異国人と結婚していることを告白し、「律法に従って、異国人と離縁しよう」と提案したのです。そこでエズラは祭司とレビ人とつかさたちに、この提案を実行することを誓わせました。その後、エズラが神殿内にある祭司ヨハナンの部屋でさらに断食して祈っている間に、指導者たちは全ての民をエルサレムに集めるために通達を出しました。

9節からの第二部分は、民がエルサレムに集まった時の様子を描いています。それは第九の月の二十日で、エズラたちが帰国してから五か月ほど後のことでした。大雨の降る中、エズラは民に「異国人の女たちから離れなさい」と命じます。しかし民は、「これはすぐにできることではない。今後調査して、異国人の女を妻にした者は、町の長老やさばき人と一緒に出頭するようにしよう」と言いました。それに反対する人々もいましたが、結局この提案が通り、エズラの指名した人々が三か月かけて実態を調査したのです。

そして18節からの第三部分には、異国の妻をめとった者のリストが掲載されています。まず、最初の帰国者だった祭司ヨシュアの子孫が四名、その他の祭司は十三名、聖歌隊や門衛を含めてレビ人からは十名、そして一般の人々は八十名ほどでした。彼らはみな、偶像崇拝の悪い影響を受けないために、たとい子どもがいても、この難しい決断をした勇気ある人々です。彼らは決して辱められてはなりません。

当時、イスラエルに住んでいた人々は十万人ほどだったと推測されています。その中のたった百人余りが律法を破っていたとしても、エズラは痛みを感じて厳しい決定を下しました。それほど、律法を守ることに熱心だったのです。翻って私たちはどうでしょうか。律法を守ることによって救われるのではありませんが、主の御心を痛めないように生きることは非常に大切です。すべての悪から遠ざかりましょう。

主よ。私を試みに合わせず、すべての悪から救い出してください。私は御心に従って歩んでいきます。

1章

今日から始まるネヘミヤ記は、エズラの活躍した時代より約十年後の出来事を記しています。ネヘミヤはユダヤ人でしたが、ペルシアの国で王の献酌官、つまり毒見役という、非常に重要な立場にありました。でもその地位を捨ててエルサレムに戻り、城壁を再建するという大事業をなしたことが、この書の6章までのテーマです。今日の1章はその序論と言えるでしょう。3節と7節で三つに区切ってみます。

第一の部分でネヘミヤは、エルサレムの現在の状況を知らされます。時はアルタクセルクセス王の第二十年、エズラが帰国してから十三年後の紀元前四四四年のことでした。王宮にいたネヘミヤのもとにエルサレムから数人の者がやってきて、その悲惨な状態を報告したのです。神殿は再建されましたが、城壁は昔バビロニア軍に壊されたまま、しかもそのころ周辺の異国人の襲撃があったのか、さらに荒れていました。

4節からの第二部分は、過去の罪に対する悔い改めの祈りです。ネヘミヤは数日の間断食した後、主に祈ります。そして、この悲惨な状態は過去の自分たちの罪の結果であることを告白しました。彼が「私も私の父の家も罪を犯しました」と言っていることに注意してください。彼は、イスラエル民族の過去の罪を自分の罪として受けとめていたのです。主もこの祈りに耳を傾け、目を開かれたに違いありません。

しかし8節以降の第三部分から、将来に関する主の約束をネヘミヤは堅く信じていたことがわかります。彼は、レビ記26章や申命記30章に記されている「イスラエルの民が主に立ち返るなら、主は必ず連れ戻してくださる」という約束を、主につきつけました。ネヘミヤはこの時すでに帰国する決意をしており、「この人」と言われているアルタクセルクセス王の許可を得ることができるようにそう祈ったのです。

ネヘミヤは、ペルシアの王宮で何不自由のない生活をしていましたが、祖国の現状を聞いたとき、いてもたってもいられなくなりました。でも行動する前に、彼は主の前に出て祈ったのです。現在の私たちも、これを忘れてはなりません。祈りは、どんな行動よりも重要です。そこで自分の思いや願いを主に申し上げ、主にすべてをお委ねするとき、主は必ずすべてのことを最善に導いてくださいます。

主よ。祈る前に行動してしまう私をお赦しください。まず真っ先に、あなたの前に出る私とさせてください。

2章

ネヘミヤ記2章は、ネヘミヤの願いが実現する経緯を描いています。10節と16節で三つに分けましょう。

第一の部分は、ネヘミヤがペルシア王の許可を得た時の様子です。前の章から約四か月が経った頃、ネヘミヤは王の食事の席に出ることになりました。その時、王の方がネヘミヤに声をかけたのです。病気でもないのに沈んだ顔をしている彼を見て、心配したのでしょう。「毒殺をたくらんでいる」と誤解されることを恐れた彼は、心の中で祈った後に事情を説明しました。王は十分理解してくれただけでなく、彼が目的を達成するために必要な数通の手紙も書いてくれました。神の恵みの御手があったからに他なりません。彼はすぐに出発し、兵隊たちに守られて無事エルサレムに着きました。敵たちが不機嫌になったのは当然です。

11節からの第二部分には、ネヘミヤが夜間に城壁の調査をしたことが記されています。しかもまだ長旅の疲れが残っている到着三日後のことです。彼は数人の家来を従えて、南の方から東の方向へ、城壁のくずれ具合を見て回りました。泉の門のあたりは通れないほどでした。この時も、彼は自分がエルサレムに来た理由をだれにも明かしていません。七十年以上も前のことですが、神殿建築に反対していた敵たちが、まだ根強い勢力をもっていることを知ってのことでしょう。

17節以降の最後の部分で、やっとネヘミヤは城壁再建の計画をエルサレムの人々に打ち明けています。そして、主の御手があったことや、ペルシア王の支援があることも話しました。それを喜ぶ人もいましたが、サマリアの総督サンバラテと、アンモンの役人トビヤと、アラブ人の指導者ゲシェムが反対ののろしをあげたのです。しかしネヘミヤは彼らをきっぱり退け、「天の神ご自身が私たちを成功させてくださる」と宣言します。

このようなネヘミヤの一連の行動を見てみると、彼はすべてを主の御心にそって行おうとしていることがよくわかります。彼は、四か月間の長い祈りの後に与えられたチャンスを再度祈りによって活用し、人々に打ち明ける機会を探り、反対する者たちを確信あることばで退けました。私たちも彼に倣いたいと思います。祈りの中で与えられた確信に従い、主のために行動するものとなりましょう。

主よ。今日、私が主の御心にかなう行動をとれるよう、一つ一つの出来事を導いてください。

3章

ネヘミヤ記3章には城壁再建の作業分担が述べられています。5節、12節、14節で区切ると、北側、西側、南側、東側の順序で記録されていることがわかるでしょう。236頁の城壁の図をご覧ください。

いけにえの家畜を運び入れていた羊の門から記述が始まります。ここを再建したのは大祭司エルヤシブが指導する人々で、ハナンエルのやぐらまで、約百五十メートルを担当しました。次にエリコの住民が、ほとんど同じ距離を魚の門まで修理します。その次の所は多数の人が協力して工事しましたが、テコアの町の貴族たちは、非協力的でした。

6節から西側の城壁になります。エシャナの門から広い城壁までは約三百メートル、そこからまた北向きの城壁が炉のやぐらまで同じほど続き、再び西向きとなって南西の隅まで六百メートルほど延びていました。この部分は崩れが少なかったので、女性も工事を手伝えたのかもしれません。

13節からは南側の城壁で、谷の門から糞の門まで約五百メートル続きます。ここも修理は少しだったのでしょう。

15節から東側になりますが、ここは最もひどく破壊されていたので、担当者も多くなっています。泉の門とシェラフつまりシロアムの池あたりの数十メートルは、前の章でネヘミヤが調査した時には通れなかったほどひどい状態でした。そこから勇士たちの家までの三百メートル位は、担当者は少なくてすみました。ここから城壁は曲がって水の門まで続くのですが、数十メートルの部分に多くの担当者がひしめきあっています。相当荒れ果てていたのでしょう。水の門からオフェルの城壁までは約二百メートルです。その後、馬の門から北に向かって東の門までの五百メートルほどは、城壁の前に住む人々が修理しました。東の門から数十メートル北で城壁は西に折れて羊の門に戻るのです。

ネヘミヤは以上の工事を監督したのですが、実際に働いたのは、女性も含めて多くの人々でした。中には工事に協力しなかった人々もいました。でも多くの人々が、進んで自分の力にあった部分を担当したのです。私たちの教会も、このようでありたいですね。教会は、主から豊かな恵みを受けるところですが、恵みはまた分かち合わねばなりません。自分ができることは何かを、静かに考えてみてください。

主よ。キリストのからだである教会のために、私ができることは何かを教えてください。

4章

ネヘミヤ記4章は、城壁再建工事を妨害しようとする敵に対して、ネヘミヤがどう対処したかを述べています。6節と12節で三つの部分に分けて学んでみましょう。

第一の部分で、敵はユダヤ人を嘲笑し、工事する気持ちを砕こうとしています。サマリア人の指導者であったサンバラテは、「短期間に城壁を修復するなんて、馬鹿げている。焼けてしまった昔の石を再び城壁にしても、もろいものだ」と言い、またアンモン人の指導者トビヤも「狐が一匹上っただけで、その石垣を崩してしまうだろう」と嘲《あざけ》ります。でもネヘミヤは主に祈り、民を励まして工事を続けました。そして、もとあった高さの半分まで、つなぎ合わされたのです。

7節からの第二部分には、この戦略が功を奏さないことに気づいた敵たちが、次は武力で攻撃しようとしたことが記されています。サンバラテとトビヤは、周辺の異国人と結託して陰謀を進めましたが、ネヘミヤは祈りと見張りによって対抗しました。しかし内部からは、「荷を担ぐ者の力は弱り、瓦礫は山をなしている。城壁を築き直すことなど、私たちにできはしない」と弱音を吐く者や、工事に携わっている若者たちを家族のもとに戻してほしいと訴える者もありました。

13節以降の第三部分には、以上の問題に対してネヘミヤがとった五つの解決策が書かれています。一つ目は、家族を工事現場に来させ、家族のためにも戦うように男性たちを励ましたことです。二つ目は、若い人々の半分に工事を、残り半分に警備を担当させたことです。さらに三つ目に、軽い仕事をする者は片手に槍を持たせ、重い仕事をする者は腰に剣を持たせました。四つ目として、角笛を吹く者をそばに置いて、攻撃されたらすぐに召集をかけるようにし、そして五つ目には、夜もエルサレムに泊まって防備したのです。

以上の記事から、ネヘミヤのやり方には、二つの大きな方針があったことがわかります。第一に、まず主に拠り頼んで熱心に祈ること。そして第二に、具体的な行動を民にとらせることです。祈らないで事を進めることはありませんでしたし、祈るだけで何もしないのでもありませんでした。この二つは現代の私たちにも大切なことではないでしょうか。熱い祈りと冷静な行動。この両者を実行できるようになりましょう。

主よ、私は熱心に主に祈るとともに、困難にも冷静に立ち向かって進んでいきます。どうか助けてください。

5章

ネヘミヤ記5章は、当時のイスラエルにあった社会問題を扱っています。5節と13節で区切ってみましょう。

第一の部分は、貧しい民たちからの抗議の声を記録しています。三つの声がありました。最初に、子どもたちが大ぜいいるのに、食べるものがない人の声です。次の声は、食物を得るために自分の畑を抵当にいれて金を借りねばならない人たちのものです。そして最後に、借金のかたにした畑が他人の所有になったので、自分の子どもたちを奴隷に売らねばならない人々の声がありました。これらの問題の背後には、飢饉という自然災害だけではなく、高い税金や法外な金利などの社会問題があったことを認めねばなりません。

6節からの第二部分には、これらの問題に対するネヘミヤの解決策が述べられています。彼は十分考えた上で金持ちの有力者を集め、三つのことをしました。一つ目に、利子をつけて金を貸し、返せないと人身売買さえしていたような彼らの生き方を厳しく非難したのです。二つ目に、自分は売られた奴隷を買い戻し、自分が貸した負債も帳消しにすると宣言します。そして三つ目に、金持ちたちが貸した金をあきらめ、利息分を返すように命じたのです。彼らはそれに従うことを表明したので、祭司たちの前でそれを誓わせました。

さて14節以降の第三部分でネヘミヤは、自分が彼らに示した模範を記載しています。これも三つあったことがわかるでしょう。まず、彼以前の総督と違って、手当てを一切受けませんでした。税金を少しでも少なくするためでしょう。次に自分の農地を買って食物を作ることもせず、ただ城壁の工事に専念したのです。そして最後に、工事の打ち合せのために集まる多くの代表者や客人たちにはごちそうを振る舞ったのですが、自分のためには鶏を料理するだけでした。

ネヘミヤは、城壁工事を邪魔する外敵と戦っただけではありません。ユダヤ人の中にあった不正義とも徹底的に戦ったのです。彼はまさに模範的な総督でした。現在の日本にも、このような指導者がいたらと思います。いえ、私たち自身が彼の模範にならうことのほうが、もっと必要なことです。私たちの周囲にいる経済的に大変な人たちに、私たちは果たして何ができるでしょうか。

主よ。自分たちだけがごちそうを食べ、貧しい人たちのことをほとんど顧みなかった罪をお赦しください。

6章

ネヘミヤ記6章は、さらに執拗に迫る敵の妨害工作を三つ記録しています。9節と14節で区切ってみましょう。

第一の妨害工作は、サマリア人サンバラテとアラブ人ゲシェムによって企てられました。彼らはネヘミヤに四度も使者を遣わし、エルサレムから五十キロほど北西にある村で会見しようと申し出ます。しかし城壁工事で忙しいネヘミヤは、当然それを断りました。すると彼らは、「ネヘミヤはペルシア王に反逆をたくらんでいる」といううわさを流し、それを記す開封した手紙を送って、ネヘミヤを来させようとしたのです。しかしネヘミヤはその陰謀にひっかかりません。事実無根の手紙を恐れるような彼ではありませんでした。

10節からは、第二の妨害工作が述べられています。これを背後で操った黒幕は、アンモン人トビヤとサマリア人サンバラテでした。ネヘミヤがたまたま祭司シェマヤの家を訪問したとき、シェマヤは真面目な顔で「敵があなたを暗殺に来るから、私と一緒に神殿の中に隠れよう」と言ったのです。でもネヘミヤは見抜いていました。「祭司でないネヘミヤが神殿に入った」という悪いうわさを流して、敬虔なユダヤ人の反感を招こうとするために、敵がたくらんだ罠であることを。祭司や預言者まで買収するとは何たる悪辣さでしょうか。

さて15節からの第三部分は、以上のような妨害工作にもかかわらず、城壁は五十二日という短期間に完成したことを伝えます。敵さえも、主がこの工事をなされたことを認めたのです。しかしトビヤは、ネヘミヤにおどしの手紙を送り続けていたことが記されています。トビヤは、ユダヤ人の有力者の娘と結婚していたので、ユダヤ人の中には彼を支持する人が大ぜいいたようです。彼らはトビヤの善行を語り、ネヘミヤの言うことをいちいちトビヤに伝えていました。

ネヘミヤは、内憂外患、様々な問題に直面しました。でもそのたびに、「ああ、今、どうか私を力づけてください」と主に祈りつつ、問題に立ち向かっていったのです。このような生き方は、私たちにも必要ではないでしょうか。今、何かの問題で苦しんでいる兄姉がおられたら、「ああ、今、私を力づけてください」と一言でも祈りましょう。ネヘミヤを助けてくださった主は、必ずあなたをも助けてくださいます。

主よ。あなたは今も生きていて、私の問題を解決してくださるお方であると、私は堅く信じています。

7章

ネヘミヤ記7章には、城壁完成の直後にネヘミヤがした二つのことが記されています。4節で分けましょう。

最初の部分では、この町を警備する人々が任命されています。ネヘミヤは、最後の仕上げとして十二ある門に扉を取り付けた後、宗教的な奉仕にあたる歌い手やレビ人とともに、門を守る門衛、並びに彼らの上に立つハナニとハナンヤという二人の人物を選びました。ハナニはネヘミヤが母国に帰るきっかけを作った人でしたね。ハナンヤも神と人とに誠実な人でした。そして、日の出と同時に開かれる門を、皆が活動する時になってから開くよう、二人に命じたのです。これは、少ない人数で町を守るための苦肉の策でした。

しかし、これではいけないと思ったネヘミヤは、11章で明らかになる一つの案を思いついたのです。その準備としてここで主は、民衆の系図を明確にするよう、彼に示してくださっています。その時、エズラ記2章に記載されている最初の帰還民の系図が発見されました。主の奇しいご計画です。

6節からはその記録です。エズラ記2章と比較するなら、以下の三つの点で若干の相違があることに気づくでしょう。

第一に、幾人かの名が違ったり、部族名に増減があったり、家畜が省略されたりしています。第二に、部族の人数があちこちで違っています。これら二つのことは、写し間違いや数え間違いだったかもしれませんし、あるいは系図の人名などは数え直してより正確なものにしたのかもしれません。また第三に、69節以降のささげ物の記録はエズラ記よりも詳しくなっています。献げた人について書かれ、その数も細かくなっているのです。当時のささげ物がどれほど貴重なものであったかを思い出すために、そのように記したのでしょう。

町の警備についても、ささげ物についても、ネヘミヤは誠実にこれらを実行する人を重んじています。ネヘミヤ自身も誠実な人でした。そして、現代も主は誠実な人々を求めておられます。誠実に礼拝を守る人、誠実に奉仕に励む人、誠実にささげる人、誠実に仕える人。これらの人々こそ、「地の塩、世の光」です。私たちも毎日毎日、誠実に聖書を読み、誠実に祈り、誠実に神と人とに仕えましょう。それこそ、だれよりも主ご自身が喜ばれることです。

主よ。私は今日、あなたにも、私の周囲の人々にも誠実な態度で生きていきます。弱い私を助けてください。

8章

ネヘミヤ記8章は、城壁完成後に開かれた二つの大きな集会について述べています。12節で区切りましょう。

まず、完成後六日目にあたる第七の月の一日に、イスラエルの民は、神殿の東南部にあった水の門の広場に集まってきました。この日は、レビ記23章や民数記29章に命じられている、記念のラッパが吹き鳴らされる日だったからです。この日彼らは、三つのすばらしい経験をしました。第一に、律法を聞くことができたのです。祭司エズラは、他の十三人の長老たちとともに木の壇の上に立ち、夜明けから真昼まで、成人したイスラエル人に創世記から申命記までの抜粋を読み聞かせます。彼らは起立してそれを聞いていました。

第二に、彼らは律法を聞いた上でそれを理解し、顔を地に伏せて主を礼拝しました。またレビ人たちの解き明かしもあったからでしょう。自分たちの罪を泣いて悔い改め、ネヘミヤたちが「泣いてはならない」と言わねばならない程でした。

第三に、彼らは赦された喜びを経験したのです。「今日は、あなたがたの神、主にとって聖なる日である。悲しんではならない」との励ましによって彼らは主の憐れみを信じ、ごちそうを食べ、貧しい人にも贈り物をして喜びました。

さて、13節以降の後半部分には、第七の月の二日目に祭司たちがエズラのもとに集まり、さらに律法をよく調べたことが記されています。その結果、この月の十五日から八日続く祭りには仮庵に住むべきことがわかり、さっそく通達が出されました。民はオリーブやなつめ椰子などの枝を取って来て小さな小屋を作り、そこに住んだのです。これは本来、エジプト脱出後の苦しい生活を思い出すために定められた習慣であり、城壁が完成したからこそできたことです。民は、この祭りを守れたことを大いに喜びました。

10節には、「主を喜ぶことは、あなたがたの力だからだ」と書かれています。確かにそうですね。特に新約時代の今、聖書を読む私たちには、罪が示されると同時に主イエスの救いの恵みも示されます。その恵みを喜ぶことこそ、私たちの生きる力となるのです。どうか、真剣にみことばを聞いてください。そしてそれに応答しましょう。荒野の時代を知っている者こそ、今の恵みの生活を心底から喜べるのです。

主よ。私の罪をお赦しくださったあなたの恵みを、心から感謝します。今日も主を喜んで生きていきます。

9章

ネヘミヤ記9章には、仮庵の祭りの後にもイスラエルの民は集会を持ち、主の前に出て悔い改めの祈りをしたことが記録されています。5節で二つの部分に分けてみましょう。

祭りは二十二日に終わりましたが、それから二日後に民は再び集まりました。そして三時間ほど律法を聞き、三時間ほど主を礼拝したのです。レビ人の指導者は、民の前にある台の上に立ち、民を代表して次のような祈りをしました。

6節からの祈りには、天地創造からこの時までの長い歴史を振り返りながら、三つの大切なことが告白されています。まず第一に、神のあわれみの歴史との告白です。天地を創造された主は、アブラハムを選んで約束の地に導き、一つの民族を造ってくださいました。エジプトに奴隷となった後も再びこの地に導き返し、この民がどんなに反抗してもあわれみをもって救い出してくださったのです。この章で何度も繰り返されている「あわれみ」という語に注目しましょう。

しかし第二に、それは民のそむきの歴史でした。出エジプト後の荒野においても、約束の地においても、民は主の律法や預言者のことばに聞き従うことを拒み、主のあわれみのみわざを忘れて、自分勝手に振る舞っていたのです。敵の手に陥った彼らを主が救ってくださった時でさえ、ひと息ついた後には再び悪事を行なうというひどい民でした。その結果、国は滅びてしまったことがここで告白されています。

以上のように主の正しさと自分たちの罪を告白した後、第三に祈り求められているのが、現在の苦況からの解放です。神殿が完成し、城壁の補修が終わっても、ペルシア王の支配下にあることは変わりません。この国の収穫物の多くを、税金としてペルシアに納めねばならないのです。この苦しみの中から救い出してくださいと、彼らは主に訴えています。

この祈りは、エズラ記9章で学んだエズラの祈りと似通っていることに気づかれたでしょうか。どちらも、自分たちの罪と主のあわれみを告白した後に、主の助けを求めているのです。これは現在も通用する祈りの原則です。私たちは、ただ「助けてください」というだけの祈りになってはいけません。まず自分の罪を告白し、主のあわれみの深さを覚えた上で、祈る者となろうではありませんか。

主よ。今まで何度もそむいてきた私を、こんなにまであわれんでくださるあなたに、心から感謝します。

10章

ネヘミヤ記10章は、前の章で告白した罪を繰り返さず、律法に従って歩むために、イスラエルの民が盟約を結んだことを記録しています。27節と29節で分けましょう。

第一部分には、この盟約に印を押した人々の名前が列挙されています。まず総督のネヘミヤ、次に彼の下で民を指導していたと思われるゼデキヤ、その後、二十一人の祭司の名が続くのです。さらに十七名のレビ人の代表者の名前があり、最後に民のかしらである四十四名が印を押しています。

28節からの第二部分は、以上の八十四名以外にも、多くの祭司やレビ人、また偶像崇拝をしている民と関係を断った者、成人して理解できるまでになった者が、この盟約に参加したことを述べます。彼らは、親類のすぐれた人々と歩調を合わせて、自分たちも律法に従って歩むことを誓ったのです。

そして30節からの第三部分には、その盟約の内容が明確に記されています。七つの項目があることに気づかれるでしょうか。まず一つ目は、偶像の神々を信じる外国人と結婚しないこと。二つ目は、安息日及び年に数回定められた聖なる日には物を買わないこと。三つ目は、七年目には土地を休ませて何も植えないこと。そして四つ目に、いけにえなど神殿の用途のために、毎年一人あたり三分の一シェケルを献げること。五つ目に、祭壇で用いる薪を献げる家族をくじで決めること。六つ目に、土地の初なりや人と家畜の初子を必ず神の宮で仕える祭司に携えてくること。そして最後に七つ目として、土地の十分の一や収穫物の十分の一をレビ人のものとすること。またレビ人も、そのまた十分の一を神の宮の宝物倉に納めること。以上七項目です。特に後半の四項目は、ささげ物についての盟約で、神殿や城壁建設で多くの犠牲を払った人々には重すぎるとも思われる内容でした。

39節の、「私たちは、自分たちの神の宮をなおざりにはしない」ということばに注目してください。確かに彼らの生活は豊かではありませんでした。しかし、神の宮をなおざりにできなかったのです。省みて、私たちはどうでしょうか。神第一の生活をなおざりにしてはいないでしょうか。どんな犠牲を払ってでも、主を第一にする姿勢を貫いているでしょうか。静かに考えてみましょう。

主よ。仕事第一、家庭第一となりがちな私を赦し、喜んで神第一となれるように、私を造り変えてください。

11章

ネヘミヤ記11章の前半部は7章4節に続くもので、城壁完成後にエルサレムの町に移住した人々のリストです。また後半部には、エルサレム以外の町々に住んだ人々のこともふれられています。24節が区切りになるでしょう。

エルサレムには、民のつかさたちが宗教的や政治的な理由で住むことがあっても、一般の人々は住むのを嫌がっていたようです。しかしそれでは「聖なる都」が再建された意味がないので、7章で書かれていた系図の中から一割の人々がくじで選ばれ、この町に住むようになりました。自分から進んで移住を決めた人々は、特にみんなから祝福されました。

まずユダ族から、アタヤとマアセヤをかしらとする約五百人が選ばれます。次にベニヤミン族からは、ヨエルとユダを監督とする九百人余りが移住することになりました。さらに祭司の中からセラヤとアダヤとアマシュサイの一族が、合計千二百人ほど移りました。レビ人からは三百人弱、特に門衛は約百七十人が移住します。彼らの監督者は聖歌隊員のウジという人でした。聖歌隊は、多分エズラが定め、ペルシア王の名で権威づけられた日課に従って、神殿の務めをはたしていたのです。以上の総計は三千人余りになります。

さて25節からの後半部には、人々がエルサレム以外のどんな町々に住んだかが記されています。まずユダ族は、エルサレムから南西へ約六十キロのベエル・シェバを最南端として、それより近い所にあるキルヤテ・アルバ、ツィクラグ、アドラム、ラキシュ等の町々の周辺に住んでいました。またベニヤミン族は、エルサレムから五十キロ以内の北部地方にあるゲバやロデ等の町々に居住していたことがわかります。南王国を形成していたこの二部族は、バビロン捕囚からの解放後、昔、先祖の住んでいた町々に戻っていたのです。

先祖の住んでいた町々に帰りたかった人々の気持ちはよくわかります。しかし、神殿のある聖なる都エルサレムは、イスラエル民族の象徴でした。犠牲を払ってでもそこに住む覚悟をした人々を、主は非常に喜ばれたのです。現代でも、自分の教会の近くに住むことは、あるいは犠牲を払うことになる場合もあるでしょう。それでもあえて教会の近くに住むならば、主はきっと喜ばれるに違いありません。

主よ。伝道と奉仕のために、教会の近くに住むことが御心ならば、そのように決断できますように。

12章

ネヘミヤ記12章は、26節で前後に分けられます。

まず前半部分には、祭司とレビ人のリストが、三つの世代に渡って記されています。第一世代は、ヨシュアが大祭司、ゼルバベルが総督だった時代で、紀元前五三八年の最初の帰還から神殿が完成した後までの数十年でした。その次はエホヤキムが大祭司だった世代で、12節からその時代の祭司たちの名前が挙げられています。22節からは、大祭司がエルヤシブになった後、エズラとネヘミヤの世代のリストですから、城壁の完成した紀元前四四五年が含まれるでしょう。つまりこのリストは、約百年間の時代を扱っているのです。

さて27節からの後半部分には、城壁が完成した後の奉献式前後の出来事が、三つ取り上げられています。第一は、準備の時の出来事です。当時、歌の心得のあるレビ人であっても農業に携わっていた人々がたくさんいたのでしょう。そういう人々が奉献式に間に合うように捜し出されました。

第二は、奉献式当日の様子です。ネヘミヤは賛美隊を二組に分け、一組は町の南西の隅にある谷の門から東向きに城壁の上を糞の門の方向に進ませました。エズラを先頭にして、賛美隊とつかさが行進し、最後に楽器をもった祭司が続きます。泉の門の所で城壁から下り、北に進んで神殿の東の広場に行くのです。もう一組の賛美隊とその一行は、ネヘミヤが先頭に立ち、谷の門から北向きに城壁の上を進んで羊の門を経由して神殿の東に着きました。ここで二組は合流し、賛美といけにえで、民とともに主に感謝をささげたのです。

第三の出来事は、その日を機して祭司やレビ人の役割が明確に定められたことです。彼らのために民は喜んで奉納物を献げ、それを管理する者も任命されました。日常生活に煩わされずに、神殿奉仕の任務を果たすためです。

以上の箇所から、ネヘミヤは、単に城壁を再建することだけではなく、エルサレムをイスラエル民族の礼拝の中心とすることを願っていたことがよくわかるでしょう。それはまた主なる神の願いでもありました。現代でも、私たちの生活の中心は礼拝であることを銘記すべきです。喜びをもって主を礼拝しましょう。また、そのために奉仕する人々の生活を、喜んで支えることも忘れてはなりません。

主よ。きょうもあなたを礼拝して、一日を始め、一日を終えます。礼拝こそ、私の大きな喜びです。

13章

ネヘミヤ記13章は、城壁が完成した紀元前四四五年から十二年ほど後におこった五つの出来事を記録しています。3節、14節、22節、29節で区切ってみましょう。

第一の出来事は、アンモン人とモアブ人の血を受け継ぐ人々が、イスラエルの中から取り分けられたことです。これは、申命記23章が朗読された時に、それに従って民がしたことでした。律法に従うことを第一にした結果だったのです。

4節からは、それ以前におこっていたもっと深刻な出来事が述べられています。城壁建設に反対していたアンモン人のトビヤが、大祭司エルヤシブの特別の計らいで、神殿の中に一部屋を与えられていたのです。しかもそこは、もともと祭司やレビ人のための奉納物が保管されていた場所でした。これは、ネヘミヤが総督の任務を終えてペルシアに帰っていた留守中の出来事だったので、再度エルサレムに戻ったネヘミヤは激怒します。そして元の形にした後、忠実な四人の人々を選んで、奉納物を正しく分配するように命じました。

15節からの第三部分には、安息日に仕事や商売がされていることを知ったネヘミヤが、それを厳禁したことが報告されています。品物が運び込まれないように安息日が始まる夕刻に閉門し、レビ人に門番をさせるような徹底ぶりでした。

また23節からの第四部分では、異国人の女性をめとっている人々を叱り、このことがソロモン王に罪を犯させた事実を指摘したのです。大祭司エルヤシブの子エホヤダの息子が異国人と結婚していたことも強く批判し、彼を追い出します。聖なる祭司職が異教の風習に影響されないためでした。

最後の30節と31節はこの章のまとめです。ネヘミヤは留守中におこっていたすべての悪をきよめ、イスラエル人が律法に従って生きるように、様々の規定を定めました。

この書でネヘミヤが多くの改革を行えたのは、彼が総督としての権威をペルシア王から与えられていたからとも思えますが、本当はその背後に、主なる神がおられたからです。だからこそネヘミヤは「私の神よ。どうか私を覚えてください」と何度も祈りました。現代でも、「神が私たちの味方であるなら、だれが私たちに敵対できるでしょう」という確信を持つなら、きっと私たちも同じように行動できるでしょう。

主よ。あなたは私の味方です。私はこれを信じ、異教の国の日本でも、ただみことばに従って歩んでいきます。

エステル記

１章

今日から始まるエステル記は、主人公である美しい女性エステルがシンデレラのようになる物語で、今までの旧約聖書とは一味違う内容です。そこでこの書では、小説を読むように解説してみたいと思います。慎重に読むと気がつくのですが、この書の中には、神とか信仰とかいう言葉は一度も出てきません。著者は意図的にそれらを隠しているのです。

私たちの生涯には、時として「神様がおられるのなら、なぜこんな苦しいことがおこるんだ」と泣き叫びたくなる時もあります。そして苦しみの余り、「神なんかいない」と考えるようになるかもしれません。でも聖書は語ります。神はいないのではない。ちょうど太陽が曇りや雨の日には見えないように、見えなくなるだけなのです。いつでも太陽はあります。問題なのは太陽を見えなくしている雲なのです。

今日読むエステル記１章は、紀元前五世紀に中近東を支配したペルシア帝国の王宮が背景となっています。時の王様は、歴史の教科書にも出て来る有名なクセルクセス王です。この王は、後にサラミスの海戦でギリシアの都市国家に打ち負かされるのですが、この頃は権勢を極めていた時で、半年以上も大宴会を開いていました。富も権力もあり余るほどあるこの王には神は必要ありませんでした。自分が神だったからです。彼には神は見えませんでした。

何でも自分の思い通りにならないと気がすまないのが、このような人の特徴です。酔った勢いで、美しい王妃を客人に見せびらかそうと宴会に来るように命じました。しかしどういう訳か、王妃は来ることを拒みました。こんな大胆なことができたのは、当時ではこの王妃一人だったことでしょう。王は非常に立腹し、王妃をその地位から退けました。

このような夫婦げんかは、今もおこっています。その原因は、自分の意見こそ正しいと主張する所にあります。相手の事情を理解する努力は、夫婦であってもなかなかむずかしいもの。会社や近所の付き合いでも同じです。人の意見を聞こうとする謙遜さがいつの時代でも大切なら、なおのこと、神の声を聞こうとする態度はもっと大切でしょう。雲とはあなたの心の高慢さです。神の声を聞こうとする謙遜さがあるなら、神はきっとあなたに見えてくるに違いありません。

主よ。聖書からあなたの語られる声を聞く謙遜さ、また人の意見を聞く謙遜さを、私にお与えください。

2章

エステル記2章には、主人公エステルがペルシア王の妃となったいきさつが記されています。彼女は幼い頃に両親と死別しました。そこで、おじの娘であった彼女を育てたのがモルデカイです。彼女の美しさは近所でも評判で、それは王宮の役人の知るところとなります。ちょうど前の王妃が失脚した頃でしたので、彼女は王宮に召されてお妃候補の一人となりました。そして一年間、当時のエステ・サロンでさらに磨き上げられた後に、厳重な審査を経て、ついに王妃に選ばれたのです。時は、クセルクセス王の第七年、紀元前四七九年頃のことでした。

といっても、絶対権力を持つ気まぐれな王の妃になることは、手離しで喜べることではありません。ひょっとしてエステルには、すでに好きな人がいたのに、厳しい王の命令で無理矢理王宮に連れていかれた可能性も十分にあります。しかも彼女はユダヤ人でした。異教の社会においても唯一の神を信じ、独特の文化と生活習慣を頑なに守っていたユダヤ人に対しては、古今東西、激しい迫害が加えられてきました。それは、つい八十年ほど前に登場したヒットラーがしただけのことではないのです。モルデカイは、王宮の警護をしていたエリートで、この危険性を十分に承知していました。

エステル記が聖書中の重要な一巻となったのは、後にわかるように、エステルがこのような危険な道をあえて歩む決断をしたゆえに、ユダヤ人の大虐殺という悲惨な出来事がおきずにすんだからです。彼女は父親がわりのモルデカイを信頼し、彼の言葉にしたがって、このような決断をしました。

現代、多くの人々は困難な道をできるだけ避け、安易に人生を送るような方向に進んでいるように思えます。そしてそのような生き方を勧める人も多いのです。もちろん、何が何でも苦しい道をとれば良いというのではありません。しかし、私たちの生涯には、あえて危険な道を選ぶべき時があります。そんな時、信頼できる身内や友人、あるいは、確信して従える基準をもっているなら、それができるのです。エステルの場合はモルデカイが信頼できる人でした。

現代の私たちに歩むべき道を示すのは聖書です。聖書のことばに信頼して従うとき、たとい困難なことがあっても、それを乗り越える力が与えられることを知ってください。

主よ。困難に直面したときにもそれを乗り越えることができるよう、私は聖書のことばに従って歩みます。

3章

エステル記3章は別の方面から物語を描いています。ハマンという悪辣な人物が登場し、クセルクセス王に取り入って急速に権力を拡大していくのです。しかし、成金のたどる道はいつの時代でも同じようなもの。「虎の威を借る狐」のように、ハマンは王の絶対権力を傘にきて、自分にひざをかがめるように、つまり自分を神のように崇めるように、家来たちに命令します。でもそんなハマンの行動に敢然と立ち向かう「男の中の男」、それがモルデカイでした。

モルデカイは、そんなことをすれば自分が不利になることは百も承知していました。でもたとい命が危うくなっても彼の内面の確信は変わりませんでした。「どんな権力ある者であっても、人間にひざをかがめることはできない」。これが彼の確信でした。ユダヤ人である彼は、十戒の第一のいましめである「汝、我のほか何者をも神とすべからず」を、自分の命をかけてでも守ろうとしていたのです。

ハマンはこのモルデカイの態度に激怒しました。彼に対して怒っただけではなく、自分を神のごとくに崇めようとしないユダヤ民族全体に対して腹をたてたのです。そして、王を巧みに丸め込んで、ペルシア全土に住むユダヤ人の虐殺計画を承認してもらいました。彼は事のついでに、当時ペルシアの国で繁栄していたユダヤ人の財産をかすめ奪おうとも企んでいたようです。時はクセルクセス王の第十二年、エステルが王妃となってすでに五年が経過していました。

いつの世でもハマンのように傲慢に振る舞う人がいます。あるいは会社で、学校で、あるいは隣近所で。もちろん目上の人を尊敬することは大切です。しかし自分の良心を売り渡してでも偉い人のいいなりになることは、聖書の示す生き方ではありません。たとい損をしても、自分の良心の確信に従うことの方が重要です。これは自分勝手な生き方ではなく、自分が従うべき絶対の基準は、人間が作った組織や自分の利益にあるのではないという確信なのです。

聖書はそのような基準を私たちに示しています。聖書は自分が得をする処世術を教えているのではありません。私たちの良心に訴えかけ、たとい損をしても、本当に行うべきことは何なのかを明確に示す、権威ある書物なのです。

主よ。私は、人間の目の色をうかがうような生き方ではなく、自分の良心にそった生き方をします。

4章

エステル記4章は、ハマンのユダヤ人虐殺計画を知った後にモルデカイがとった行動について述べています。

モルデカイは、自分一人が不利益を蒙ることは覚悟していましたが、自分のゆえに民族全体が苦しむようになろうとは考えてもいませんでした。しかし悩みの中で、彼は一つの救いの可能性を見いだします。それはこの時、王妃の地位にあるエステルに頼むことでした。彼女なら王に事情を話し、この陰謀をやめさせることができると考えたのです。でも前の王妃を簡単に追い出した気まぐれな王です。エステルの他にも多くの妾をもつ王にこちらから近づいて頼みごとをすることは、たとい王妃であっても簡単ではありません。昔の王は、身内によって暗殺されることがよくあったからです。

恐れを抱くエステルに、モルデカイは手紙を書きました。「あなたがこの王国に来たのは、もしかすると、このような時のためかもしれない」。王妃となったのは、確かにあなたが美しかったからだろう。しかし、それはあなたを通してこの虐殺計画がとどめられるためかもしれないのだ。もしあなたが沈黙を守るなら、別の所から、つまり神ご自身から、救いが来る。モルデカイにそう言われたエステルは、覚悟を決めました。「私は、死ななければならないのでしたら死にます」。この言葉は、この書の中心聖句と言えるでしょう。

「他人の犠牲になるなんて嫌だ」。今日、多くの人はそう考えています。けれど、クリスチャンの生涯はそうであってはなりません。主イエス・キリストは、まさに全人類の犠牲となられる生涯をおくられました。もちろん私たちは主イエスと全く同じようになれるわけではないでしょう。しかし、あなたの家族やあなたの友人、また主にある兄姉のために、自分が犠牲となることを嫌がっているとしたなら、それは主イエスを模範とする生き方でないことは明らかです。

エステルはモルデカイに頼みました。「私のために断食してください」と。断食して祈ることを求めたのです。そして自分もそうしました。犠牲となる生き方はつらいものです。しかし、そこに祈りがあるとき、その犠牲に耐える力が与えられることを知ってください。今日あなたは、あえて犠牲となる道を選び取ることができるでしょうか。

主よ。犠牲を負う生き方を避けるのではなく、それを追い求める者とならせてください。

5章

エステル記5章には、悪辣な人物ハマンによるユダヤ民族虐殺計画を未然に防ぐために、自分もユダヤ人である王妃エステルがとった思慮深い行動が記されています。

まずエステルは、身の危険を覚悟して王に近づきました。背後の祈りに支えられて、彼女は無事に王の前に出ることができたのですが、どうやってこの深刻な問題を話し出そうかと彼女は慎重に祈り、考えたようです。「ハマンとご一緒に、私の催す宴会にお越しください」と二度も王に願い出たところにも、彼女のそのような様子が暗示されています。

一方ハマンは、王妃が二度も王と一緒に自分を宴会に招いてくれたことを喜び、上機嫌でした。ことはすべて自分の思いどおりに運んでいる、と思っていたでしょう。「しかし、憎いのはあのユダヤ人モルデカイ。わたしよりずっと位が下なのに、わたしに挨拶もしない。ユダヤ人虐殺計画を知っているにもかかわらず、このわたしを少しも恐れていないそぶり。ますます腹が立つ」。でもそこをグッとこらえて家に帰ったまではいいのですが、「あのモルデカイを見なければならない間は、心穏やかではない。どうすれば良いか」と、友人や妻に尋ねたのです。そこで出た結論は、高さが二十メートル以上もある柱を立て、そこにモルデカイをつるしてさらしものにしようというものでした。王の次に権力をもつハマンは、このようなことがいとも簡単にできる人だったのです。

ここに示されている力関係は一目瞭然でしょう。ハマンは飛ぶ鳥を落とす勢いがあるのに対して、モルデカイは蛇に睨まれた蛙のような立場です。でもその態度は全く反対でした。モルデカイが権力のおどしにも屈せずに堂々とふるまっているのに対して、ハマンはまるで駄々っ子のごとくモルデカイを引きずりおろすため汲々としています。名誉や権力を求める者と、自分の持つ確信に従う者との違いです。

私たちはどうでしょうか。自分の地位や力を誇りとし、それに頼って生きているなら、その地位を守るために必死になり、時にはそれを脅かす人を恨んだりします。「いや、そんなことはない」と言い切れないのが現実の私たちです。しかしそんな弱い私たちだからこそ、私たちの行動に確信を与えてくれる聖書に聞くことを忘れてはなりません。

主よ。人の意見にたやすく左右されるような私です。だからこそ、聖書のみことばに信頼して歩んでいきます。

6章

エステル記6章から、物語は痛快になってきます。ここ数章は、ペルシアの王に次ぐ地位にのし上がってきたハマンの成功物語でした。けれど、この章からは、自分のいいなりにならないユダヤ人モルデカイとその民族を滅ぼそうと企てたハマンが、下り坂をころがり落ちる展開となるのです。

その夜、ペルシアの王はどういうわけか寝つかれませんでした。そこで王室の記録を読むことになるのですが、そこにたまたま、モルデカイの手柄が書かれていたのです。これに何の褒美も与えていなかったことに気づいた王は、これまたたまたま、モルデカイを死刑にするための許可をもらいに来たハマンに、「どんな栄誉を与えるのが良いか」と尋ねました。ハマンは自分がもらえるものだと誤解して、大喜びで最高の栄誉となることがらを示します。しかし、それを得たのは、ハマンではなく、あのモルデカイでした。「どんでん返し」とはまさにこのことでしょう。ハマンは、結局、一番憎らしい相手を称賛するように命じられてしまったのです。

人間が考えることは、どんなに頭の良い人であっても、どこかに落とし穴があるものです。予想外のことがおこるのです。これからの世界がどのようになるのかについて、様々な見方がとびかっています。多くのが学者や評論家が自分たちの考えを披瀝《ひれき》しています。しかし、十年後、その中のどれが当たっているでしょうか。

ハマンを馬鹿な男と笑うことは簡単です。でも、彼のように悪辣な企てではないにしろ、私たちも同じようなことをしているのではないでしょうか。良い大学に入るために必死に勉強し、会社で早く出世するために上司に頭をさげ、男も女も、将来に備えて家族を犠牲にするほど懸命に働く。これらのことは決して悪いことではありませんが、自分で立てた計画通りに事が動くように考えているなら大間違いです。現実には、物事はなかなか思い通りにはなりません。そこで怒ったり悲しんだりするのです。ちょうどハマンのように。

将来のためにしっかり計画をたてることは大切です。しかし、その計画通り事が進まなくても、そこに人間の考えを越えた神のご計画があることを認めようではありませんか。聖書はそれをはっきりと私たちに示しているのです。

主よ。自分の思いどおりにならない時こそ、そこにあなたのご計画があることを認める者とさせてください。

7章

エステル記7章は、昨日の6章とよく似ていますね。6章では、ハマンが自分に与えられるだろうと思っていた栄誉がモルデカイに与えられたのですが、この7章では、ハマンがモルデカイを死刑にするために用意した柱に、ハマン自身がかけられる結果となります。どちらの章でも、どんでん返しがおこったのです。これは神様がくだされた裁きでした。

自分に頭を下げないユダヤ人モルデカイを憎み、彼とその民族とを虐殺しようとしたハマンがこのような最期をとげた背景には、王妃エステルの決死の行動があったことを忘れてはなりません。エステルは、ペルシア王に事情を正しく説明するために、王とハマンを宴会に招きました。そして自分がユダヤ人であることを明かします。またハマンが虐殺しようとしているのは自分の民族であることをも、王に知らせたのです。これには、王もハマンもびっくり仰天しました。もしエステルがユダヤ人であることをハマンが知っていたなら、彼はユダヤ人の虐殺を企てなかったかもしれません。

私たちは無知のゆえにいろんな問題をおこします。交通信号で、赤が「止まれ」だということを知らなければ、大事故をおこすでしょう。でも何よりも恐ろしい無知は、神がおられて正しく裁かれることを知らないことです。ハマンは、エステルがユダヤ人であることを知らなかったばかりか、もっと恐ろしい事に、自分を裁く存在があることを知らなかったのです。ペルシア王は、もちろんハマンよりも権威があり、ハマンを裁くことができました。しかしそれはこの地上における短期間の権威でしかありません。もっと大切なのは、いつの時代でも、どこの国でも、どんな権力者をも裁かれる方がいらっしゃることなのです。

そのお方こそ、このエステル記であえて隠されている神に他なりません。ペルシア王は、エステルの説明で事情を正しく理解して、ハマンを厳しく裁きました。けれど神はそのペルシア王さえも裁かれます。神の裁きは、それから約百五十年後のペルシア帝国の滅亡に示されています。悪を悪、善を善と、正しく裁かれる神を知っている者こそ、あのモルデカイのように、どんな権力も恐れないで、確信をもって歩めることを知ってください。

主よ。私はあなたの正しく公平な裁きを認め、真に正しいことを行い、悪を退けて生きていきます。

8章

エステル記8章には、ユダヤ人虐殺計画が失敗に終わることになった経緯が、詳しく記されています。

飛ぶ鳥をおとすほどの勢いだったあのハマンは、一日の内に転落し、処刑されました。「おごる平家は久しからず」と言われますが、高慢にふるまう者の最後は、洋の東西を問わず、共通しています。一日というわけにはいかないかも知れませんが、自分の権力を悪用する者はいつか必ずおちぶれるのです。たといこの地上でそうでなくても、永遠の神の前に立つとき、必ず真相が暴露され、滅ぼされます。

しかしハマンは死んでも、王の名で出され、王の印が押されたユダヤ人虐殺の法令は無効にはなりませんでした。ペルシア帝国では、いったん出された王の法令は、だれも取り消すことができなかったからです。そこで王はエステルとモルデカイの切なる願いにこたえ、ユダヤ人を虐殺から守るための法令を出す許可を彼らに与えました。

モルデカイは王の印をあづかっているのですから、敵のハマンがやったように敵の民族を滅ぼす命令を出すこともできたでしょう。しかし、彼はそのような愚かなことは考えませんでした。彼がしたのは、ユダヤ人に自衛権を認める法令を発布することだけでした。自分たちを襲う者に対してのみ、立ち向かうことができるようにしたのです。しかも、ユダヤ人虐殺が許された一日だけ、それを許可したのでした。

エステル記は、時として「ユダヤ人の復讐物語」と誤解される場合があります。でも決してそうではありません。エステル記は、たといどんな敵が出現しても、神は敵に打ち勝つ力を与えられること、しかも苦難に立ち向かう人間の勇気を用いてそうなされることを教えています。ここには、神の絶対的な力とともに、それを信じて苦難を越えていく人間の勇気ある行動の両方が描かれているのです。

私たちの周囲には、あるいは私たちを憎んでいる人がいるかもしれません。でも、その人を憎み返してはなりません。憎しみに対しても、愛をもって応じるべきなのです。そのためには犠牲が必要でしょう。犠牲を覚悟するときにこそ、神は不思議な方法で働き、思いがけない救いの道を与えられます。主イエスの十字架の道は、まさにそれでした。

主よ。御子イエスやエステルが、自分の犠牲を顧みずに行動した勇気を、私にも与えてください。

9章

エステル記9章は、法令発布当日の出来事です。これを読むと、「やはりユダヤ人の復讐物語だ」と思われるかも知れません。しかし31節に注目してください。そこには「断食と哀悼に関して定めた」と書かれています。ユダヤ人にも多くの犠牲者が出たからこそ、この日は「断食と哀悼の日」とされたのです。ユダヤ人虐殺許可の法令が撤回できなかったために、ユダヤ人の自衛権を認める別の法令が出されたことを忘れないでください。憎むべきなのはこのような殺しあいを生み出す政治形態であり、また相手を殺すことによってその財産を略奪しようとする人間の利己的な欲望でしょう。

古今東西、同じような悲劇は連綿と続いています。あの第二次世界大戦では、日本でも、アジア諸国でも、また欧米でも、多くの人々の血が流されました。ヒットラーにせよ、東条英機にせよ、その他どれほど多くのハマンのような人物がいたことでしょうか。そのゆえに、多くの人々が苦しみ、貴い命を落としました。そして、そのような悲劇は、全世界のあちこちで、現在も起こっているのです。

プリムの祭りは、日本にあてはめていうなら、敗戦記念日でしょう。韓国の人々は、日本の支配から脱したことを喜んで、この日を「解放記念日」と呼んでいます。先の戦争で多くの日本人が死にましたが、それ以上の数の他国人を日本軍は殺しました。問題は、人と人とが殺しあう現実です。

エステル記は有益な物語ですが、やはり旧約聖書としての限界があります。旧約聖書は復讐を容認しているからです。しかし新約聖書のローマ人への手紙では「自分で復讐してはいけません。神の怒りにゆだねなさい」と命じられています。言い換えるなら、これは「自分が神のようになり、自分のかたよった判断で復讐するな。あくまで、すべてをご存じの神にゆだねよ」という命令なのです。主イエスが、あの不当な十字架の道を黙々と歩まれたのは、すべてを父なる神にゆだねられていたからでした。ここにこそ、復讐が復讐を生むという悪循環を断ち切る唯一の道があります。

私たちも自分で復讐したくなる場合もあるでしょう。でもそうすれば憎しみは別の憎しみを生み出すだけです。全知全能の神に、すべてをゆだねることはできないでしょうか。

主よ。自分で復讐したいと思う気持ちを取り去り、すべてをゆだねる者としてください。

10章

エステル記10章はたった3節ですが、ここにはモルデカイの偉大さが記されています。モルデカイという名前のように、その人となりにおいて、彼はデカイ人だったのです。

神の名を一度も使っていないこのエステル記の中で、神の存在を暗示しているのがこのモルデカイと言えるでしょう。彼はみなしごのエステルを引き取り、彼女がユダヤ人であることを隠して王宮におくります。ユダヤ人虐殺計画が企てられた時も、エステルに必死の決断を迫りましたが、たといエステルがそれを断っても「別のところから助けと救いがユダヤ人のために起こるだろう」と、人知を越えた神の救いのわざを堅く信じていました。また、忘れ去られていた彼の手柄が偶然にペルシア王の目にとまったことは、虐殺を阻止する大きな要素となったことも覚えておかねばなりません。

私たちも、時々、偶然と思われる出来事からものごとが大きく前進することを経験します。しかし、神の存在を認める者には、偶然ということはありません。表に現れなくても、そこに隠れた神のご計画があるからです。それがわかるとき、たといどんなにいやなことが起ころうとも、「これを通して神様はどんなすばらしいことをなさるだろうか」と考えることさえできるようになるのです。

モルデカイが神の存在を暗示するのと対照的に、エステルは苦しみの道をあえて選びとっていく人間の生きざまを教えてくれます。エステルとは、ペルシア語で「星」という意味だそうです。彼女はまさにユダヤ民族の「救いの星」となりました。ユダヤ人を救うという神のご計画は、死を覚悟したエステルの行動を通して実現したのです。

エステル記は、神の不思議なご計画と人間の勇気ある行動との調和を見事に示す、現実の歴史におこった出来事の記録です。神のご計画と人間の行動は、決して矛盾するものではありません。今も神は、あなたの家族・あなたの友人・あなたの会社・教会の兄弟姉妹・そしてこの日本や世界を、様々な問題から救うために、あなたの犠牲的な行動を必要としておられます。パウロとともに、「すべてのことがともに働いて益となることを私たちは知っています」と告白し、神と人のために行動する者となろうではありませんか。

主よ。私の周囲の人々をその苦難から救うために、もしこの私が役立つなら、どうか用いてください。

著者略歴：
鎌野善三（かまの・よしみ）

1949 年、兵庫県に生まれる。

国際基督大学卒業後、関西聖書神学校、Western Evangelical Seminary、Fuller Theological Seminary で学ぶ。

３つの教会の牧師として奉仕の後、2015 年４月から関西聖書神学校校長として後輩の指導に当たった。現在、西宮聖愛教会牧師。

著書:3 分間のグッドニュース［**歴史**］（ヨベル、2019、2023^{3}：改訂新版）、3 分間のグッドニュース［**詩歌**］（ヨベル、2019、2022^{2}：改訂新版）、3 分間のグッドニュース［**律法**］（2019、2022^{2}：改訂新版）、3 分間のグッドニュース［**福音**］（2019、2023^{3}：改訂新版）、3 分間のグッドニュース［**預言**］（2020、2022^{2}：改訂新版）
3 分間のグッドニュース［**律法**］（2002、^{3}2016）、3 分間のグッドニュース［**歴史**］（2002、^{4}2016）、3 分間のグッドニュース［**詩歌**］（2003、^{4}2016）、3 分間のグッドニュース［**預言**］（2004、^{4}2017）、3 分間のグッドニュース［**福音**］（2001、^{6}2016）

3 分間のグッドニュース［歴史］
――聖書通読のためのやさしい手引き書

2019 年 2 月 25 日 改訂新版　第 1 刷発行
2023 年 11 月 15 日 改訂新版　第 3 刷発行

著　者 ―― 鎌野善三
発行者 ―― 安田正人
発行所 ―― 株式会社ヨベル　YOBEL, Inc.
〒 113-0033 東京都文京区本郷 4-1-1　菊花ビル 5F
TEL03-3818-4851　FAX03-3818-4858
e-mail : info@yobel. co. jp
装丁・図版 ―― ロゴスデザイン：長尾 優
地図 ―― 川向 肇
印刷所 ―― 中央精版印刷株式会社

配給元―日本キリスト教書販売株式会社（日キ販）
〒 162 - 0814　東京都新宿区新小川町 9 -1
振替 00130-3-60976　Tel 03-3260-5670

ISBN978-4-907486-90-7 C0016

聖書は、『聖書 新改訳 2017』（新日本聖書刊行会発行）を使用しています。